教育部高等学校旅游管理类专业教学指导委员会规划教材

会 展 经 济

HUIZHAN JINGJI

◎主　编　王承云

◎参　编　宋　波　王云龙　吴　佩

重庆大学出版社

内 容 提 要

《会展经济》一书是教育部高等学校旅游管理类专业教学指导委员会规划教材中的一本,根据教育部最新发布的《普通高等学校本科专业类教学质量国家标准》组织编写。本书第1章阐述了会展的内涵与本质、会展经济的定义与会展经济的形成、会展经济的理论基础和会展经济现象。第2~4章的内容从会展需求与会展供给这一组关系出发,主要包括会展需求、会展供给、会展供需均衡和矛盾。第5~8章内容主要包括会展产业的组织行为、结构及优化问题、关联效应和影响。第9~11章从不同的空间尺度展开,分别阐述了会展经济与城市经济、区域经济、国民经济之间的关系。第12章阐述了创新与会展经济发展之间的关系。

图书在版编目(CIP)数据

会展经济 / 王承云主编. —重庆:重庆大学出版社,2018.5(2023.11 重印)

教育部高等学校旅游管理类专业教学指导委员会规划教材

ISBN 978-7-5689-0934-1

Ⅰ.①会… Ⅱ.①王… Ⅲ.①展览会—服务经济学—高等学校—教材 Ⅳ.①G245②F063.1

中国版本图书馆 CIP 数据核字(2017)第 307640 号

教育部高等学校旅游管理类专业教学指导委员会规划教材

会展经济

主 编 王承云

参 编 宋 波 王云龙 吴 佩

策划编辑:尚东亮

责任编辑:文 鹏 方 正 版式设计:尚东亮

责任校对:关德强 责任印制:张 策

*

重庆大学出版社出版发行

出版人:陈晓阳

社址:重庆市沙坪坝区大学城西路 21 号

邮编:401331

电话:(023) 88617190 88617185(中小学)

传真:(023) 88617186 88617166

网址:http://www.cqup.com.cn

邮箱:fxk@ cqup.com.cn(营销中心)

全国新华书店经销

重庆市正前方彩色印刷有限公司印刷

*

开本:787mm×1092mm 1/16 印张:16.25 字数:377千

2018 年 5 月第 1 版 2023 年 11 月第 3 次印刷

印数:4 501—6 000

ISBN 978-7-5689-0934-1 定价:45.00 元

编委会

总序

一、出版背景

教材出版肩负着吸纳时代精神、传承知识体系、展望发展趋势的重任。本套旅游教材出版依托当今发展的时代背景。

一是坚持立德树人，着力培养德智体美全面发展的中国特色社会主义事业合格建设者和可靠接班人。深入贯彻落实习近平新时代中国特色社会主义思想，以理想信念教育为核心，以社会主义核心价值观为引领，以全面提高学生综合能力为关键，努力提升教材思想性、科学性、时代性，让教材体现国家意志。

二是世界旅游产业发展强劲。旅游业已经发展成为全球经济中产业规模最大、发展势头最强劲的产业，其产业的关联带动作用受到全球众多国家或地区的高度重视，促使众多国家或地区将旅游业作为当地经济的支柱产业、先导产业、龙头产业，展示出充满活力的发展前景。

三是我国旅游教育日趋成熟。2012年教育部将旅游管理类本科专业列为独立一级专业目录，下设旅游管理、酒店管理、会展经济与管理、旅游管理与服务教育4个二级专业。截至2016年年底，全国开设旅游管理类本科的院校已达604所，其中，开设旅游管理专业的526所，开设酒店管理专业的229所，开设会展经济与管理专业的106所，开设旅游管理与服务教育的31所。旅游管理类教育的蓬勃发展，对旅游教材提出了新要求。

四是创新创业成为时代的主旋律。创新创业成为当今社会经济发展的新动力，以思想观念更新、制度体制优化、技术方法创新、管理模式变革、资源重组整合、内外兼收并蓄等为特征的时代发展，需要旅游教材不断体现社会经济发展的轨迹，不断吸纳时代进步的智慧精华。

二、知识体系

本套旅游教材作为教育部高等学校旅游管理类专业教学指导委员会的规划教材，体现并反映了本届"教指委"的责任和使命。

一是反映旅游管理知识体系渐趋独立的趋势。经过近30年的发展积累，旅游管理学科在依托地理学、经济学、管理学、历史学、文化学等学科发展基础上，其知识的宽度与厚度在不断增加，旅游管理知识逐渐摆脱早期依附其他学科而不断显示其知识体系成长的独立性。

二是构筑旅游管理核心知识体系。旅游活动无论作为空间上的运行体系,还是经济上的产业体系,抑或是社会生活的组成部分,其本质都是旅游者、旅游目的地、旅游接待业三者的交互活动,旅游知识体系应该而且必须反映这种活动的性质与特征,这是建立旅游知识体系的根基。

三是构建旅游管理类专业核心课程。作为高等院校的一个专业类别,旅游管理类专业需要有自身的核心课程,以旅游学概论、旅游目的地管理、旅游消费者行为、旅游接待业作为旅游管理大类专业核心课程,旅游管理、酒店管理、会展经济与管理、旅游管理与服务教育4个专业再确立3门核心课程,由此构成旅游管理类"4+3"的核心课程体系。确定专业核心课程,既是其他管理类专业成功且可行的做法,又是旅游管理类专业走向成熟的标志。

三、教材特点

本套教材由教育部高等学校旅游管理类专业教学指导委员会组织策划和编写出版,自2015年启动至今历时3年,汇聚了全国一批知名旅游院校的专家教授。本套教材体现出以下特点:

一是准确反映国家教学质量标准的要求。《旅游管理类本科专业教学质量国家标准》既是旅游管理类本科专业的设置标准,也是旅游管理类本科专业的建设标准,还是旅游管理类本科专业的评估标准,其重点内容是确立了旅游管理类专业"4+3"核心课程体系。"4"即旅游学概论、旅游目的地管理、旅游消费者行为、旅游接待业;"3"即旅游管理专业(旅游经济学、旅游规划与开发、旅游法)、酒店管理专业(酒店管理概论、酒店运营管理、酒店客户管理)、会展经济与管理专业(会展概论、会展策划与管理、会展营销)的核心课程。

二是汇聚全国知名旅游院校的专家教授。本套教材作者由"教指委"近20名委员牵头,全国旅游教育界知名专家和教授,以及旅游业界专业人士合力编写。作者队伍专业背景深厚,教学经验丰富,研究成果丰硕,教材编写质量可靠,通过邀请优秀知名专家和教授担纲编写,以保证教材的水平和质量。

三是"互联网+"的技术支撑。本套教材依托"互联网+",采用线上线下两个层面,在内容中广泛应用二维码技术关联扩展教学资源,如导入知识拓展、听力音频、视频、案例等内容,以弥补教材固化的缺陷。同时也启动了将各门课程搬到数字资源教学平台的工作,实现网上备课与教学、在线即测即评,以及配套老师上课所需的教学计划书、教学PPT、案例、试题、实训实践题,以及教学串讲视频等,以增强教材的生动性和立体性。

本套教材在组织策划和编写出版过程中,得到了教育部高等学校旅游管理类专业教学指导委员会各位委员、业内专家、业界精英以及重庆大学出版社的广泛支持与积极参与,在此一并表示衷心的感谢!希望本套教材能够满足旅游管理教育发展新形势下的新要求,为中国旅游教育及教材建设开拓创新贡献力量。

教育部高等学校旅游管理类专业教学指导委员会
2018年2月

前言

　　任何一门学科在开始讲述之前,也许最为首要的就是自我介绍,也就是回答通常所说的"我是谁,我从哪里来,我要到哪里去"等问题。作为在国内很多与会展相关学科领域里已经迅速占据一定位置的"新兴"课程,会展经济当然也不例外。而首先回答这个问题,无论对于讲授者,还是学习者,也都大有好处。对这些问题的回答,实际上也就是回答了会展经济究竟能发挥什么作用以及通常以什么方式来发挥作用等问题,具有重要的引领、指导价值。

　　虽然会展经济是一门年轻的学科,但是经济学历史表明,人类的任何经济活动都离不开空间与经济的关系问题,我们认为会展经济是研究会展活动的空间分布与资源配置、协调等问题,从而使会展活动的经济效益最大化。因此,空间经济学的理论层出不穷,如中心地理论、比较成本论等,其中韦伯、杜能、克里斯·泰勒、廖什和其他学者为空间经济分析做了开创性的工作。

　　必须指出,20世纪80年代以前,会展经济在中国还没有受到重视。直到21世纪初伴随着我国高校会展专业的成立,会展经济才作为城市经济——服务经济空间分布与资源配置、协调的分支被人们所接受。从此,会展经济的研究在进一步认识城市经济系统结构以及演化方面取得了一定的进展。

　　总体而言,会展经济在国内兴起还只是最近几年的事情。作为在国内新兴的学科领域,对上述有关问题,有的已经取得了明显共识,有的仍然处于各自表述阶段。国内近年来新出版的不同版本的此类教材,在内容组织上就有着明显的表现,既有一些共同的内容,又有一些明显差异化的内容。这固然与前述所说的会展经济作为应用学科在不同学科领域中的作用有所不同有关,但也确实与其尚待进一步"成熟"并大有发展前景有关。因此,本书尽管在总体上遵循国内教材的惯例,尽可能以具有共识性的知识为基准,但部分内容依然有着自身的主张,以体现学术问题的开放与探索性。

　　以下,将首先从学科公认的诞生发展历程、主要研究内容和发展趋势等入手介绍,并在此基础上界定本书会展经济的概念,介绍本书在内容组织方面的考虑与安排。

　　我们认为:会展经济活动的空间主要在城市尤其是大中城市展开,所带来的经济效益和现象主要发生在城市范围内,所以,应当以经济学的理念及方法为核心基础,采取基于城市经济学的视角,借鉴相关学科知识,在围绕城市会展经济活动研究的基础上,借鉴比较具有共识性和稳定性的概念及学说体系。基于以上认识,我们认为:会展经济,就是通过举办各类会议和展览,在取得直接经济效益的同时,带动一个地区或一个城市相关产业的发展,达到促进经济和社会发展的目的。它是以经济活动为基础,以会展产业发展为中心的经济形态。

本书以经济学视角展开,内容既有基本理论的建构,又包含具体案例的应用,总共分12章:

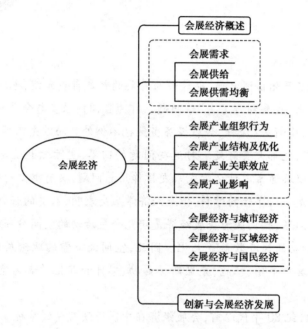

本教材内容组织结构示意图

第1章阐述了会展的内涵与本质、会展经济的定义与会展经济的形成、会展经济的理论基础和会展经济现象。第2—4章的内容从会展需求与会展供给这一组关系出发,主要包括会展需求、会展供给、会展供需均衡和矛盾。第5—8章内容主要包括会展产业的组织行为、结构及优化问题、关联效应和影响。第9—11章从不同的空间尺度展开,分别阐述了会展经济与城市经济、区域经济、国民经济之间的关系。第12章阐述了创新与会展经济发展之间的关系。

本书由主编王承云设计编写提纲并组织撰写,全书凝聚了多位老师的学术成果。本书撰写分工如下:第1章、第7章、第8章由王云龙撰写;第2章、第3章、第4章由吴佩撰写;第5章、第6章、第12章由宋波撰写;第9章、第10章、第11章由王承云撰写。康丽丽、陈丽君和汪雨卉等同学提供了重要协助。重庆大学出版社在本书撰写、修订和出版过程中给予了许多支持和建设性的意见。全书修改和统稿由主编王承云负责,统稿中大家的合作态度令人感动!在此,衷心感谢各位为出版本书所付出的辛劳!

　　由于我国会展经济还处于起步阶段,加之作者水平有限,书中难免存在不足之处,敬请各位专家和广大读者批评指正,以便再版时更正、完善。

2018 年 2 月
于上海师范大学学思湖畔

目 录

第1章
会展经济概述

【教学目标与要求】

掌握：会展活动、会展产业、会展经济

了解：会展经济属性

【知识体系】

会展经济概述
- 基本概念
  - 内涵
  - 本质
  - 定义
- 形成
  - 规范化
  - 系统化
  - 制度化
- 理论基础
  - 产业机构理论
  - 区位选择理论
  - 经济增长理论
  - 新区域主义
- 经济属性
  - 竞争性
  - 集中性
  - 强外部性
  - 多重契约型
  - 生产服务性

【本章导读】

本章主要阐述了会展的内涵与本质、会展经济的定义与会展经济的形成、会展经济的理论基础和会展经济现象，共分为4节：第一节主要介绍会展经济的基本概念，对会展内涵、本质以及会展经济的定义作了基本辨析，重点要理解会展活动、会展产业、会展经济的区别与联系；第二节主要介绍会展经济的形成；第三节主要介绍会展经济的理论基础；第四节介绍会展经济现象和会展经济属性。

1.1 会展经济的基本概念

1.1.1 会展的内涵

会展是指在一定的地域空间和时间内,为达到某些预期目的,有组织地将许多人与物聚集在一起,而形成的具有物质交换、精神交流、信息传递等功能的社会活动。用专业术语表示,会展是指现代城市以必要的会展企业和会展场馆为核心,以完善的基础设施和配套服务为支撑,通过举办各种形式的会议或展览活动,包括各种大型的国际博览会、展览会、交易会、运动会、招商会、研讨会、节事等,吸引大批与会人员、参展商、贸易商及一般公众前来进行洽谈、交流或旅游观光,以此带动交通、住宿、商业、餐饮、购物等相关产业发展的一种综合性活动。

会展的内涵包括广义会展和狭义会展两种。

广义的会展是指在一定地域空间,由多人集聚在一起形成的定期或不定期、制度或非制度的集体性社会活动。广义的会展就是通常国际上所说的 MICE。M 指 Meeting,即公司业务会议;I 指 Incentive Tour,即奖励旅游;C 指 Convention、Conference,即协会或社团组织会议;E 指 Exhibition、Exposition 和 Event,即展览与节事活动(见图 1-1)。

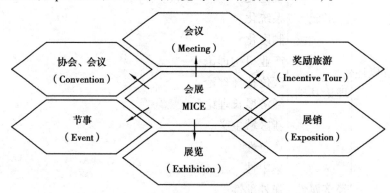

图 1-1 会展的广义内涵示意图

狭义的会展是指展览及伴随其开展的各种形式的会议的总称。狭义的会展仅包括会议和展览会,常称为 C&E(Convention 和 Exposition)或者 M&E(Meeting 和 Exposition)。许多用来描述直接交易环境的术语,如会议(Convention 或 Conference)、展销会(Fair)、展览(Exhibition)、展销(Exposition)、商贸会展和公众会展(Trade 和 Public Show)、博览会(Expo)等,都是狭义的会展经常使用的术语。

1.1.2 会展的本质

会展的本质主要体现在以下几方面(见图 1-2)。

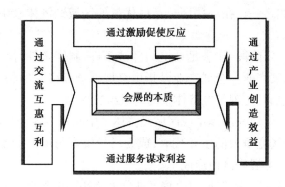

图 1-2　会展的本质示意图

1) 通过服务谋求利益

虽然不同种类的会展所表现的内容和性质不同,但无论哪一种形式的会展,都具有一定程度的宣传、展示、传播信息、解决问题、扩大影响的作用,举办会展的最根本目的,都是通过某种形式来谋求某些利益。

2) 通过激励促使反应

会展通过竞争、展示、宣传等方式,从物质与精神方面进行激励,促使人们作出反应,从而不断地奋发向上。如商品会展是通过商品的展示、宣传等方式,一方面激励厂商优化资源配置,生产更多品种和更好品质的商品,另一方面满足市场需要和实现自身利益最大化。各种体育竞技运动是通过竞争、展示、宣传等方式,激励人们强身健体,为自身、集体乃至国家和民族争光。

3) 通过交流互惠互利

会展作为一种经济流通媒介,通过信息交流与对话沟通,既有利于增加信息量,又有利于化解矛盾,可使供需双方乃至会展举办方互惠互利,还可能产生招商引资的好处。同时,会展上的社会交流活动,使人们在精神上得到满足。

4) 通过产业创造效益

会展业是一项综合性的产业,它能给会展活动的举办地带来可观的直接经济效益和巨大的间接经济效益。会展由于涵盖了会议、展览、节事、旅游等综合性活动,故而伴随着人员的大规模流动性消费,为当地社会经济创造综合性的社会和经济效益。

1.1.3　会展经济的定义

从会展活动、会展产业、会展经济 3 个层次,可以分析会展从一种经济活动发展到产业,最终成为一种新型经济类型。

会展活动是一种人类集体性物质、文化交流方式。在现代经济体系中,会展活动已经成为经济活动的重要方式之一。在一些区位条件优越的区域经济体系中,会展活动甚至成为经济发展的主要动力。

会展活动发展到一定阶段,在满足一定的经济条件、制度条件、社会文化条件和国际经济条件时,便会形成会展产业。会展产业是指由会展活动而引起的相互联系、相互作用、相互影响的同类企业的总和,是现代经济体系的有机组成部分。

当会展产业在整个宏观经济体系或区域经济体系中起到主导、支柱作用,带动相关产业发展,成为经济体系市场竞争力的主要代表,成为增量资产与增值资本的主要创造力量时,一种新的经济形态——会展经济便形成了。

会展经济是以经济活动为基础,以会展产业发展为中心的经济形态,它与传统的产业经济、区域经济既有区别又有联系。

会展经济不是单纯的产业经济,它是跨产业的——不仅涉及会展产业,还涉及与会展产业相关的产业。一般而言,产业经济的各个微观行为主体具有同类经济活动特点。而会展经济的各个微观行为主体的经济活动具有多样化的特点。会展经济,就是通过举办各类会展活动,在取得直接经济效益的同时,带动一个地区或一个城市相关产业的发展,达到促进经济和社会发展的目的。

会展经济不是单纯的区域经济,它是跨区域的,但又具有区域特色。会展经济是一个开放的、跨区域的系统,可以把多区域的会展经济活动和会展产业纳入自己的体系。但在特定的区域经济体系中,会展经济可以形成有特色的区域经济主体,表现出区域特性。

会展经济与国民经济的区别和联系。国民经济是一个国家经济体系的总称,是一个宏观经济体系。国民经济是一个国家经济运行的宏观总体系统,具有多层次性和复杂性,而会展经济只是国民经济的重要组成部分,不可能取代国民经济本身。

会展经济与微观经济的区别和联系。会展经济的形成与发展最重要的基础是微观经济行为主体。没有微观经济行为主体,没有资源配置效率的提高和生产经营的开展,不可能有会展经济的形成,而会展经济的形成和发展又有利于经济运行微观基础的改善。

1.2　会展经济的形成

会展产业的形成和发展是一个必然的历史和经济过程。会展经济的形成必须具备一定条件,当会展产业还没有或没能取代其他主导产业的地位时,不能认为会展经济已经形成。

会展产业发展离不开特定的经济体系。会展产业的形成和发展过程,也是一个在经济体系中的地位和作用的增长过程。这个过程表现出一定的阶段性。会展产业发展到一定阶段,其带动作用、联动效果、经济贡献都会远远超越本产业范围,形成先导性、主导性、支柱性产业,成为经济体系发展的重要基础,促使会展经济的形成。

要形成较为成熟的会展经济,必须使会展经济活动规范化、系统化、制度化。否则,会展经济将不可能成为真正意义上的新型经济形态。

所谓会展经济活动规范化是指企业在从事会展经济活动过程中,存在着各方参与者共同遵守和认同的经济活动规则、惯例和程序,使会展经济活动能够稳定有序地进行。任何一种经济活动,都不可能在无序的环境中顺利实现目标,经济秩序混乱必然引起交易风险上升,交易成本上升,严重阻碍经济活动的进一步发展。会展经济活动的发展过程,也是一个从小到大,从分散到集中,从偶然性、间断性到长期性、经常性,从非专业化向专业化方向转化的过程。在这一转化过程中,逐渐形成了大多数会展企业共同认可和遵守的经济活动习惯、交易方式、经济活动准则和行业准入机制。

所谓会展经济活动的系统化,是指会展经济活动过程中,在生产服务、经营交换、收益分配的各环节、各渠道、各方式、各要素、各资源、各市场之间能够协调一致,共同构成一个高效运行的完整体系。会展经济活动的系统化,需要一个稳定有序的发展环境、良好的外部条件,会展经济活动所处的社会、政治、科技、人口、区位环境要较为适合会展经济活动发展的需要。会展经济活动系统化的过程,是各个会展企业之间分工与合作进一步深化的过程。只有分工与合作深化,才能密切各企业之间的联系,获得专业化分工带来的好处,这是会展经济活动系统化的核心内容。会展经济活动的系统化过程也是会展经济活动目标的协调过程,尽量减少不同利益主体之间目标的矛盾和摩擦,最大可能地减少冲突和效率损失。

会展经济活动的制度化,是指会展经济活动在较为合理有序的制度框架内得到认可。无论是会展经济活动的规范化、系统化,还是会展产业的先导化、主导化和支柱化都必须得到制度的认可和保障。会展经济活动是整个经济活动体系的新兴的、重要的构成部分,是经济活动体系的一部分,原有的一切合理的制度安排和制度组织对它都是适用的、合理的、有效的,但还必须有新的制度安排和制度组织与之相适应,也就是用创新的制度去适应新兴的会展经济活动。会展经济活动涉及多元市场活动主体,具有开放性和跨区域性、跨国性。如果不协调好区域、国际间的制度关系,会展经济必然受到严重的区域空间制约,难以形成一种具有开放性的新兴经济形态。

会展经济形成是社会经济发展到一定历史阶段的产物。当会展产业在区域经济中实现了先导化、主导化、支柱化,会展经济活动实现了规范化、系统化和制度化时,会展经济便具备了形成的条件。

1.3　会展经济的理论基础

会展经济作为一种产业经济现象、城市地理现象、微观企业经营管理活动纳入研究者的视角。

会展业的发展,能有效地促进区域资源的优化配置,带动相关产业的发展,进而推进区域产业结构优化升级,推进区域经济发展。以产业经济学为理论基础研究会展经济,能为推动会展产业化和市场化,制定会展业的产业发展政策,协调会展业与其他产业之间的关系,确立会展业的产业地位,实现会展产业机构的高度化,借鉴会展业发展的成功经验,指导会展业理想的发展模式选择,制定适应国家或地区会展经济发展的宏观管理模式和微观运行机制,改善会展业的行业管理等提供支持。

从区域经济学、经济地理学的角度研究会展,可以优化区域会展业空间布局,指导会展场馆空间布局,研究会展业与城市发展的关系,选择重点会展城市,指导场馆建设和城市规划的对接等。办会(展)的过程,实际是办会(展)者以会展活动为载体,进行资源配置的过程。要成功地举办某类会展活动,区域必须具备相应的资源条件,会展活动是区位选择性很强的活动。从区域的视角,会展经济为什么发展在特定的地理空间,它在特定的地理空间怎样发生,它应该在哪些地理空间发生,以及应该怎样发生,引起了理论研究者的注意。

从管理学的角度研究会展,可以借鉴会展企业内部管理经验,进行会展项目的市场分析与预测,开展会展宣传促销,帮助会展企业制定市场竞争战略等。

1.3.1　产业结构优化调整的理论

经济社会的进步过程,表现在产业结构上,就是一个经济社会的中心产业部门的生成、发展、演进和转移的过程。这是一定历史时期内生产力与生产关系、社会物质与精神需求之间的矛盾运动的产物,是产业技术体系进步过程中量变和质变的反映。一方面,超过现有生产力条件的社会需求不断扩大,牵引着产业技术不断进步,同时也使生产力总是处于相对落后的状态;另一方面,一定技术体系下生产效率的提高,使生产与社会有效需求之间的矛盾更加激化,当矛盾积累至现有技术体系无法解决时,这种矛盾就会爆发,成为产业技术革命的直接动力。社会需求和生产力之间的矛盾关系,就是这样不断推进生产力从量变到质变的螺旋式发展的。而生产关系出于维护制度的需要也逐步介入这一过程中,政府优化调整产业结构的过程,实际上就是政府主动寻求解决社会需求和生产力之间矛盾的过程。产业结构的优化和调整,是把不符合比例关系的各产业和各行业及各企业,调整为符合各种比例的产业;产业结构调整,是在各产业和各行业及各种企业不断淘汰旧技术、采用新技术的过程中,使产业结构逐步向更高阶段,即实现我国国民经济现代化方向发展。

产业结构演进的规律是在经济增长的过程中体现出来的。在前工业化时期,第一产业占主导地位,第二产业有一定的发展,第三产业的地位微乎其微。在工业化初期,第一产业在国民经济中的比重逐渐缩小,其地位不断下降;第二产业有较大的发展,工业重心从轻工业主导型逐渐向基础工业主导型转变,第二产业占主导地位;第三产业也有一定的发展,但在国民经济中的比重还比较小。在工业化中期,工业重心由基础工业向高加工度工业转变,第二产业仍居第一位,第三产业所占比重逐渐上升。在工业化后期,第二产业所占比重继续下降,第三产业继续快速发展,其中信息产业增长加快,第三产业产值在三次产业中占支配地位,甚至占有绝对支配地位。在后工业化阶段,产业知识化成为主要特征。

产业发展的现状和潜力是一个国家以及一个区域经济发展价值判断的核心标准,产业结构不断演进、升级和优化是区域经济发展和成熟的重要标志,也是一个国家和区域经济发展的永恒主题。会展经济作为服务经济的一种新兴形式,在第三产业发达的城市迅速发展起来。它不仅能够推动第三产业发展,还能够影响市场需求、资源要素配置、科学技术进步以及国际贸易等诸多方面,从而直接或间接地推进城市产业结构优化。因此,研究会展经济对城市产业结构优化的传导机制是现实的需求。

1.3.2　区位理论

区位理论是区域经济最有建树的理论之一,它主要研究人类活动的空间分布和空间组织优化,尤其侧重研究区位与经济活动的关系。区位论思想产生于18世纪下半叶的资本主义早期,大致经历了古典区位论、近代区位论和现代区位论3个阶段,近现代区位论对会展经济有较强的指导意义。现代区位论强调从多因素的角度对区域经济、产业布局等系统进行连续的研究,并综合考虑各影响因素之间的关系,以解决人类所面临的现实问题;认为合理利用有限的空间和资源条件,能促进区域间的动态、协调发展,认为政策(policies)、规划(planning)和行动(performing)三者之间具有明显的互动关系。现代区位理论是在世界范围内的工业化、城市化进程加快的历史背景下产生的,它是一种立足于国民经济发展、以空间经济研究为特征、着眼于区域和城市经济活动的最优组织,注重宏观动态平衡的崭新的产业布局理论。其代表人物主要有:

1933年,克里斯塔勒提出中心地理论,标志着产业布局区位理论中地理区位学派的产生,中心地理论因其较强的实践指导意义而成为近现代区位理论的核心部分。在中心地理论中,克里斯塔勒提出了中心地、中心地功能和中心度等概念,以及相应的划分依据和规律,同时理论分析中充分说明了六边形销售服务区的经济合理性和中心地体系不同形成机制下的结构形态。中心地理论的基本内容是将商业服务区的布局区位和中心城镇聚落地分布进行有机的探讨,是商业服务区位理论领域的核心理论,对现代会展业区位选择和空间布局,特别是会展场馆的区位选择有着较强的指导意义。

1945年,德国经济学家廖什出版了《区位经济学》,独立地提出了与中心地理论相似的市场区位理论。与他人不同之处是,廖什第一个把需求作为空间变量。他首先以简单的方程组来描述一般的空间关系,同时也描述了所在区位的相互关系的抽象化系统,而这也代表着廖什将空间经济思想带入区位理论,并在方法上创新。以廖什为代表的市场区位学派提出了利润最大化区位理论,认为最佳区位不是费用最小点也不是收入最大点,而是收入和费用差的最大点,即利润最大点。市场区位学派理论的核心内容是主张产业布局必须充分考虑市场因子,在承认生产成本重要性的同时,提出了多个市场区相互作用形成的六边形市场网络形态。在我国市场经济体制尚不完备的背景下,许多会展活动特别是政府举办的会展活动,往往背离了经济活动的利润最大化原则,借鉴廖什的区位理论,有助于会展经济主体的理性决策。

1948年,胡佛在《经济活动的区位》中提出竞争配置区位论,并将政府因素纳入他的区域分析之中,同时开启了把地区的所有文化和心理特征纳入分析的先例。胡佛的区位理论,有助于人们认识政府和区域的人文条件对会展经济活动施加的影响。

1954年,艾萨尔德出版了《区位与空间经济》,把古典区位论动态化、综合化,根据区域经济和社会综合发展要求,把研究重点由部门的区位决策转向区域综合分析,建立区域的总体空间模型,研究了区域总体均衡及各种要素对区域总体均衡的影响。现代会展经济已经不是一个孤立的经济现象,借鉴艾萨尔德的区位理论,有助于我国从区域全局出发,以一种动态研究的视角审视会展经济的区位选择。

由于会展业涉及众多因素，并且许多因素难以量化，因此，现代区位论多因素的分析方法对会展经济具有较强的指导意义。我国的会展场馆建设和会展活动选址存在相当大的盲目性，一些会展活动也由于选址不当而效益欠佳，因此现代会展乃至其会展产业群的区位选择和空间布局的科学化、统筹化是一个亟待解决的问题。区域经济的空间结构理论和现代区位论是比较成熟的理论，理论和实践的结合，将为人们提供现实的帮助。

1.3.3 经济增长理论

1)增长极理论

增长极的概念始于法国经济学家弗朗索瓦·佩鲁。增长极理论认为：一个国家要实现平衡发展只是一种理想，在现实中是不可能的，经济增长通常是从一个或数个"增长中心"逐渐向其他部门或地区传导。这个增长中心也就是"增长极"，增长极概念有两种内涵：①在经济意义上特指某一推进型产业或公司，这些产业部门通常是那些具有创新能力、规模大、增长快、关联效益大的推进型主导产业部门，能通过推动效应带动其他部门的发展；②在地理意义上特指某个地理区位或空间单元，这些具有优越或特殊区位条件的地区，能通过极化效应和扩散效应带动整个区域的经济发展。"增长极"的形成有3个基本条件：必须有创新能力的企业和企业家群体；必须有规模经济效应；需要有适当的周边环境。只有具备了这3个条件，才能形成增长极。

会展业的产业关联带动效应强，会展中心城市的要素集聚能力和对周边区域的辐射带动能力很强，但要使它真正成为增长极，还必须加大对会展企业家、会展企业集群的培育力度，着力会展业的创新，不断优化、完善会展经济的发展环境。

2)核心—外围理论

1966年，弗里德曼出版了《区域发展政策》，系统地提出了核心—外围理论。弗里德曼认为，任何一个国家都是由核心区域和边缘区域组成。核心区域发展条件较优越，经济效益较高，处于支配地位，而外围区发展条件较差，经济效益较低，处于被支配地位。根据核心—外围理论，在区域经济增长过程中，核心与外围之间存在着不平等的发展关系。总体上，核心区居于统治地位，外围区在发展上依赖于核心区。由于核心与外围之间的贸易不平等，经济权力因素集中在核心区，技术进步、高效的生产活动以及生产的创新等也都集中在核心区。核心区依赖这些优势从边缘区获取剩余价值，使边缘区的资金、人口和劳动力向核心区流动的趋势得以强化，构成核心区与边缘区的不平等发展格局。核心区存在着对创新的潜在需求，核心区发展与创新有密切关系，创新增强了核心区的发展能力和活力，在向外围区扩散中进一步加强了核心区的统治地位。但核心区与外围区的边界会发生变化，区域的空间关系会不断调整，经济的区域空间结构不断变化，最终达到区域空间一体化。显然，核心—外围理论在试图解释一个区域如何由互不关联、孤立发展，变成彼此联系、发展不平衡，又由极不平衡发展变为相互关联的平衡发展的区域系统。

核心—外围理论对会展经济发展引起的区域经济发展格局的变化有着很强的解释力,对构建合理的会展经济区域分工体系有着很强的启示作用。构建合理的会展经济区域分工体系关键在于构建合理的经济分享机制、利益再分配机制,一方面促进会展资源的合理流动,实现资源的优化配置;另一方面避免核心和外围的二元对立。

1.3.4　新区域主义理论

新区域主义代表的是当前出于区域协调发展和一体化追求的一系列运动的总和,内容涉及区域空间规划、区域经济地理、区域生产力布局、区域制度安排、社会发展、生态环境保护以及区域联合治理等,强调的是多种区域战略的密切联系和综合,其核心是区域一体化(区域经济一体化)。区域经济一体化(Regional Economic Integration)通常是指在一定区域范围内,由文化相近、经济水平相似的地理近邻国家(含地区)通过协定、协议等建立的区域经贸合作组织,旨在区域内逐步取消成员之间的贸易和非贸易壁垒,进而协调成员之间的社会经济政策,形成一个超越国界的促进资本、技术、劳动、信息、商品等自由流动并实现合理配置的统一的经济区域的过程。其目的是在成员国之间进行分工协作,更有效地利用成员国的资源来获取国际分工的利益,促进成员国经济的共同发展和繁荣。

展会的成功举办有利于促进区域一体化。中国—东盟博览会和中国—东盟商务与投资峰会是展示我国改革开放 30 年辉煌成就的重要窗口,已成为中国和东盟发展战略伙伴关系、促进互利合作共赢的重要平台,服务了国家周边外交战略,推动了中国—东盟自由贸易区建设。习近平同志说,中国—东盟博览会和商务与投资峰会不但是中国和东盟 10 国共同搭建的经贸等多领域有效合作的大平台,也是中国—东盟自贸区建设的助推器,给双方企业和人民带来了实惠,在中国和东盟合作中发挥着越来越重要的作用。

促使不同区域间从对抗性竞争走向竞争性合作是新区域主义的一个研究重点。总的来说,我国的会展经济尚处于起步阶段,地方政府发展会展经济的热情高涨,不同区域间围绕会展经济发展,展开激烈的竞争在所难免,如何促进不同区域从对抗性竞争走向竞争性合作,是人们必须面对的问题。在促进区域合作,推进区域一体化方面,新区域主义者提供了一个较为成熟的研究范式和研究框架,这对我们研究会展经济有很大的帮助。

1.4　会展现象与经济属性

1.4.1　竞争性产业

会展业是一个竞争性产业。国内外会展企业共同遵循的游戏规则,是靠市场、靠竞争去发展。展览服务的优劣只有通过比较,即通过竞争才能体现。可以想象,当一个地区只有一个独家题材的会展,其展位价格下降比较难,原有的服务模式也难以随机应变和及时改进提高,而当有了竞争者之后一切都会逐渐改变。会展业的竞争性决定了只有通过市场竞争而不是一味通过地方保护和政府干预来提升竞争力。

会展业的竞争特点是进入门槛较低,所需资本量和技术要求相对都不太高,而投资回报率较高。唯一投资成本高,直接抬高会展业进入门槛的会展场馆,因各地政府的重视和国有资本、民营资本和境外资本的投入而大量产生。良好的基础设施更为会展业竞争态势的强化提供了沃土。作为一个非关乎国计民生、国家限制较少的竞争性行业,会展业发展具有较强的自发性,民营资本和境外资本较国家控制较严的产业更容易进入会展业。而属于服务贸易领域的展览业,在加入 WTO 的谈判中并没有被外国政府提及,中国政府也没有对此作出承诺。

在市场竞争中,政府的角色是规则的制定者,是裁判员而非运动员,不应该为企业的生产经营活动越俎代庖。但是很多国家、地区的会展业,在很大程度上是政府介入促成其繁荣发展的,这种行政作用也不可忽视。究其原因,通俗的理解,与会展业的性质有关,会展是一项涉及诸多公共设施、影响当地经济文化和居民生活等的系统性、综合性的活动,这种活动从学术角度理解,会展业需要政府出面协调、处理诸多公共产品、避免"反公地悲剧"的发生。

1.4.2 集中型产业

会展业属于集中型产业,实际上是指对市场供求的集中。由于会展业对经济状况、企业在市场中的需求状况依存度较大,一个国家或地方的特色产业和其市场感召力越强,其会展业发展的基础就越好。地方特色经济虽不错,但其市场辐射力并不强。地方特色经济发展水平可以借助会展平台,促进技术进步和贸易交流,将强大的生产力有效地转化为现实的市场感召力。归根到底,会展业是对市场的集中。

从经济学上说,会展业和地方特色经济产业都可以归入集中型产业,与简单发展阶段中的分散型产业相对应。分散型产业是一种重要的结构环境,在这种环境中,许多企业都在进行竞争,这时,没有任何企业占有显著的市场份额,也没有任何一个企业能对整个产业的结果具有重大的影响。在美国,市场集中度小于 40% 的产业就被列为分散型产业。

众所周知的资本自我扩张的特性,分散型产业必然要向集中型产业发展,这一现象在服务要素集中,供求势力集聚,市场主体意识明显,竞争十分充分,产业连贯性、系统性和关联性等表现得日趋充分,所谓"小产品、大产业、大市场、大流通"。而其最大的魅力还是在市场感召力上,也表现在其市场的主导地位和控制能力上。只有到了这个层次,经济才真正可以说是"更上一层楼"。每年各地的展览会、博览会给了人们许多启示和回味,它们代表行业的供给和市场的需求在一个更高的层次上运行。

从经济学角度上说,随着产业的高度集中,规模效应也是显著的,而规模经济首先带来的是成本的下降,这里的成本一般指的是综合性的成本,比如原材料、配件、劳动力服务乃至信息行情。在内外产业和环境的作用下,产业集中与移动障碍则相伴而生,由于外部经济环境的变化而导致产业的移动障碍增加,从而,使会展业集中并"嵌入"本地环境,形成地方的特色经济。

会展业的集中性要求有意识地在会展活动中发挥协同作用,比如多展联办。据悉在美国展览业内,协同办展的势头正在红红火火地发展着,使得那些市场重叠的展会能够优势互补,增加买家人数,增强观众的品牌忠诚度和产品认知度,甚至是首办展会远离风险的有效策略。比如酒店与场馆业务协同,表现为围绕着会展的主体场馆在一定范围内聚集一批星级不同、规模不等的酒店,达到双赢的目的;比如旅游与会展业务融合,在旅游地举办世博会更容易取得成功。但凡成功举办世博会的城市,往往是旅游名胜之地,具有两大优势:一是大批游客转化为参观者,大批参观者又兼顾旅游,从而使人流激增;二是举办地具有吸引游客的丰富经验,善于将二者相结合。成功者如塞维利亚世博会,实现了旅游、会展有机融合。相比之下,德国汉诺威是一个展览业集中的工业重镇,而非著名的旅游城市,汉诺威世博会主办者的精力集中在展览业务上,忽视旅游宣传和旅游组织,导致实际 1 800 万人流严重偏离预测数据(4 000 万)一半以上,亏损额高达 24 亿马克。

1.4.3 强外部性产业

会展业外部性很强,能够创造经济转移效应。所谓外部性是指私人边际成本和社会边际成本之间或私人边际效益和社会边际效益之间的非一致性,即某些个人或企业的经济行为影响了其他个人或企业,但都没有为之承担应有的成本费用或没有获得应有的回报。

会展活动中"免费搭便车"行为的存在及会展活动可能造成的外部性,使相近地理区域经济受益或受损。长期以来,会展活动的组织与运作由政府主导,因此存在"收益漏出"也属正常。在政府主办的大型会展活动中,越来越呈现出"会中会""展中展"的显著特征。并且在会展活动后,各经济利益体会通过各种渠道,借助客户资源安排一系列的推介、实地考察等招商引资活动。

"会外展"是外部性"收益漏出"体现最明显的会展现象之一。临近的区域,即"1 小时经济圈"或"2 小时经济圈"内的区域,在不付成本或支付与收益不对称的情况下,利用会展的资源,从中获得收益。比如,随着第 89 届广交会开幕,广交会场馆周边宾馆、大酒店和体育馆的会展经济顿时活跃起来。同期举办 2001 年春季东方轻工、工艺品展销会和中国外商投资企业出口商品交易会,凭借的是广交会期间如潮的人流。有的酒店虽然没打出展销会旗号,但酒店的一、二层,凡是能摆开展位的地方,都做起了生意——将场地出租给那些无法取得广交会的正式展位或觉得其展位租金高昂,但又迫切希望依托广交会这个窗口亮相的参展商。来参加广交会的外国客商,吃住在宾馆,出入都经过这些展位,参展效果也很好,场外交易非常活跃。

另外,如果会展组织者或东道主城市想避免"收益漏出",很容易在与其他区域开展竞争、争夺经济资源等方面占得先机。在信息不对称的条件下,东道主往往能以本地区的相对劣势经济资源替代其他地区的相对优势经济资源,产生经济转移效应,从而使其他区域经济受损,而使本地区获得额外的收益。比如,广交会期间,广州对酒店房价实行最高限价政策就是杜绝"收益漏出"的做法。由于酒店客房供不应求导致价格上涨太高,广交会期间广州市酒店市场产生溢出效应,虚高的酒店房价将客商赶到了广州市区周边的番禺、从化、增城、顺德和佛山等地。广州政府为了保持地方竞争力,为了不至于成为周边城市的旅游经济"飞地",当然要控制酒店房价。

会展给周边环境带来负外部性,比如给城市交通带来巨大的压力。会展场馆的选址无疑是制约城市交通最为重要的环节之一。为了减少给城市交通带来的负外部性，展馆地址应远离居民区和其他行政机构服务区域，避免给附近居民带来困扰或者妨碍其他公共事务。比如，北京市朝阳区拥有 CBD、使馆区等重要商务区域，但是在一次外企测评当中，朝阳区的排名居北京市所有城区倒数第二，原因之一就是交通问题。朝阳区国税所距离中国国际展览中心仅几百米，众多外企公司都要到税务所去缴税，每当中国国际展览中心举办大型展览就造成交通拥堵，严重影响这些企业的效率。另外，展馆附近应配有齐全的配套基础设施为展会和旅客提供方便周全的服务，展馆群体架构应呈现狭长、分散型，而非集中、聚集型，这些是解决庞大的会展活动带来周边交通问题的有效举措。

会展对观光度假旅游市场产生"挤出效应"也是会展负外部性的表现之一。在旅游供给有限的背景下，由于会展市场对酒店床位、机票、车票的强势占据，旅行社往往订不上星级酒店，拿不到机票，有观光度假客人也没法接。

会展活动之间也有"挤出效应"。比如北京奥运会，随着有关部门出台《2008 年北京奥运会期间及前后在北京地区举办全国性、国际性展览会的有关规定》，进入奥运年的北京展览市场受到诸多政策性限制，有些展览或者取消，或者延后，而像中国国际专业音响灯光乐器及技术展览会、钓鱼用品展、五金展等展会只能选择外迁或者南移，谋求异地举办。北京奥运会期间，大家牺牲小利益，保障大利益，也是以实际行动支持奥运会。一些展会移地举办或者暂停举办，都是支持国家举办奥运会的举动。

就一个城市的本身发展而言，应该在城市各个发展阶段剖析来自城市内部发展的内生性因素如何与作为外生性因素的事件结合互动。上海的发展重心是现代服务业，商贸会展作为新兴的现代服务业代表，其形形色色的各类事件活动是促进城市内部各行业发展的重要"润滑剂"。因"挤出效应"，正常的商贸会展活动（或事件）在上海世博会期间短期内受到较大限制，在世博会后蓄势重来。这样，商贸会展和其他的一些节事活动可以延伸城市事件的影响力，从而起到弥补世博会后城市影响力相对下降的作用。

1.4.4 多重契约性产业

会展行业可以称之为一个高密度的多重契约行业。场馆商和组展商之间，组展商和参展者之间，参展者跟搭建商之间都有契约，这是一个契约链。而在其中，如果不出现重复契约的话，可能是稳定和连续的。但在目前，国内却恰恰不是这样。组展商和场馆商经常存在大范围的合作和利益捆绑，这种捆绑是一种角色不明确的捆绑，甚至有些时候场馆商就是组展商。更有甚者在一些热门的展会里，场馆商、组展商、搭建商就是同一家。像广交会、分了家的北京车展、国际农交会等一大批知名展会都是如此。这时的产业链被高度浓缩了，当然，浓缩之后，角色不需要定位了，信息也不需要交换了，战略也不需要配合了。

场馆商、组展商、搭建商的捆绑，因为沟通成本最低，效率应该最优。可事实恰恰相反，因为只此一家别无分号造成垄断。也就是说，产业链浓缩的不是精华而是垄断。在垄断之后，人们看到的不是整个会展组织配合与技术水平的提高，而更多的是低劣、粗糙，甚至不负责任的服务。

1.4.5　生产性服务业

广义的会展内容不仅包括展览,还有会议、节庆赛事活动以及会展旅游等多种形式,会展业与生产性服务业紧密相连。更重要的是,会展业是生产性服务业的重要组成部分。

生产性服务业一般是指在其他商品和服务的生产中投入的中间服务,也可称为"中间投入服务"或"配套服务",它能满足制造业、商务活动等对服务的中间使用需求,与消费性服务业相对应。从表现形态来看,生产性服务业包括两种形态:一种是指仍然包含在制造业等产业或部门中还没有实现外部化的非独立形态;另一种是指已经从制造业等产业或者部门独立出来,实现外部化、市场化的服务业形态,与这种独立形态的生产性服务相对应的产业部门就是生产性服务业。1966 年,美国经济学家格林福尔德在研究服务业分类时最早提出了生产性服务业(Producer Services)的概念,即可用于商品和服务的进一步生产的非最终消费服务。1975 年,美国经济学家布朗宁和辛格曼在对服务业进行分类时,对生产性服务业进一步进行了界定。生产性服务业是指为了保持工业生产过程的连续性、促进工业技术进步、产业升级和提高生产效率、提供保障服务的服务行业。它是与制造业直接相关的配套服务业,是从制造业内部生产服务部门独立发展起来的新兴产业,其本身并不向消费者提供直接的、独立的服务。

从马克思资本循环与周转理论可以看到,产品真正处于生产制造环节的时间只占较少部分,大部分时间处在采购、研发、储存、营销、售后服务等阶段,而产业链条的运转更多依靠生产性服务业,生产性服务业的效率无疑对整个链条的效率都有着较大影响。大力发展会展经济,尤其是同制造业紧密相关的会展,其功能和作用不仅在于其传统的商贸功能,即实现商品的购买与售卖,而且充分发挥了其拓展市场、交流信息、实现技术扩散的功能,从而推动企业和部门资源合理配置、节约资本周转时间,推动技术创新以促进经济效益的提高,实现社会的进步与发展。生产性服务业依附于制造业企业而存在,贯穿企业生产的上游、中游及下游等环节,以人力资本和知识资本作为主要投入要素,把日益专业化的人力资本和知识资本引进制造业,是推动第二、第三产业加速融合的关键环节。

案例分析:会展经济现象之一二

案例一:展览+会议　博华的启示

"重展轻会"倾向正在改观

国际展览业协会(UIF)2015 年发布调研报告称,未来 30 年展览和会议的融合是必然趋势。

在国际上,展览与会议是两个行业,但彼此有千丝万缕的联系,渊源深厚。比如美国,许多展览出自会议,即先有会议后有展览。这与美国主办方以学会、协会为主体大有关系。

在中国的汉语中,展览会与会议都有一个"会"字(展览会与会议都有聚会的意涵),在语义上已有关联。国家"十一五""十二五"规划列入了"会展业",这个概念经官方使用得以正名。

然而国内对于"会展业"的认识,长期以来存在"重展轻会"的倾向,会议业被曲解、被忽略、被冷遇的状况,在行政管理分工、政策扶持、市场拓展以及专业教学研究等方面都有不同程度的反映。

值得欣喜的是,这种状况近年来有所改观。从政府层面,了解展览业与会议业是两个行业的官员逐渐增多,地方上的扶持政策次第加码。在市场层面,非官方会议的增加弥补了官方会议减少带来的消费缺口。配套酒店设施的会议中心项目在二三线城市乃至旅游目的地(如乌镇、云栖)纷纷兴建,预示会议业在"十三五"的发展前景被看好。

2015 年博华公司办了 246 场会议

成立于 1992 年的上海博华国际展览公司,是中国较早从业经贸展览的民营公司,现为 UBM 控股的中英合资公司。博华公司的展会项目每年在上海的展览面积超过 50 万平方米,是上海办展规模最大的展览公司。

早在 2001 年,身在武汉时任湖北省建材工业协会秘书长的我,就因洽商项目合作接触了博华,并专程赴沪造访。之后,一直关注博华的发展。2012 年春王明亮先生考察武汉国际博览中心,我应邀作陪,一路与王董相谈甚欢。后来,多次和王董在行业会议场合见面,包括同台演讲。每次见面,只要有机会,我都要向他讨教有关会展业热点问题的看法。当然,也会了解博华发展的新思路、新经验。近来,本人多次写文章表示看好会议业。王明亮先生向我提供博华 2015 年会议活动的统计资料,供我研究参考。

真是不看不知道,一看吓一跳!

作为展览公司的博华,居然在 2015 年组织了 246 场会议(其中包括 70 场活动)!统计显示,共有 769 399 人参与。其中,参加会议的人数达 24 258 人。

细读统计资料,博华公司组织的会议及活动呈现以下特点:

一是,绝大多数都是在展览期间举办的,而且举办地点多与展览场馆在一起。

二是,在 176 场会议中,规模在 500 人以上的有 5 场,在 150~500 人的有 50 场,余为规模在 150 人以下的会议。可见近七成的会议属于小型会议。

三是,会议主题大体分为行业信息传播、技术研讨、产品推介、商贸对接、人才交流、消费服务六类。会议形式大体分为信息发布、论坛研讨、知识讲座、沙龙交流 4 种。会议因主题不同而形式有别。

四是,与合作方或协办方举办的会议,占有相当比例。其中包括行业协会在展会期间召开的年会或例行的会员大会、理事会。

五是,70 场活动包括节庆、赛事、颁奖、表演等内容,例如"中国灯饰之都(古镇)灯光文化节"、"海洋追梦节"摄影比赛、"慈善帆船赛"、"中国酒店工程绿金奖颁奖典礼"、"世界咖啡师"大赛中国赛区选拔赛、"中国调酒师"大赛、"圣诞花礼"花艺表演秀等,呈现形式多种多样。

展览+会议的道理

美国多数展会的主办方本就是协会或学会,其发展路径是先有专业会议再有专业展览。展览公司以办展起家,先有展览再有会议,是为常理。博华公司也是如此。

然而,不是所有的展览公司都会组织会议。这不单是理念上的差异,还有成本上的考虑。

我们要问,作为一个国内外知名的展览公司,博华为何要做这么多的会议及活动?

依本人对博华的认知,博华做会议及活动乃因四方面的需要:

一是推广展会的需要。好的会议及活动既能够吸引参展商,又能够吸引观众,尤其是高质量的观众。

二是满足联合主办方或协办、赞助方的需要。行业协会、专业学会作为展会的实际主办方或冠名主办方或协办方,特别喜欢利用展会召集会议或组织活动。对于主办方而言,这不但利于增强展会的影响力,而且有利于展会的市场营销。

三是丰富展会内容、适应客商互动的需要。展会是客商知识分享、信息交流的平台。但仅靠展品展示是不能完全发挥效果的。在展会期间组织行业信息传播、技术研讨、产品推介、商贸对接、人才交流、消费服务的会议,以及举办包括节庆、赛事、颁奖、表演等内容的活动,在极大丰富展会内容的同时,营造了客商交往的氛围,增加了客商接触的概率,平台的作用价值自然会明显提升。

四是增强展会服务体验的需要。一个好的展会须令客户的商业行程(不但指参展商和观众,也包括联合主办方或协办、赞助方)美好愉快,而配套的会议及活动往往是展会服务体验的"特色菜品"或精致节目。

博华的启示

博华的统计资料中没有财务数据,但我可以想象一年组织246场会议及活动所要花费的巨大成本。

这一成本除会议及活动的直接投入,如租赁场地、布置现场、安排接待之外,更多是人力资源的投入,包括主题创意、方案策划、整合资源、邀约嘉宾及客户、市场推广和操作执行。后者的投入靠人,主要靠营销人才。博华的营销团队久负盛名,我曾接触过其中的骨干,其年轻、能干和专业的素质令我印象深刻。会展公司的竞争拼的是人才。博华之所以24年活力不衰,从高水平地组织会议及活动可见一斑。

无论是展览+会议,还是会议+展览,国内外会展业者都在积极实践融合之道。为什么要融合? 并非因UIF预测,乃是会展业发展规律使然。

博华的展览+会议已有多年,否则不会有如此详细的统计。

研读资料,发现博华在展览+会议方面还在创新:收费会议受到重视。我认为,这是展览+会议提升品质、减轻成本的重要举措。"中国在线教育高峰论坛"也是亮点。据我了解,这是一个会议型展览,即由会议驱动的展览。操盘手是一位27岁的年轻人。我认为,这种性质的项目在中国大有可为。博华正在为会展业提供会议+展览的新案例。

(案例来源:微信公众号"张凡的会展洞察",2016-11-06)

案例二：会展市场与会展市场化

随着中国会展行业的发展壮大，会展产业化进程的加快，特别是随着中国特色市场经济体系的建设与改进，中国会展市场建设与完善问题已提上日程，并逐步取得突破。中国会展市场属于中国市场体系的组成部分，是中国市场体系的缩影，中国特色市场体系的基本要素、发展进程，乃至目前存在的主要共性问题必然会在中国会展市场中反映出来，需要伴随中国市场体系的改革深化逐步完善。

近年来，中央政府多次对政府主办会展活动进行清理规范，中央外办和国务院分别对国家机制性会展活动和省部级政府主办的会展活动作出明确规定，要求限期转型升级，加大市场化改革力度。一些中央政府部门和地方政府部门也相应地出台了一些明文规定，对会展市场化形成了倒逼机制。一段时间以来，市场化成为会展业界议论的热门话题，政府展会成为大家关注的热点。政府该不该办展会？政府能不能办展会？会展市场上还能不能有政府展会存在？业界看法各异，一些政府部门多少有点茫然，感到无所适从，不知所措，以至于一些该出台的政策迟迟没有推出，该扶持的展会不敢理直气壮地扶持。本文从会展市场和市场展会的基本含义和性质特征出发，就政府展会与市场展会之间的关系问题谈一点自己的看法，期待与业界进行沟通、交流。

会展市场的基本含义和开放性特征

狭义上的市场是买卖双方进行商品交换的场所。广义上的市场是指为了买和卖某些商品而与其他厂商和个人相联系的一群厂商和个人。

广义的会展市场定义为：在一定社会条件下，为组织或个体实现供给或需求从而取得效益的一系列集中时间、空间的交易活动及其经济关系的总和。

根据这样的定义，笔者认为会展市场具有以下几个方面的基本含义：会展市场不简单地局限于交易场所，会展交易场所只是会展市场的外在表现形态，是其内涵的一部分；会展市场也不仅限于会议、展览等活动项目本身的交易，不同于其他商品类市场，会展活动项目的交流和交易虽不能不说是会展市场的一部分，但远不能代表会展市场的本质含义，不能涵盖会展市场的全部内容；会展市场是会展活动的汇集、总称，是所有会展参加者参与其中，共同打造的行业氛围、环境和体系，是看不见的手和看得见的手共同作用的对象和磁场，是会展行业经济关系的总和。

与会展活动本身的性质特征相对应，会展市场开放性特征非常明显，这表现为：

涉及领域全面性。会展活动所涉及的领域非常广泛，内容十分丰富，社会各行各业、各个领域都可能有会展活动，会展几乎无所不在，无所不包。

参与群体具有广泛性。会展活动的参与主体很多，范围很大，政府、社会团体、企业、公民无不参与其中，扮演各自的角色。

表现业态多样性。会展有多种表现形式，会议、展览、节庆、活动都可以说是会展的表现形态，仅就展览讲，展览会、博览会、展销会、展洽会、交易会等都属于展览范畴。

传递理念先进性。会展活动展示的一般都是最先进的技术、设备和产品，传递的都是最先进的理念,对于所在行业的发展、创新具有很好的引领作用。

活动组织开放性。展览展示、论坛峰会以及其他形式的会展活动涉及内容及其参与者的开放性特征非常明显,内容开放、题材开放。对内开放,对外开放,门槛很低,境内企业、境外企业乃至个人都可以在法律允许的前提下,在世界各地举办会展活动。

功能划分多样性。会展集展览展示、宣传教育、信息传递、交易促进于一身,公益性、准公益性和市场化等多种性质的活动同时并存。

调节手段较复杂。不同功能属性的会展活动不可能以一种模式进行管理,需要采取不同的手段进行调节,公益性活动需要按照公共产品的方法和手段进行调节,准公益性活动需要采取公共产品与市场结合的手段进行调节。同时,由于会展活动的特殊属性和规律,即使是市场化的会展活动也不能完全套用纯市场化手段调节,也需要按照市场加公共产品的手段进行调节。

行业和谐包容性。会展行业参与者身份特征多样,各类所有制企业、政府、民间组织、社会团体、行业中介乃至个人都可以作为行为主体,策划举办会展活动。不同形式、不同属性、不同内涵、不同角色和谐共处,共存共荣。

市场展会、政府展会的本质特征与相互关系

市场展会是指市场导向的,符合市场需要,采取市场化运作手段,具有市场潜力和可持续发展的展会。市场展会只是会展市场诸多展会中的一种,许多公益性、准公益性展会不一定切合市场需要,有些采取市场化手段运作,有些不一定采取完全市场化手段运作,但也需要举办,也会产生某些特定的经济关系,也有存在的必要,也应当是会展市场的组成部分。

市场导向和政府导向是一对经济学概念,与之相对应的是市场导向型展会与政府导向型展会。政府导向型展会按政府职能性质和参与程度,有政府发起、政府倡导、政府支持、政府协办和政府主导等多种类型。有些政府导向型展会,政府并不提出具体意见,更没有资金投入,只是名义支持,只有政府主导型展会,政府才参与策划,并组织实施和投入资源。通常情况下,人们习惯将政府导向型展会统称政府展会,市场导向型展会简称市场展会。

市场展会和政府展会是会展市场共同存在的会展组织运作形式,不是相互对立的矛盾体。市场展会也需要政府支持,不排斥政府的参与,在某些特定条件下,政府支持甚至成为展会能否成立的前提条件。政府展会中也有符合市场需求,采取市场手段运作的展会,也不会排斥市场运行机制。政府为了特定目标和目的,发起推动、策划培育和投资兴办某些展会活动,虽然不一定切合市场需求,或暂时还没有市场需求,也应当获得社会、会展业界的宽容,也属于会展市场中的一部分。

与此同时,政府举办的一些会展活动一般都具有更广泛的社会、政治、文化、外交、产业甚至人文等特殊意图,综合性较强,一般市场展会做不到,也与一般市场展会的基本功能和出发点不一致。政府综合性展会与专业化市场展会的矛盾冲突并不特别直接和具体。政府对会展活动、会展行业的重视和资源投入对会展业界来说是一件好事,是通过二次分配的手段将社会资源向会展业界倾斜和转移。在资源稀缺的条件下,会展业获得的资源更多了,减少的是其他行业占用的社会资源。

政府利用职权、影响力,行政化办展,严重扭曲市场机制的行为应当坚决反对。政府展会首先应当去行政化,朝着市场化方向努力,加强市场化运作力度,逐步减少对具体展会活动的投入,加大对会展行业的扶持。地方政府会展政策优惠竞争,可能会导致会展市场调节失灵,从某种意义上扭曲会展市场机制,应当尽量避免,努力营造一个相对公平的竞争环境。

因此,关键不在于政府办不办展,而在于政府以什么方式办展,政府参与运作的程度有多深,对市场机制的影响有多大。应当根据具体情况区别对待,不能一概而论,笼统地反对政府办展。在中国目前经济发展的阶段和体制条件下,政府发起、倡导乃至主办某些展会,只要不导致市场垄断和市场失灵,应当允许存在。即使市场经济发达,市场体系完善的国家也没有完全排斥政府对会展活动的参与。一些世界性会议和展览,没有政府参与根本无法申办。但是随着市场经济的完善和市场机制的健全,政府应当逐步淡出具体会展活动的微观操作,明确自己的功能定位,集中精力做好自己职责范围内的工作,切实解决好所谓政府管理服务缺位、错位和不到位的问题。

落实国务院文件精神,营造兼容发展的市场环境

国务院《关于促进展览业改革发展的若干意见》指明了展览业市场化改革发展的方向和目标,指出要"充分发挥市场在资源配置中的决定性作用,更好地发挥政府作用,积极推进展览业市场化进程";"综合运用财税、金融、产业等政策,鼓励和支持展览业市场化发展";积极"推进市场化进程,严格规范各级政府办展行为,减少财政出资和行政参与,逐步加大政府向社会购买服务的力度,建立政府办展退出机制,放宽市场准入条件,拓展展览业市场空间"。国务院文件还对市场化进程阶段性目标提出了具体要求,要求到2020年展览业"市场化水平显著提升,市场化、专业化展会数量显著增长,展馆投资建设及管理运营的市场化程度明显提高"。国务院文件中明确提出要发挥市场、政府两只手的作用,共同推动会展市场化进程。

会展市场是全部会展经济关系的总和,内涵非常丰富,市场展会、政府展会都属于展会组织和运作方式的归类表述,都是其中的组成部分;市场展会不是全部,不是唯一,更不是政府展会的对立,会展市场不可能只存在单一的市场会展形式,应当欢迎多种形式共存,共谋发展。市场化是我们共同追求的目标,既是方向,又是路径,判断市场化的基本标准包括会展题材市场化、运作手段市场化和行为主体市场化,会展题材的策划、选定符合市场需要,通过市场化主体,采取市场化方法运作会展活动,这一原则适用于政府展会,也适用于市场展会。

政府展会问题的关键不在于政府办不办展会,而在于政府怎么办展会,采取什么手段办展会,政府展会也应当遵循市场规律,政府会展投入也应当通过市场机制进行,尽可能减少对市场机制的干扰和扭曲。做大会展市场才能做强市场展会,做好会展市场,理顺市场关系,市场展会才会拥有更好的发展空间和发展氛围,才能赢得更好的发展机会。会展本身是一个包容性很强的行业,会展市场应当欢迎多方参与,合作共赢,多一点积极性总比没有积极性好。希望会展业界同心同德,共同营造各司其职、服务到位、诚信融合、和谐发展的社会氛围,共圆中国会展强国之梦。

(案例来源:付连英.政府展会和市场展会应兼容发展.国际商报,2015-10-16)

讨论题：

1.结合博华案例,谈谈是否所有办展的公司都需要组织会议,为什么?

2.如何理解会展市场和会展市场化? 政府展会必须退出市场吗? 为什么?

【专业词汇】

会展活动　会展产业　会展经济

【思考与练习】

1.请论述会展活动、会展产业、会展经济的区别与联系,结合实际谈谈你的理解。

2.会展经济属性有哪些? 你还可以列举一二吗?

第 2 章
会展需求

【教学目标与要求】

掌握:会展需求概念、会展需求主体、会展需求规律

了解:影响会展需求的因素、需求弹性

【知识体系】

会展需求
- 会展需求
  - 需求
  - 会展需求
- 会展需求主体
  - 参展商
  - 观众
  - 其他中介组织
- 影响会展需求的因素
  - 展商方面
  - 观众方面
  - 其他宏观、微观因素
- 会展需求规律
  - 会展需求规律内涵
  - 会展需求规律除外
  - 需求弹性

【本章导读】

会展需求是指厂商和观众为了满足对会展活动的欲望,在一定时期内愿意并且能够以一定价格购买的会展产品的数量。由于会展行业本身的特点,会展的需求主体有其特定群体。同时,会展需求符合一般的需求规律,但也有一些需求规律之外的特点。

本章将在经济学需求理论的基础上,介绍会展需求概念、会展需求主体、会展需求规律,以及结合会展需求主体和宏观、微观因素,分析会展需求的影响因素。

【导入案例】

网盛会展助力"2015 中国国际化工展览会"全新服务颇受热捧

9 月 22 日消息,在近日落幕的"2015(第十四届)中国国际化工展览会"上,借助移动互联网给参展商及观众带来的便捷和效率的提升成为一大亮点,效果受到了各界的一致认可和力捧。而该服务的提供方就是由企业经营综合服务商网盛生意宝旗下"网盛会展"所给出的会展行业"互联网+"解决方案。

本届展会吸引了 12 个国家和地区的近 400 家企业参展,中石油、中石化、神华集团、上海华谊、延长石油、鲁西化工、天津渤化等行业主力企业悉数参展。与上届展会相比,本届展会特别开设微信报名通道,新增当下最流行的微信"摇一摇"活动,同时全新升级官微,微展台、微导航、微邀请等都让观众们眼前一亮。

据悉,网盛会展"互联网+"解决方案给传统会展行业提供包括展前、现场、展后的全方位服务。展前服务包括:微信公众号的优化、官微的打造、电子入场通道的设计、展商和观众管理系统(预登记、预报名);现场服务包括:手机二维码的快速入场、自助办证系统、现场活动的大屏互动、现场 Wi-Fi 的布置、现场展位的 360 度全景展示、微展台互动等;展后服务包括:提供详细的参展数据报告、对展商和观众的管理,并为下届展会做支撑。

对此,"网盛会展"运营总监董峰表示:"网盛会展作为国内专业的 O2O 会展服务商,目前提供的会展行业'互联网+'解决方案能够帮助传统展会更好地提高效率,更加符合移动互联网现状下展商和参展观众的使用习惯,通过线上数据化的方式让主办方更加了解参展情况,实现更精准的营销。"

业内人士表示,在会展业,以线上"虚拟展会"加线下"面对面交易会"的虚实互补组合方式,已经成了电子商务企业追逐的一大热点。电商与会展业发挥各自优势,会展通过特定时间、实际场地、看到实物为优势,电商有着不限场地、人数和商品等优势,两者相结合意义很大。而网盛会展的"互联网+"解决方案更加符合行业发展趋势,有效缓解及解决了行业发展过程中的痛点问题。

据介绍,网盛会展是 A 股上市公司网盛生意宝倾力打造的以线上会展信息服务平台中国行业会展网和线下会展行业互联网解决方案相结合的 O2O 专业会展服务商,核心资源有 3 个方面:一是上市公司网盛生意宝历经 15 年打造的像中国化工网、中国纺织网、中国医药网等 170 余个行业知名网站 2 000 余万注册会员,可以给会展公司提供精准的广告发布、邮件推送、手机短信服务;二是网盛海外 16 个办事处累计 8 年参展 3 000 余场海外展会,收集 150 万买家资源;三是基于移动互联网技术的会展行业"互联网+"解决方案。

(资料来源:中国会展网,2015-10-15)

2.1　会展需求

2.1.1　需求

1) 需求和需求函数的概念

一种商品的需求是指消费者在一定时期内在各种可能的价格水平下愿意而且能够购买的该商品的数量。根据定义,如果消费者对某种商品只有购买的欲望而没有购买的能力,就不能算作需求,需求必须是指消费者既有购买欲望又有购买能力的有效需求。

一种商品的需求数量是由许多因素共同决定的,其中主要的因素有该商品的价格、消费者的收入水平、相关商品的价格、消费者的偏好和消费者对该商品的价格预期等。它们各自对商品需求数量的影响如下:

①商品的自身价格。一般来说,一种商品的价格越高,该商品的需求量就会越小。相反,价格越低,需求量就会越大。

②消费者的收入水平。对于大多数商品来说,当消费者的收入水平提高时,就会增加对商品的需求量。相反,当消费者的收入水平下降时,就会减少对该商品的需求量。

③相关商品的价格。当一种商品本身的价格保持不变,而与它相关的其他商品的价格发生变化时,这种商品本身的需求量也会发生变化。例如,在其他条件不变的前提下,当馒头的价格不变而花卷的价格上升时,人们往往就会增加对馒头的购买量,从而使馒头的需求量上升。

④消费者的偏好。当消费者对某种商品的偏好程度增强时,该商品的需求量就会增加。相反,偏好程度减弱,需求量就会减少。

⑤消费者对该商品的价格预期。当消费者预期某种商品的价格在未来一段时期会上升时,就会增加对该商品的现期需求量;当消费者预期某商品的价格在将来一段时期会下降时,就会减少对该商品的现期需求量。

所谓需求函数是表示一种商品的需求数量和影响该需求数量的各种因素之间的相互关系。也就是说,在以上的分析中,影响需求数量的各个因素是自变量,需求数量是因变量。一种商品的需求数量是所有影响这种商品需求数量的因素的函数。但是,如果对影响一种商品需求量的所有因素同时进行分析,这就会使问题变得复杂起来。在处理这种复杂的多变量的问题时,通常可以将问题简化,即一次把注意力集中在一个影响因素上,而同时假定其他影响因素保持不变。在这里,由于一种商品的价格是决定需求量最基本的因素,因此,可以假定其他因素保持不变,仅仅分析一种商品的价格对该商品需求量的影响,即把一种商品的需求量仅仅看成这种商品的价格的函数,于是,需求函数就可以用下式表示:

$$Q^d = f(P) \tag{2-1}$$

式中,P 为商品的价格;Q^d 为商品的需求量。

2）需求函数和需求曲线

需求表示一种商品的需求量和该商品的价格之间存在着一一对应的关系。这种函数关系可以分别用商品函数 $Q^d = f(P)$ 的需求表和需求曲线来加以表示。

商品的需求表是表示某种商品的各种价格水平和与各种价格水平相对应的该商品的需求数量之间关系的数字序列表。表 2-1 是某商品的需求表。

从表 2-1 可以清楚地看到商品价格与需求量之间的函数关系。比如,当商品价格为 1 元时,商品的需求量为 700 单位;当价格上升为 2 元时,需求量下降为 600 单位;当价格进一步上升为 3 元时,需求量下降为更少的 500 单位;如此等等。

表 2-1　某商品的需求表

价格—数量组合	A	B	C	D	E	F	G
价格/元	1	2	3	4	5	6	7
需求量/单位数	700	600	500	400	300	200	100

图 2-1 是根据表 2-1 绘制的一条需求曲线。

在图 2-1 中,横轴 OQ 表示商品的数量,纵轴 OP 表示商品的价格。应该指出的是,与数学上的习惯相反,在经济学分析需求曲线和供给曲线时,通常以纵轴表示自变量 P,以横轴表示因变量 Q。图中的需求曲线是这样得到的:根据表 2-1 中每一个商品的价格—需求量的组合,在平面坐标图中描绘出相应的某商品的需求曲线点 A、B、C、D、E、F、G,然后顺次连接这些点,便得到需求曲线 $Q^d = f(P)$。它表示在不同价格水平下消费者愿意而且能够购买的商品数量。因此,需求曲线是以几何图形来表示商品的价格和需求量之间的函数关系的。

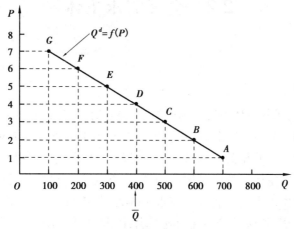

图 2-1　某商品的需求曲线

微观经济学在论述需求函数时,一般都假定商品的价格和相应的需求量的变化具有无限分割性,即具有连续性。正是由于这一假定,在图 2-1 中才可以将商品各个价格的需求量的组合点 $A,B,C,\cdots$ 连接起来,从而构成一条光滑的、连续的需求曲线。

图 2-1 中的需求曲线是一条直线,实际上,需求曲线可以是直线型的,也可以是曲线型

的。当需求函数为线性函数时,相应的需求曲线是一条直线,直线上各点的斜率是相等的;当需求函数为非线性函数时,相应的需求曲线是一条曲线,曲线上各点的斜率是不相等的。在经济分析中,为了简化分析过程,在不影响结论的前提下,大多使用线性需求函数。线性需求函数的通常形式为:

$$Q^d = \alpha - \beta P \tag{2-2}$$

式中,α、β 为常数,且 α、$\beta > 0$。该函数所对应的需求曲线为一条直线。

2.1.2 会展需求

会展需求和会展供给是会展产品生产和交换过程中的一对重要经济范畴。会展需求是社会经济发展的产物,是会展经济活动的前提。

从会展经济角度看,会展需求是指厂商和观众为了满足对会展活动的欲望,在一定时期内愿意并且能够以一定价格购买的会展产品的数量,即会展需求就是会展买方对会展产品的需求。

对会展市场而言,会展需求包括现实会展需求和潜在会展需求。现实会展需求是厂商和观众在实际购买会展产品的行动中所表现出来的需求,这种需求既有购买欲望又有支付能力,是有效会展需求。有效会展需求能反映会展市场的现实需求状况,是会展经济决策者制订经营计划和决策的重要出发点。潜在会展需求包括两种,一种是有购买欲望但是没有购买能力的会展需求,另一种是有购买能力但是没有购买欲望的会展需求。两种潜在会展需求在一定条件下可以转变为有效会展需求。

2.2 会展需求主体

2.2.1 参展商

一般而言,会展需求的主体可以分为两类:一类是愿意支付一定的费用来参与的参展商或观众;另一类是不需要支付费用但是对会展同样有需求的参展商或观众。尽管会展活动的需求主体涉及多种多样的相关者,比如媒体、旅游部门、运输部门以及搭建商等,但是从某种意义上来说最核心的主体依然是参展商和观众,其他的利益相关者仅仅是由于为会展需求主体提供服务而派生出来的对会展的需求主体,比如旅行社愿意参与会展是因为会展带来的外来人口具有住宿、餐饮、旅游、观光等需求,因此,他们需求的是由会展带来的一系列商机,并不是参与会展活动本身。

参展商主要是企业、销售机构或政府部门。在实际的会展活动中,会展活动的多项功能能够满足会展参加者多方面的需求,很多企业或机构愿意参加会展活动,通过会展活动宣传企业的新产品,拿到更多的订单。因此,只有参展商满意了,主办方才能获得更多的经济来源,参展商才能再次积极参与,主办方才能赢得更多的潜在客户,会展规模才能不断扩大。

参展商参加会展的目标目前还未形成统一定义,德国会展协会根据市场营销理论将会展目标归纳为基本目标、宣传与交流目标、价格目标、销售目标和产品目标五类。

美国专家将会展目标划分为销售类和非销售类。实业界更重视销售类目标,实业界人士认为无论为展出制订何种目标,展出的最终目标都应当是成交,即签订贸易、技术、投资、经营等合同。非销售目标分类为介绍新发明、了解新产品,推销成果、了解市场对产品系列的接受程度、扩大产品系列面的合同或协议。

学术界更看重非销售目标。实业界和学术界都认为参展企业应当根据自身的战略需要、市场条件、展览会情况以及以前展出的情况相应地制订展出目标。具体来讲,参展商参加会展的具体目标包括:

①建立、维护企业形象。新进入一个市场及一些其他特别时期,参展企业可以考虑将建立、维护企业形象作为最主要的展出目标。

②市场调研。参加展会是进行市场调研的好机会,但是规模小、档次低的会展活动,不宜将市场调研作为主要展出目标。

③向市场推出新产品或服务,探测市场反应。

④建立新客户关系、巩固老客户关系。

⑤宣传产品。展览会可以展览实物,并且可以展览几乎所有产品,参观者可以使用全部感官来感觉、认知产品,这是展览会的特点和优势。展览会还可以进行双向交流,如介绍产品、解答问题,而且可以反复工作,回答技术性的问题。同时,展览会对成交的作用比其他营销方式更加明显。

2.2.2 观众

除了参展商,观众是会展的又一个重要组成部分。同时,观众也是参展商的主要消费者,他们在一定程度上决定参展商的经济效益,从而进一步影响会展规模的扩大。和参展商一样,观众也有专业观众和普通观众之分。专业观众带有一定的商务目的,普通观众则主要是最终消费者。不同的观众对会展活动的要求也是不一样的。作为产品、技术展示或展销的展览活动,所挑选观众的层次和数量一定程度上决定了会展活动的成败。

对于观众,其具体购买动机可以归纳为如下4个方面:

①购买产品或享受服务。无论是专业观众还是一般观众,他们参加会展的一个主导动机就是购买会展产品或享受会展服务。

②信息需求。有的观众希望通过参加展会来全面了解市场及相关领域的信息和动态。

③享乐需求。许多观众参加会展活动是为了提高文化素质修养,了解更多行业信息或发展动向。

④交流需求。这也是观众参与会展的动机之一,主要表现在发展和建立可能的新的商业关系。

参展商和目标观众作为会展活动的核心需求主体,是对会展相互影响的两个方面。参展商在产品展示、交易成交、信息搜集等方面离不开目标观众。目标观众要实现参加会展的目的也离不开参展商,参展商是目标观众贸易采购的主要对象,他们能够为目标观众提供大量的产品信息和最新的商品展示。因此,参展商和目标观众的相互影响和配合能够最大程度上提高会展举办的成功率。

2.2.3　其他中介组织

其他中介组织,或称中介机构,目前看来,通常由一些行业协会来充当。他们可以从多方面参与会展市场,成为会展市场运作中不容忽视的一支生力军。另外,金融机构作为促进和加快会展市场运转的工具,对推动会展市场的发展也起到了不可磨灭的作用。

2.3　影响会展需求的因素

2.3.1　影响参展商对展会需求的因素

对于任何一个会展活动而言,参展商作为会展活动的最直接和最重要的组成部分,是会展活动中最为核心的参与主体。如果没有参展商的参与,会展活动根本无法开展。影响参展商对展会需求的因素主要有以下几个方面。

1)会展产品的价格

对于任何的参展商而言,价格都是直接关乎经济利益的问题,必须引起重视。对于会展产品的价格而言,直接关系的因素有会展展览地的租用价格、会展的品牌价格、会展产品本身的品牌价格,还有就是会展的展出时间。由于会展时间的短暂性,所以会展产品的周转率对产品的价格影响并不是很大。但是在不同的时间段,会展产品的价格会有一些波动。比如在动漫展这样的商业展中,在展会的开始和结束时都会有产品价格的优惠。

2)会展产品的质量

会展产品的质量在很大程度上体现为观众的数量和质量,因此某展会观众的数量和质量就成为决定参展商需求的重要因素。对不同的展会,参展商对观众的考虑角度是不一样的。如果是综合性或消费类展会,参展商会比较注重观众的数量,因为观众越多,说明展会的人气越旺,展会的影响力越大;而对于专业性展会或贸易性展会,参展商则更注重的是观众的质量,如专业观众所占的比例、专业观众中具有购买决策权的人或能够影响购买决策的人的比例等。

3)参展费用

参展企业在营销方面的开支一般不能超过其能够承受的水平。参展商参加展会时,还要承担展台搭建、展览设计服务以及饭店产品和旅游产品的费用。如果价格太高,就会抑制参展商参加会展的需求,参展商的弹性利润被压低。

4）其他营销方式的费用

如果把会展作为参展商的一种营销手段的话,那么其他营销手段就是会展的替代品。现实生活中除了会展活动这种交易方式之外,还有许多营销手段,如报刊、网络、广告、新闻媒体、电话、上门推销等。与一般的营销手段相比,通过会展活动进行交易的费用要低得多。当展会与其他营销方式相比,价格较为低廉的情况下,参展商会更愿意选择会展作为营销手段。而当其他营销方式的价格下降时,参展商可能会重新作出选择。

2.3.2　影响观众对展会需求的因素

影响观众对展会需求的因素,主要有以下几个方面。

1）门票价格

门票价格越高,观众对展会的需求越低;反之则越高。需要说明的是,消费类展会一般是收取门票的,而且门票是展会组织者一个非常重要的收入来源;而越来越多的专业性展会是不收取门票的。因此,在分析观众对展会需求的影响时,一般针对消费类或综合类展会。

2）观众收入水平

收入水平对观众需求的影响表现在两个方面:一方面,对普通观众购买门票产生预算约束,收入越高越有能力购买门票参加展会;另一方面,收入水平的提高将扩大普通观众对展会尤其是消费品展会的需求。从目前一些消费类展会的发展现状可以看出,举办地收入水平和消费水平的高低是决定消费类展会成败的重要因素,如江苏、广东、浙江、北京、上海等会展相对发达的地区都是全国收入水平位居前列的省市。

3）闲暇时间

闲暇时间主要是针对普通观众来说的,而对于专业观众来说,参加展览寻找所要采购的产品属于其工作的范围,无须考虑闲暇时间。会展是一个很耗时的闲暇产品,小展会要持续1~3 天,而大型会展则要持续 4~7 天,这就需要会展的普通观众有充足的闲暇时间。虽然有很多消费类展会安排在周末,但有的展会由于持续时间过长而不得不在工作日举办。因此,如果个人闲暇时间增加,对会展产品的需求就会增加。

4）展会质量

一般来说,参展商的质量与展会质量是成正比的。参展商数量越多,展览会的整体规模以及单个参展商的展位规模越大,表明展会的质量越高,影响力越大;参展商中国外参展商所占的比重越大,表明展会的国际化程度越高,影响力越大。如果参展企业都是所在行业的知名企业或龙头企业,则表明展会的质量比较高。如 2010 年上海世博会的成功,有很大的原因就是这次展会吸引了全球 242 个国家、地区和国际组织参展。参展机构数量达到历史之最,同样也使得参展的观众数量达到创纪录的 7 000 万。

除此之外,影响观众对会展需求的因素还有很多,如展会宣传、观众偏好、消费习惯、会展举办地的信息发达程度等。

【延伸阅读】

会展业发展进入"新常态"　品牌会展受热捧

刚刚结束的上海国际汽车零配件、维修检测诊断设备及服务用品展览会再创纪录,参展企业数量、展馆规模、观众数量、国外参展企业数量等都创10年来最高纪录。而就在几个月前,展会的主办方之一法兰克福展览(上海)有限公司在成都主办的成都国际汽车零配件及售后服务展览会也呈现出了异常火爆的场面。

在2014中国会展业年度研讨会上,中国会展经济研究会会长袁再青表示,我国的会展业和会展经济进入了新常态,会展业告别了多年来高速、两位数增长的发展阶段,进入了高位、平稳发展的阶段。而在这种情况下,会展业竞争加剧,品牌会展成为企业热捧的对象。

国际化程度不断加深。在上海国际汽车零配件、维修检测诊断设备及服务用品展览会上,共有来自39个国家和地区的4 906家企业参展,其中海外参展商达581家,包括一大批世界顶尖的零部件厂商,比上一届有了大幅增长,甚至有17个国家的企业组成展团参展,白俄罗斯、秘鲁、葡萄牙、瑞士、约旦的一些企业则是首次参展。

而这届展会展览总面积达22万平方米,为历届规模之最,大约有86 000名观众前来观展。汽车零配件展与整车展不同,观赏性不如整车展,没有豪车美女,来的基本都是行业内的专业观众,这一数量已经非常可观。一些国家及地区甚至组织参观团前来观展。

与一般的展会不同,上海国际汽配展不仅提供展示平台,还为企业提供智力支持,展会期间,各种主题的论坛、活动有38场之多,涵盖了汽车零部件、维修与保养、汽车用品及改装三大产品板块并延展至整个行业,带给参展企业更多信息和启发。

有数据显示,截至2013年年底,国际展览业协会(UFI)的中国会员达到84个,主要分布在北京、上海、广东,UFI认证展会共69个,其中境内认证展览66个,境外认证展览3个。

一方面是会展新常态的出现,而另一方面是会展国际化的不断提升,越来越多的企业希望借助会展拓展更大、更新的市场,甚至是走出国门参与国际竞争。这就使得参展企业对会展的品质、品牌和国际化程度要求越来越高。

品牌展会受热捧。在国内会展大发展的同时,也出现一些问题,一些展会层出不穷,让企业穷于应付。在这种情况下,一些品牌展会就成了企业热捧的对象。

而作为国际知名的会展企业,法兰克福展览公司在全球推出了Automechanika系列汽车配件品牌展览会,该品牌遍及非洲、亚洲、欧洲、中美洲以及南美洲。凭借自身的品牌优势和服务,法兰克福展览公司进入中国后,经过10年的努力,上海国际汽配展成为全球规模第二的Automechanika品牌展会,规模仅次于德国法兰克福的"母展"。

分析原因,法兰克福展览(上海)有限公司董事会主席曹建生介绍,首先,法兰克福展会有着悠久的历史。1150年,法兰克福就已经出现了第一个具有贸易集会性质的活动。而德国法兰克福展览公司的成立最早可追溯到1907年,现在在全球有28个直属子公司,80多个机构,业务网络覆盖150多个国家和地区。

同时,法兰克福办的展览会基本都是品牌展览会,非常注重展会的品质和服务,国际化程度非常高,一些展览的国际化程度已经超过60%。同时,展览会规模都比较大,包括展出面积、展商数量、观众数量、全球机构的参与数量等在同类行业中基本都是领军的。

再有,作为品牌展会,法兰克福展会的一个突出特点就是服务质量高。曹建生说:"例如,现在越来越多的国内企业通过参加法兰克福的展览将自己推向世界,一些国内的大企业在国际上有自己的渠道、顾问、策划等,参展的目标就很明确,但很多中小企业不具备这个条件,法兰克福就可以提供包括市场推广、策划、咨询,甚至律师、翻译,乃至交通、旅行,直到展台装修等一系列的配套服务。"

其实,中国企业通过法兰克福展会这个平台进入国际市场的历史由来已久。曹建生介绍,中国企业第一次参加法兰克福展会是1984年。而经过不断发展,国内的企业由展示产品到展示技术,再到展示企业理念形象,到现在展示自主品牌,在不断提升国际竞争力。

"越来越多的中国企业参加法兰克福展览会,国内企业参与国际竞争的意识逐步浓厚,国际竞争力也不断加强。这是我们想看到的一个事情,也是令我们欣喜的事情,"曹建生说,"无论是过去、现在和将来,中国企业一直是法兰克福展览会的重要组成部分,今后会变得更加重要。"在法兰克福的全球展览会中,中国展团在一些展览会中已经成了第一国际展团。

放开市场提升品质。面对会展业的"新常态"和国内会展行业的发展实际,放开市场、提升品质成为业内对未来国内会展业发展的主要需求。

专家表示,提升品牌和服务品质是会展企业迫在眉睫的需要。只有能够为参展企业提供有所需的服务,才能受到参展企业的欢迎和重视,包括影响力、智力支持、增值服务等。

同时,专家表示,在政策环境方面,政府总体上应放松管制,取消或者下放行政审批,减少审批事项。同时,对会展进行分类管理,制订会展主体的资质条件,并着力完善会展领域的市场机制。加大会展知识产权的保护力度,支持和鼓励办展主体通过专利申请、商标注册等手段保护展会的知识产权,进一步研究建立全行业的诚信体系。

还有就是要创造各类会展主题平等发展、公平竞争的制度环境。一方面,鼓励所有会展企业共同发展,形成多元竞争的市场格局;另一方面,在保护产权、使用生产要素参与市场竞争、法律保护、依法监管等方面坚持所有主体一律平等。

(资料来源:新华网,2014-12-22)

2.3.3　影响会展需求的宏观、微观因素

影响会展需求的宏观因素是指影响会展业运行的外部社会因素,主要包括社会经济发展水平、环境和政策等。它对于参展商、参展组织者、观众以及与会者等来说是不可控制的,且深受其影响。因而,会展需求的相关利益主体,必须根据外部宏观环境中的各种因素及其变化趋势制订策略以达到各自的目的。

影响会展需求的微观因素主要包括会展商品和劳务的价格水平、会展资源、会展需求主体的经济水平等。

2.4 会展需求规律

2.4.1 会展需求规律的内涵

会展需求规律是指在某一特定时期内,在其他条件不变的情况下,会展产品的需求量与其价格呈反向变动关系,即会展需求量随会展价格的上升而减少,随会展价格的下降而增加。

对于会展业而言,需求是指在一定时期内参展商或与会者对会展活动有支付能力的需求总量。会展需求规律符合经济学的一般规律,即会展需求与会展价格呈负向关系。在会展市场上,会展产品价格的波动和变化趋势对一个国家或地区的会展需求量会产生一定的影响。在其他因素不变的情况下,如果会展产品价格出现下跌,会展需求量便会增加;如果会展产品市场价格上涨,则会展需求量就随之减少。会展产品价格与会展需求之间的这种关系就是会展需求规律。会展需求量与会展产品价格之间的这种变化关系也是一种函数关系,即会展需求函数,其函数关系可以表示为:

$$Q^d = f(P_i) \tag{2-3}$$

式中,Q 表示会展需求量,P 表示会展产品价格,i 表示二者之间的函数关系。会展需求价格曲线是一条斜向下的曲线。

2.4.2 会展需求规律例外

由于会展经济自身的某些特点,使得会展需求具有一些例外情况。

①中小企业特别是出口导向型企业对会展需求呈刚性,长期需求呈上升趋势,而和价格波动关联不密切。中小型企业特别是出口导向型企业,受自身经济实力和销售渠道的制约,很难直接面对国际市场。企业扩大销售和出口的首选就是参与会展活动,这不仅缩短了产品与国际客户间的距离,对企业主营业务的推广和品牌塑造也十分有利。随着国际经济一体化进程的加快,企业面临着来自国际市场的压力,要学会按国际惯例办事,掌握产品和服务的国际发展趋势,还要适应国际市场的竞争。会展拥有高度密集的信息,十分适宜企业获取并学习相关知识、技术、惯例等,促进了会展市场需求在相当长的一段时间内处于强劲上升趋势,期间价格波动不会改变这种需求增长趋势。

②城市发展拓展了会展需求的空间。会展的发展与区域的城市化水平和产业聚集水平密切相关,城市化过程是经济集聚的过程,大量企业和商业聚集于城市及其周边地区,为会展的发展奠定了良好的市场基础。城市化水平的提高,使得会展业所需的相关行业和支持条件更趋完善,使会展需求的增长拓展了向上发展的空间,这种拓展在很长一段时间内同样不随价格的波动而改变。

2.4.3　会展需求弹性

(1)弹性的一般含义

众所周知,当一种商品的价格发生变化时,这种商品的需求量会发生变化。除此之外,当消费者的收入水平或者相关商品的价格等其他因素发生变化时,这种商品的需求量也会发生变化。同样地,当一种商品的价格发生变化,或者这种商品的生产成本等其他因素发生变化时,这种商品的供给量也会发生变化。由此,人们自然很想知道,当一种商品的价格下降1%时,这种商品的需求量和供给量究竟分别会上升和下降多少呢? 当消费者的收入水平上升1%时,商品的需求量究竟增加了多少? 弹性概念就是专门为解决这一类问题而设立的。

弹性概念在经济学中得到广泛的应用。一般来说,只要两个经济变量之间存在着函数关系,就可以用弹性来表示因变量对自变量变化的反应的敏感程度。具体地说,它告诉人们,当一个经济变量发生1%的变动时,由它引起的另一个经济变量变动的百分比。例如,弹性可以表示当一种商品的价格上升1%时,相应的需求量和供给量变化的百分比具体是多少。

在经济学中,弹性的一般公式为:

$$弹性系数 = \frac{因变量的变动比例}{自变量的变动比例}$$

设两个经济变量之间的函数关系为 $Y = f(X)$,则弹性的一般公式还可以表示为:

$$e = \frac{\dfrac{\Delta Y}{Y}}{\dfrac{\Delta X}{X}} = \frac{\Delta Y}{\Delta X} \cdot \frac{X}{Y} \tag{2-4}$$

式中,e 为弹性系数;ΔX、ΔY 分别为变量 X、Y 的变动量。该式表示:当自变量 X 变化1%时,因变量 Y 变化百分之几。

若经济变量的变化量趋于无穷小,即当式(2-4)中的 $\Delta X \to 0$,且 $\Delta Y \to 0$ 时,则弹性公式为:

$$e = \lim_{\Delta x \to 0} \frac{\dfrac{\Delta Y}{Y}}{\dfrac{\Delta X}{X}} = \frac{\dfrac{dY}{Y}}{\dfrac{dX}{X}} = \frac{dY}{dX} \cdot \frac{X}{Y} \tag{2-5}$$

通常将式(2-4)称为弧弹性公式,将式(2-5)称为点弹性公式。

需要指出的是,弹性是两个变量变化比例的一个比值,所以弹性是一个具体的数字,它与自变量和因变量的单位无关。

(2)需求的价格弹性含义

需求方面的弹性主要包括需求的价格弹性、需求的交叉弹性和需求收入弹性。其中,需求的价格弹性可简称为需求弹性。下面详细介绍需求的价格弹性。

需求的价格弹性表示在一定时期内一种商品的需求量变动对于该商品的价格变动的反应程度。或者说,表示在一定时期内当一种商品的价格变化1%时所引起的该商品需求量变化的百分比。其公式为:

$$需求的价格弹性系数 = -\frac{需求量变动率}{价格变动率}$$

需求的价格弹性可以分为弧弹性和点弹性。

需求的价格弧弹性表示某商品需求曲线上两点之间的需求量的变动对于价格变动的反应程度。简单地说,它表示需求曲线上两点之间的弹性。假定需求函数为 $Q = f(P)$,ΔQ 和 ΔP 分别表示需求量的变动量和价格的变动量,以 e_d 表示需求的价格弹性系数,则需求的价格弧弹性公式为:

$$e_d = -\frac{\dfrac{\Delta Q}{Q}}{\dfrac{\Delta P}{P}} = -\frac{\Delta Q}{\Delta P}\frac{P}{Q} \tag{2-6}$$

通常情况下,由于商品的需求量和价格是呈反方向变动的,这时 $\dfrac{\Delta Q}{\Delta P}$ 为负值,为了便于比较,就在式(2-6)中加了一个负号,以使需求的价格弹性系数 e_d 为正值。

当需求曲线上两点之间的变化量趋于无穷小时,需求的价格弹性要用点弹性来表示。也就是说,它表示需求曲线某一点上的需求量变动对于价格变动的反应程度。在式(2-5)的基础上,需求的价格点弹性公式为:

$$e_d = \lim_{\Delta x \to 0} -\frac{\dfrac{\Delta Q}{Q}}{\dfrac{\Delta P}{P}} = \frac{\dfrac{\mathrm{d}Q}{Q}}{\dfrac{\mathrm{d}P}{P}} = \frac{\mathrm{d}Q}{\mathrm{d}P}\frac{P}{Q} \tag{2-7}$$

比较式(2-6)和式(2-7)可见,需求的价格弧弹性和点弹性的本质是相同的。它们的区别仅在于:前者表示价格变动量较大时的需求曲线上两点之间的弹性,而后者表示价格变动量无穷小时的需求曲线上某一点的弹性。

(3)需求的价格弧弹性

需求的价格弧弹性有5种类型。

需求的价格弹性告诉我们,当商品的价格变动1%时,需求量的变动究竟有多大的百分比。于是,完全可以设想:在商品的价格变化1%的前提下,需求量的变化率可能大于1%,这时有 $e_d > 1$;需求量的变化率也可能小于1%,这时有 $e_d < 1$;需求量的变化率也可能恰好等于1%,这时有 $e_d = 1$。进一步讲,由于 $e_d > 1$ 表示需求量的变动率大于价格的变动率,即需求量对于价格变动的反应是比较敏感的,所以 $e_d > 1$ 被称为富有弹性;由于 $e_d < 1$ 表示需求量的变动率小于价格的变动率,即需求量对于价格变动的反应欠敏感,所以 $e_d < 1$ 被称为缺乏弹性;$e_d = 1$ 是一种巧合的情况,它表示需求量和价格的变动率刚好相等,$e_d = 1$ 被称为单一弹性或单位弹性。以上这3种类型的需求的价格弧弹性分别如图 2-2 中的(a)、(b)和(c)所示。

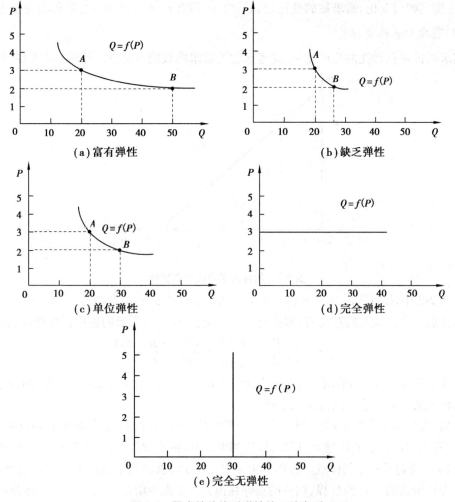

图 2-2 需求的价格弧弹性的 5 种类型

比较图 2-2(a)和(b)可以看出,富有弹性的需求曲线相对比较平坦,缺乏弹性的需求曲线相对比较陡峭。需要注意的是,尽管在经济学中,把富有弹性的需求绘制成一条相对平坦的曲线和把缺乏弹性的需求绘制成一条相对陡峭的曲线,已成为一种习惯,这种绘制方法通常也是可行的。但是,在有些场合,这种绘制方法便会成为一种不好的甚至是错误的方法。譬如,当图 2-2(a)中横轴上每 0.5 cm 的刻度由 10、20、30、40、50 改为 11、12、13、14、15 以后,那么平坦的需求曲线就是缺乏弹性的了,所以在使用这种绘制方法时必须十分小心。关于这一点,在以后分析需求曲线的斜率和需求的价格点弹性的关系时,会进一步说明。

再看图 2-2(d)和(e)。图 2-2(d)中需求曲线为一条水平线。水平的需求曲线表示在既定的价格水平需求量是无限的。从需求的价格弹性的角度看,对于水平的需求曲线来说,只要价格有一个微小的上升,就会使无穷大的需求量一下子减少为零。也就是说,相对于无穷小的价格变化率,需求量的变化率是无穷大的,即有 $e_d = \infty$,这种情况被称为完全弹性。图 2-2(e)中的需求曲线是一条垂直线。垂直的需求曲线表示相对于任何价格水平需求量都是固定不变的(如图中总是有 $Q = 30$)。从需求的价格弹性的角度看,对于垂直的需求曲线来说,无论价格如何变化,需求量的变化量总是为零,即有 $e_d = 0$,这种情况被称为完全无弹性。

（4）需求的价格点弹性

需求的价格点弹性的几何意义,先考虑线性需求曲线的点弹性。用图 2-3 来说明。

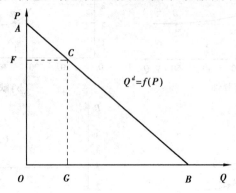

图 2-3　线性需求曲线的点弹性

在图 2-3 中,线性需求曲线分别与纵坐标和横坐标相交于 A、B 两点,令 C 点为该需求曲线上的任意一点。从几何意义看,根据点弹性的定义,C 点的需求的价格弹性可以表示为:

$$e_d = -\frac{dQ}{dP}\frac{P}{Q} = \frac{GB}{CG}\frac{CG}{OG} = \frac{GB}{OG} = \frac{CB}{AC} = \frac{FO}{AF} \tag{2-8}$$

由此可得出这样一个结论:线性需求曲线上的任何一点的弹性,都可以通过由该点出发向价格轴或数量轴引垂线的方法来求得。

显然,线性需求曲线上的点弹性有一个明显的特征:在线性需求曲线上的点的位置越高,相应的点弹性系数值就越大;相反,位置越低,相应的点弹性系数值就越小。这一特征在图 2-4(a)中得到了充分的体现。在图 2-4(a)中,随着需求曲线上的点的位置由最低的 A 点逐步上升到最高的 E 点的过程,相应的点弹性由 $e_d = 0$ 逐步增加到 $e_d = \infty$。具体分析,在该线性需求曲线的中点 C,有 $e_d = 1$,因为 $CA = EC$。在中点以下部分的任意一点如 B 点,有 $e_d < 1$,因为 $BA < EB$。在中点以上部分的任意一点如 D 点,有 $e_d > 1$,因为 $DA > ED$。在线性需求曲线的两个端点,即需求曲线与数量轴和价格轴的交点 A 点和 E 点,分别有 $e_d = 0$ 和 $e_d = \infty$。可见,向右下方倾斜的线性需求曲线上每一点的弹性都是不相等的。这一结论对于除了将要说明的两种特殊形状的线性需求曲线以外的所有线性需求曲线都是适用的。

在图 2-4(b)和(c)中各有一条特殊形状的线性需求曲线。图 2-4(b)中一条水平的需求曲线上的每一点的点弹性均为无穷大,即 $e_d = \infty$。图 2-4(c)中的一条垂直的需求曲线上每一点的点弹性均为零,即 $e_d = 0$。可见,对于线性需求曲线上每一点的点弹性都不相等的结论来说,水平的和垂直的需求曲线是两种例外。

要注意的是,在考察需求的价格点弹性问题时,需求曲线的斜率和需求的价格弹性是两个紧密联系却又不相同的概念,必须严格加以区分。

首先,经济学使用弹性而不是曲线的斜率来衡量因变量对自变量反应的敏感程度,由于弹性没有度量单位,所以弹性之间的比较很方便。不同的是,斜率是具有度量单位的,如每一分钱价格的变动所造成的面粉需求量的改变和每一元钱价格的变动所造成的面粉需求量的改变存在很大的差别。此外,物品的衡量往往必须使用不同的度量单位。例如,面粉用千克、吨等。为了比较不同物品反应的敏感程度,度量单位的消除是必要的。其次,由前面对需求的价格点弹性的分析可以清楚地看到,需求曲线在某一点的斜率为 $\dfrac{\mathrm{d}P}{\mathrm{d}Q}$。而根据需求的价格点弹性的计算公式,需求的价格点弹性不仅取决于需求曲线在该点的斜率的倒数值 $\dfrac{\mathrm{d}Q}{\mathrm{d}P}$,还取决于相应的价格与需求量的比值 $\dfrac{P}{Q}$。因此,这两个概念虽有联系,但区别也是很明显的。这种区别在图 2-4(a)中得到了充分体现:图中线性需求曲线上每点的斜率都是相等的,但每点的点弹性值却是不相等的。

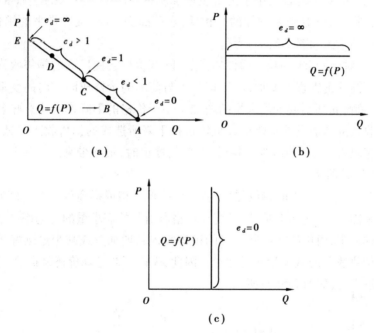

图 2-4　线性需求点弹性的 5 种类型

由此可见,直接把需求曲线的斜率和需求的价格点弹性等同起来是错误的。严格区分这两个概念,不仅对于线性需求曲线的点弹性,而且对于任何形状的需求曲线的弧弹性和点弹性来说,都是有必要的。

(5)需求的价格弹性和厂商的销售收入

在实际的经济生活中会发生这样一些现象:有的厂商提高自己的产品价格,能使自己的销售收入得到提高,而有的厂商提高自己的产品价格,反而使自己的销售收入减少了。这意味着,以降价促销来增加销售收入的做法,对有的产品适用,对有的产品却不适用。如何解释这些现象呢? 这便涉及商品的需求的价格弹性大小和厂商的销售收入两者之间的相互关系。

众所周知,厂商的销售收入等于商品的价格乘以商品的销售量。在此假定厂商的商品销售量等于市场上对其商品的需求量。这样,厂商的销售收入就可以表示为商品的价格乘以商品的需求量,即厂商销售收入可表示为 $P \cdot Q$,其中,P 表示商品的价格,Q 表示商品的销售量即需求量。

前面已经讲过,商品的需求价格弹性表示商品需求量的变化率对于商品价格的变化率的反应程度。这意味着,当一种商品的价格 P 发生变化时,需提供这种商品的销售收入 $P \cdot Q$ 的变化情况,将必然取决于该商品的需求价格弹性大小。因此,商品的需求价格弹性和提供该商品的厂商的销售收入之间存在着密切的关系,这种关系可归纳为以下 3 种情况。

第一种情况:对于 $e_d > 1$ 的富有弹性的商品,降低价格会增加厂商的销售收入,相反,提高价格会减少厂商的销售收入,即厂商的销售收入与商品的价格成反方向的变动。这是因为,当 $e_d > 1$ 时,厂商降价所引起的需求量的增加率大于价格的下降率。这意味着价格下降所造成的销售收入的减少量必定小于需求量增加所带来的销售收入的增加量。因此,降价最终带来的销售收入 $P \cdot Q$ 值是增加的。相反,在厂商提价时,最终带来的销售收入 $P \cdot Q$ 值是减少的。这种情况如图 2-5(a)所示。

第二种情况:对于 $e_d < 1$ 的缺乏弹性的商品,降低价格会使厂商的销售收入减少,相反,提高价格会使厂商的销售收入增加,即销售收入与商品的价格成同方向的变动。其原因在于: $e_d < 1$ 时,厂商降价所引起的需求量的增加率小于价格的下降率。这意味着需求量增加所带来的销售收入的增加量并不能全部抵销价格下降所造成的销售收入的减少量。因此,降价最终使销售收入 $P \cdot Q$ 值减少。相反,在厂商提价时,最终带来的销售收入 $P \cdot Q$ 值是增加的,如图 2-5(b)所示。

第三种情况:对于 $e_d = 1$ 的单位弹性的商品,降低价格或提高价格对厂商的销售收入都没有影响。这是因为,当 $e_d = 1$ 时,厂商变动价格所引起的需求量的变动率和价格的变动率是相等的。这样一来,由价格变动所造成的销售收入的增加量或减少量刚好等于由需求量变动所带来的销售收入的减少量或增加量。因此,无论厂商是降价还是提价,销售收入 $P \cdot Q$ 值都是固定不变的,如图 2-5(c)所示。

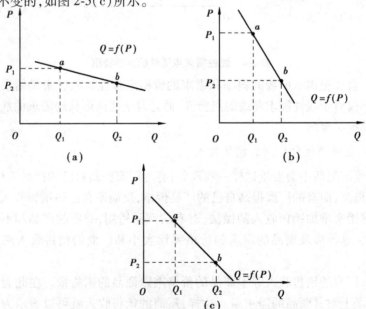

图 2-5　需求弹性与销售收入关系的 3 种情况

以上 3 种情况都是以需求的弧弹性为例进行分析的。事实上,经数学证明,对这 3 种情况分析所得到的结论,对需求的点弹性也是适用的。

与以上 3 种情况相对应,在西方经济学中,也可以根据商品的价格变化所引起的厂商的销售收入的变化,来判断需求的价格弹性的大小。如果某商品价格变化引起厂商销售收入反方向的变化,则该商品是富有弹性的。如果某商品价格变化引起厂商销售收入同方向的变化,则该商品是缺乏弹性的。如果厂商的销售收入不随商品价格的变化而变化,则该商品是单位弹性的。

将 $e_d = \infty$ 和 $e_d = 0$ 两种特殊情况考虑在内,需求的价格弹性和厂商的销售收入之间的综合关系见表 2-2。

表 2-2　需求的价格弹性和销售收入之间的关系

弹性系数 ＼ 价格变化	$e_d > 1$	$e_d = 1$	$e_d < 1$	$e_d = 0$	$e_d = \infty$
降价	增加	不变	减少	同比例于价格的下降而减少	既定价格下,收益可以无限增加,因此,厂商不会降价
涨价	减少	不变	增加	同比例于价格的上升而增加	收益会减少为零

最后,再指出一点,因为厂商的销售收入就等于消费者的购买支出,所以以上关于需求的价格弹性和厂商的销售收入之间关系的分析和结论,对于需求的价格弹性和消费者的购买支出之间的关系同样也是适用的。

（6）影响需求的价格弹性的因素

影响需求的价格弹性的因素很多,其中主要有以下几个。

①商品的可替代性。一般来说,一种商品的可替代品越多,相近程度越高,则该商品的需求的价格弹性往往就越大;相反,该商品的需求的价格弹性往往就越小。例如,在苹果市场,当国光苹果的价格上升时,消费者就会减少对国光苹果的需求量,增加对相近的替代品如香蕉苹果的购买。这样,国光苹果的需求弹性就比较大。又如,对于食盐来说,没有很好的可替代品,所以食盐价格的变化所引起的需求量的变化几乎等于零,它的需求的价格弹性是极小的。

对一种商品所下的定义越明确,这种商品相近的替代品往往就越多,需求的价格弹性也就越大。譬如,某种特定商标的豆沙甜馅面包的需求要比一般的甜馅面包的需求更有弹性,甜馅面包的需求又比一般面包的需求更有弹性,而面包的需求的价格弹性比一般的面粉制品的需求的价格弹性又要大得多。

②商品用途的广泛性。一般来说,一种商品的用途越是广泛,它的需求的价格弹性就可能越大;相反,用途越是狭窄,它的需求的价格弹性就可能越小。这是因为,如果一种商品具有多种用途,当它的价格较高时,消费者只购买较少的数量用于最重要的用途上。当它的价格逐步下降时,消费者的购买量就会逐渐增加,将商品越来越多地用于其他的各种用途上。

③商品对消费者生活的重要程度。一般来说,生活必需品的需求的价格弹性较小,非必需品的需求的价格弹性较大。例如,馒头的需求的价格弹性是较小的,电影票的需求的价格

弹性是较大的。

④商品的消费支出在消费者预算总支出中所占的比重。消费者在某商品上的消费支出在预算总支出中所占的比重越大,该商品的需求的价格弹性可能越大;反之,则越小。例如,火柴、盐、铅笔、肥皂等商品的需求的价格弹性就是比较小的。因为消费者每天在这些商品上的支出是很小的,消费者往往不太重视这类商品价格的变化。

⑤所考察的消费者调节需求量的时间。一般来说,所考察的调节时间越长,则需求的价格弹性就可能越大。因为当消费者决定减少或停止对价格上升的某种商品的购买之前,他一般需要花费时间去寻找和了解该商品的可替代品。例如,当石油价格上升时,消费者在短期内不会较大幅度地减少需求量。但设想在长期内,消费者可能找到替代品,于是,石油价格上升会导致石油的需求量较大幅度地下降。

需要指出,一种商品需求的价格弹性的大小是各种影响因素综合作用的结果。因此,在分析一种商品的需求的价格弹性的大小时,要根据具体情况进行全面的综合分析。

影响会展需求价格弹性的因素主要有以下3个。

①可替代会展活动(可视为产品与服务)的多少和替代程度的高低。就会展活动而言,其替代品较多。通常,企业可以采取不同方式展开营销活动,如直接销售、专卖店、跨国经营,也可以采用网络营销和广告等方式。但会展之所以受到欢迎,是因为会展所具有的综合性功能,任何单一产品或营销方式都难以比拟。新的商业模式,如电子商务和网络会展,会对传统的会展模式产生巨大的冲击。

②商品消费支出占消费收入比重的大小。

③互补性商品的多少。会展业的发展离不开城市交通、物流运输、餐饮酒店和旅游业的发展,这些行业的服务之间存在很强的互补性,并且相互融合。互补性越广泛,弹性越大。

(7)需求的交叉弹性

会展需求的交叉弹性衡量的是 Y 商品的价格每变化1%,会导致消费者对 X 商品的需求量变化的百分比。交叉弹性可以是正值,也可以是负值。如为正值,此两项商品为替代品,表明一旦产品 Y 的价格上涨,则产品 X 的消费量必然增加。相反,如果交叉弹性为负值,则此两项产品为互补品,也就是说,当产品 Y 的价格上涨时,产品 X 的消费量会下降。

(8)需求的广告弹性

会展需求的广告弹性是指会展的宣传广告的投入变化1%引起的会展需求的增加百分比。会展业属于服务行业,会展活动特别注重信息的传播,以及主题和概念方面的策划和宣传。宣传广告是营造会展气势、传播会展信息和梳理会展品牌的重要手段之一。通过恰当的渠道和表达方式,将会展信息传递给目标受众,可以激发会展市场的潜在需求。会展需求的广告弹性,也可以用来作为对会展各项广告和招商方面的投入决策,以及投入产出评价的参考。

案例分析:创办展会的 18 条忠告　五答新项目从哪里来

在展览业,有两种人特别喜欢创办展会。一是政府官员,因为创办展会有利于展现政绩,服务行政。二是民营公司老板,因为创办展会有利于扩张业务,增加营收,还能够证明自身活力充沛、竞争力强大。必须看到,由于缺乏社会地位和公共资源,民营展览公司无一不是靠创办展会起家的。对于民营展览公司而言,创办就是创业。

中国展览业的发展壮大,在很大程度上得益于民营公司前赴后继地创办展会。在中国展览业正在走向成熟的今天,创办展会的格局已有了深刻变化:中央厉行"八项规定"之后,官方创办展会受限而式微。按中央改革规划,官方非但不能随意创办展会,有的官办展会还要转型市场化运作。全国民营的组展公司总数持续减少,在许多老公司因经营不善退出市场的同时,新公司开办的数量很少。经营有年、营业尚好的民营公司,对于创办展会趋于谨慎,不复创业初期的豪迈奔放。因此,民营公司由创业驱使展会创办的动力大为减弱。国有公司、跨国公司、行业社团等展会主办方,因体制、战略或资源禀赋等方面的原因,向来不是创办展会的主力。在市场竞争加剧的环境中,这些主办方的新项目多以复制为主。

关于创办展会的观点可以罗列如下:

(1)一部展览业发展史,就是创办展会的历史。没有新展会的创办,就没有展览业的发展。

(2)发展展览业的核心驱动力量,是展会主办方。展会主办方创业的主要路径,是创办展会。在所有展会主办方的发展战略中,创办展会从来都是选项之一。因此,创办展会无论是首创还是复制,对于展会主办方而言,永远具有魅力而不可或缺。

(3)在中国经济转换"新动能"的背景下,新的市场需求是创办新展会的动力之源。

(4)在中国展览业的发展趋向成熟、市场竞争日益激烈的环境中,展会主题资源已属稀缺品,新主题创意及其展会创办的空间有限。

(5)展会新主题的创意,须源自社会需求(也包括引领社会需求)。创意者不但要有敏锐的信息感知能力,而且要有发掘展会新主题的能力。

(6)展会新主题的创意能否成立,须依靠科学的市场调研和分析论证。从事市场调研和分析论证工作,既需要专业知识,又需要从业经验。

(7)主办方决策"上项目",就意味着决定承受创办展会的风险(主要是投入和经营的风险)。"先算败,再算胜",应是承受并有预案防范风险的正常心态。而"只算胜"通常会导致项目的失败。

(8)"上项目"考验主办方寻求、整合、利用社会资源的能力。

(9)"上项目"须编制财务预算,主办方须通过预算评估投入风险,同时明确项目团队的经营目标。

(10)新项目具有市场需求的主要标志,是能否邀约到一定数量和相应质量的观众到场参观的重要方面。只追求展商招徕,忽视观众邀约的主办方,是做不好新项目的。而无法邀约到一定数量和相应质量的观众,要么是该项目缺乏市场,要么是主办方专业能力不行。

(11)新项目一般需要三年(三届)的培育。在培育期间,营收有限而投入巨大将同时存在,故经营亏损是常态,很难避免。在此期间,财务考核的指标应是逐步减亏直至盈利,而非创办头年就要求盈利。新项目培育期内如以盈利为目标,只能以减少投入为措施。如此,必将伤及展会推广,尤其是观众邀约,必将与市场培育背道而驰,加速项目失败。

(12)新项目在三年(三届)的培育期内,第二年(第二届)是最困难的,也是对展会创办决策的检验。如能坚持到第三年(第三届),且展览面积达到预期规模,观众参观数量持续上升,营收逐年提高,亏损下降甚至盈利,那这个新项目就算成功了。

(13)项目团队是促使展会创办成功的基础条件,项目经理是带领展会创办成功的关键因素。鉴于市场风险大,经营压力重,以销售佣金为主的分配措施在培育期难以发挥激励作用,因此,新项目管理难度高于老项目(包括团队难以筹组),新项目经理的素质要求也高于老项目经理。没有情怀,没有责任心,扛不住压力,拢不住团队的人,当不好新项目的经理。

(14)新项目团队的人数应多于老项目。人员须新老搭配,可以多配新人。

(15)主办方决策人须花精力指导、帮助新项目成长,而不能拍板后放任自流,或令项目经理孤军奋战。小微型公司创办展会,决策人(老板)应担任项目经理,亲力亲为。

(16)新项目的营销和销售业务,须精心打理。其中,掌握客商及用户(展商及观众)资源,制订经营计划和分解指标,梳理业务流程,并持续在项目团队内部开展培训(头脑风暴)以凝聚共识,是经营管理项目并推动项目进展的"抓手"。

(17)按年推进的新项目,在经营管理上的时间节点有5个:展馆租赁、团队组建、营销启动、销售启动和展前事务启动。

(18)按年推进的新项目,在距离展会开幕的第9个月、第6个月和第3个月,是控制工作进度的时间节点。其中,前9个月看销售进展情况;前6个月看项目总体进展情况;展会开幕前3个月看项目进展与设定目标的契合情况。有经验的主办方如在前6个月发现项目难以进展(招徕的展商及其预计报名的展商数量不足以开办展会),可决定取消展会,并协商展馆退租,以降低经营风险。

(资料来源:展程网,2016-07-27)

讨论题:

1.一个新展会项目的主题,除了创意新颖之外,还需要考虑什么?

2.新展会项目的培育期间,需要注意什么?

【专业词汇】

会展需求　会展需求弹性　参展商　观众　会展需求规律

【思考与练习】

1.结合你身边的某次展会,分析影响展会需求的因素有哪些。

2.会展需求主体有哪些。

3.分别举出具有弹性和缺乏弹性的会展例子。

4.根据自己所学的知识,分析为什么品牌展会更具有吸引力。

第3章
会展供给

【教学目标与要求】

掌握：会展供给的含义、会展供给的主体、影响会展供给的因素

了解：会展企业市场行为、供给的价格弹性

【知识体系】

```
                ┌ 供给 ┌ 供给与供给函数
                │      └ 供给表与供给曲线
                │           ┌ 会展供给的概念
                │ 会展供给 ┤ 会展供给的特征
                │           └ 会展供给的主体
会展供给 ┤                    ┌ 会展产品价格
                │ 影响会展供给的因素 ┤ 供给的价格弹性
                │                    └ 会展供给条件的变动
                │                ┌ 市场类型
                └ 会展企业市场行为 ┤ 产品差异化
```

【本章导读】

会展供给是指在一定时期和一定价格水平下，会展经营者愿意并且能够向会展市场提供的会展产品数量。会展供给是一个综合性的体系，要真正实现会展供给，会展经营者必须提供的是愿意出售并有可供出售的会展产品，即两者同时具备的有效供给。会展产品是一种服务型产品，其生产目的主要是为参展企业、参展观众等会展消费主体服务。会展产品的性质决定了会展供给的特殊性。本章主要将基于一般供给的基本理论，分析会展供给的主体、影响会展供给的因素和会展企业的市场行为。

【导入案例】

近日，北京中秋礼品购茶节在全国农业展览馆举办。作为首次涉茶节庆，此次购茶节吸引了大益集团、中茶普洱、茂圣六堡茶、冰岛昔归等多家知名涉茶企业亮相。与传统节庆不同的是,在此次购茶节上,年轻群体成为参展主力军。现场除了茶业展示外,纯手工制作的紫砂壶、铁茶壶,不同材质的茶叶罐,以及私家定制的茶禅服也悉数亮相。其中,茶禅服的设计者均为"80 后""90 后"。他们设计的作品不仅融入了传统中式服饰理念,而且加入了新元素,令茶服看上去更有设计感和时尚感。这些"80 后""90 后"并不看好网店,更中意于微店营销。在他们看来,在网上营销,自己的设计容易被剽窃。微店销售的特别之处在于,因为审美理念的相似,可以结识一些志趣相投的朋友,形成一个圈子。

在喜爱茶文化的"80 后""90 后"群体中,茶文化已经融入他们的工作和生活。随着健康意识的提升,这部分群体在商务活动中喜欢找一间高档茶舍,远离嘈杂的环境,在一种轻松的氛围中洽谈合作。

江西的叶青子在上海读完本科后,在浙江金华开了一间茶馆。茶馆内有书屋,有中式服装店,还有一间专属工作室。据她介绍,开茶馆只是为志趣相同的朋友提供一个聚会的空间,而中式服装设计才是她热爱的事业。在这里,品茶、设计,不亦乐乎。

另一位"90 后"山东女孩朱潜,3 年前从北京服装学院毕业后,先是在大型服装企业做设计师,之后为追寻自己的设计理念而离职,在北京开了自己的工作室,设计茶禅服饰,目前在业内已小有名气。朱潜说,由于很多环节都是纯手工制作,生产周期较长,订单都已排到明年了。这是让她痴迷茶禅服设计的最大动力,也是吸引她参加茶博会的关键所在。

茶博会主办方结合多年办展经验发现,现在参展的年轻人越来越多,而每年一届茶博会的形式过于严肃,节庆的形式往往令痴迷于茶文化的新生代更有参与感,更能彰显产品的个性。调查显示,传统的中秋节已成为年轻群体热衷于传统文化的符号。于是,主办方决定尝试举办以茶为主的节庆,以契合市场需求,实现茶博会的转型升级。

活动期间,主办方还组织了"中秋悦茶会""北京茶友会"。其中,中华茶人联谊会特约讲师、云生那莲私家定制品牌总监铁木做了题为《新中装之路:茶服扛鼎,舍我其谁?》的演讲。同样,他也是一位"80 后"茶禅服设计者。

（资料来源:有了参与感,展会就"活"了.中国贸易报数字报刊平台,2016-09-20）

3.1　供给

3.1.1　供给与供给函数

一种商品的供给是指生产者在一定时期内在各种可能的价格下愿意而且能够提供出售的该种商品的数量。根据上述定义,如果生产者对某种商品只有提供出售的愿望,而没有提供出售的能力,则不能形成有效供给,也不能算作供给。

一种商品的供给数量取决于多种因素的影响,其中主要的因素有:该商品的价格、生产的成本、生产的技术水平、相关商品的价格和生产者对未来的预期。它们各自对商品的供给量的影响如下：

①商品的自身价格。一般来说，一种商品的价格越高，生产者提供的产量就越大。相反，商品的价格越低，生产者提供的产量就越小。

②生产的成本。在商品自身价格不变的条件下，生产成本上升会减少利润，从而使得商品的供给量减少。相反，生产成本下降会增加利润，从而使得商品的供给量增加。

③生产的技术水平。在一般的情况下，生产技术水平的提高可以降低生产成本，增加生产者的利润，生产者会提供更多的产量。

④相关商品的价格。在一种商品的价格不变，而其他相关商品的价格发生变化时，该商品的供给量会发生变化。例如，对某个生产小麦和玉米的农户来说，在玉米价格不变和小麦价格上升时，该农户就可能增加小麦的耕种面积而减少玉米的耕种面积。

⑤生产者对未来的预期。如果生产者对未来的预期看好，如预期商品的价格会上涨，生产者往往会扩大生产，增加产量供给。如果生产者对未来的预期是悲观的，如预期商品的价格会下降，生产者往往会缩减生产，减少产量供给。

⑥一种商品的供给量是所有影响这种商品供给量的因素的函数。如果假定其他因素均不发生变化，仅考虑一种商品的价格变化对其供给量的影响，即把一种商品的供给量只看作这种商品价格的函数，则供给函数就可以表示为：

$$Q^s = f(P) \tag{3-1}$$

式中，P 为商品的价格；Q^s 为商品的供给量。

3.1.2 供给表和供给曲线

供给函数 $Q^s=f(P)$ 表示一种商品的供给量和该商品价格之间存在着一一对应的关系。这种函数关系可以分别用供给表和供给曲线来表示。

商品的供给表是表示某种商品的各种价格和与各种价格相对应的该商品的供给数量之间关系的数字序列表。表 3-1 是某商品的供给表。

表 3-1　某商品的供给表

价格—数量组合	A	B	C	D	E
价格/元	2	3	4	5	6
供给量/单位数	0	200	400	600	800

表 3-1 清楚地表示了商品的价格和供给量之间的函数关系。例如，当价格为 6 元时，商品的供给量为 800 单位；当价格下降为 4 元时，商品的供给量减少为 400 单位；当价格进一步下降为 2 元时，商品的供给量减少为零。

供给曲线是根据供给表中商品的价格—供给量组合在平面坐标图上所绘制的一条曲线。图 3-1 便是根据表 3-1 所绘制的一条供给曲线。

图中的横轴 OQ 表示商品数量，纵轴 OP 表示商品价格。在平面坐标图上，把根据供给表中商品的价格—供给量组合所得到的相应的坐标点 A、B、C、D、E 连接起来的线，就是该商

品的供给曲线 $Q^s=f(P)$,它表示在不同的价格水平下生产者愿意而且能够提供出售的商品数量。供给曲线是以几何图形表示商品的价格和供给量之间的函数关系。和需求曲线一样,供给曲线也是一条光滑的、连续的曲线,它是建立在商品的价格和相应的供给量的变化具有无限分割性即连续性的假设上的。

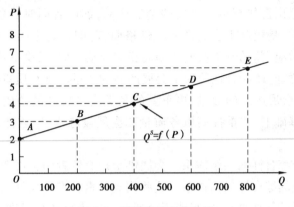

图 3-1　某商品的供给曲线

如同需求曲线一样,供给曲线可以是直线型,也可以是曲线型。如果供给函数是线性函数,则相应的供给曲线为直线型,如图 3-1 中的供给曲线。如果供给函数是非线性函数,则相应的供给曲线就是曲线型的。直线型的供给曲线上每点的斜率是相等的,曲线型的供给曲线上每点的斜率则不相等。在微观经济分析中,使用较多的是线性供给函数。它的通常形式为:

$$Q^s = -\delta + \gamma P \tag{3-2}$$

式中,δ、γ 为常数,且 γ、$\delta>0$。与该函数相对应的供给曲线为一条直线。

以供给函数为基础的供给表和供给曲线都反映了商品的价格变动和供给量变动两者之间的规律。从表 3-1 可见,商品的供给量随着商品价格的上升而增加。相应地,在图 3-1 中的供给曲线表现出向右上方倾斜的特征,即供给曲线的斜率为正值。它们都表示商品的供给量和价格呈同方向变动的规律。

3.2　会展供给

3.2.1　会展供给的概念

从会展经济的角度看,会展供给是指在一定时期和一定价格水平下,会展经营者愿意并且能够向会展市场提供的会展产品数量。供给必须满足两个条件:一是生产者愿意提供商品,二是生产者有提供商品的能力。

会展供给以会展需求为前提条件,会展供给必须与会展需求相联系并满足于会展需求才有其存在的必要,会展生产部门和企业,必须以会展者的需求层次和需求内容为客观要求,建立起一整套适应会展活动需要的会展供给体系,保证提供一系列能满足会展活动需要的全部内容。

会展供给必须是愿意并具有可供出售的会展产品。会展需求决定了会展供给的方向、数量和质量,但这仅仅是会展供给的一种前提条件。要真正实现会展供给,会展经营者必须提供的是愿意出售并有可供出售的会展产品,即两者同时具备的有效供给。会展供给同会展需求一样,是相对于会展产品的价格而言,即在特定的价格下,总有特定的会展产品供给量与之对应,并随着价格的变动而相应变动。同时,会展产品的供给不仅是单个会展产品数量的累加,还综合地反映了会展产品的数量多少和质量高低。因此,要提高会展供给,不能只看会展产品的数量,更重要的是提高会展产品的质量,要在独特的自然与人文会展资源的基础上,注重提高服务质量和会展设施水平,才能增加有效供给,更好地满足市场的需求。

会展供给是一个综合性的供给体系。会展供给是经营者向会展者提供的会展产品,是一个由多种要素构成的综合性供给体系。这些构成要素具有异质性的特点,因而会展供给不能用会展产品数量的累加来测度,只能用会展者人次来反映会展供给的数量及生产能力的水平。会展供给的各构成部分之间具有互补性和协调性的特点。

3.2.2　会展供给的特征

会展产品是一种服务型产品,其生产目的主要是为参展企业、参展观众等会展消费主体服务。会展产品的性质决定了会展供给的特殊性,特殊性主要表现在以下几个方面。

1)会展供给的多主体特征

会展产品的生产和供给涉及会展场馆、组展机构、参展企业以及各种类型的会展服务提供商等多个主体。为了保证会展产品的质量和会展消费者目标的实现,除了在各个供给主体自身的管理和服务能力上要有要求外,还需要多个主体之间的密切配合与协调。

2)会展供给对象的群体性特征

各种会展活动的供给对象不是单个的组织或个人,而是由大量的参展企业、参展观众等所组成的一个会展消费群体。这个消费群体的规模大小、群体内成员的素质、成员之间的交流交易的活跃程度等是评价会展产品质量的重要依据。

3)会展供给的即时性和固定性

会展产品与服务的一个重要特点在于它无法存储并且无法移动,它只能在会展活动期间,在会展举办地点由供给单位生产出来,被会展需求主体消费和使用,这就对会展组织策划、会展产业布局等工作提出了更高的要求。

4)会展供给的复杂性和多样性

会展产品的供给以满足会展需求为目标,而各个会展消费者的需求又是千差万别、涵盖多个方面的,这就导致了会展供给的复杂性和多样性。因此,会展供给主体要尽可能充分地考虑会展消费者的各种物质、非物质的需求,开发并提供全方位、个性化的产品和服务。

3.2.3　会展供给主体

会展产业具有产业关联性强、产业带动系数高等特征。这些因素决定了会展供给主体的多样性和会展供给构成的复杂性。

按照供给分工内容的不同,会展供给主体可以分为会展组织结构、参展企业和会展服务提供商。其中会展组织结构包括国际组织、各国各级政府、协会与社团组织、专业会展公司和普通公司。参展企业包括展览参展商、与会组织与个人、大型活动参与方。会展服务提供商是指主要为会展主办者、承办者、参展商、观众等各方提供专业服务的承包商或被委托方,包括会展物流服务商、媒体广告服务商、展位设计与特装、旅游娱乐服务商等。

但是会展组织机构、参展企业和会展服务提供商这 3 种类型的会展供给主体之间的界限并不是绝对的,在很多情况下,会展组织结构主要是参展企业,如公司会议、社团组织活动中的公司或社团组织等;还有一些会展组织结构自身就拥有会展场馆资源或能够提供运输、物流等会展服务,这个时候会展组织结构也就兼具了会展服务提供商的职能。

1)各国各级政府

政府虽然一般不是会展活动的直接参与者,但是,它对会展市场的运作有着重要意义。

第一,会展业是一项综合性产业,对主办地的硬件和软件都有较高的要求。除了最基本的会展场馆之外,还涉及装修、物流、保险、广告、旅游等相关产业以及海关、商检、公安、消防、工商、税务、技术监督、机场、海港、铁路、邮政电信和新闻媒体等相关部门。会展业的这种综合性,从经济学的角度看,就是强大的外部性。一方面,从正的外部性来看,会展业像某些公共产品一样,它使会展业之外的诸多产业和群体受益,如果没有制度和机制保证,受益者就不会从这种正的外部性受益而"买单"。另一方面,会展业具有负的外部性,如造成交通拥堵、酒店价格攀升(增加其他商务交流的成本)等,客观上影响了其他产业的发展。失败的会展活动造成的影响远远不限于经济上的损失,同时会对城市的制度、信用、基础设施等经济发展环境的形象造成负面影响。会展业对一个城市来说,不仅是一项经济联动作用显著的产业,而且是一项对社会效益特别是对城市形象、城市产业结构调整作用较大的产业。因此,会展业的发展,直接关系到城市的全局利益,需要政府的协调。

第二,一个城市发展会展业,必须考虑自身的产业结构和优势,如城市基础设施功能、会展场馆基础设施、会展策划和组织人才、交通、技术支持能力等要素。对城市的会展业发展制定切实可行的战略发展规划只有政府才能完成。

第三,市场发育的基础之一是市场主体的市场化。政府可以按照社会主义市场经济的原则,使城市会展市场主体尽快脱离中间状态,尽快市场化,成为市场竞争的理性主体,培育专业化、公司化会展主体。

第四,会展业对公共产品和服务的需求非常大。在会展活动期间,公安、消防、海关、检疫、邮电等社会资源都需要集中在短时间内达到较大的供给高峰。实际上,政府官员在会展活动中的露面,也是公共服务的一种。会展业最大的公共产品是会展中心。在很多城市,会议展览中心是作为城市基础设施,由政府负责建设,委托专业公司管理的。

第五,会展活动总是在一定的地理区域发生的。围绕会展业产业链企业,中介机构、科研教育机构、政府、协会等机构形成了一个分工合作、相互作用的产业网络,这就是会展业产业群。一个成熟的会展业产业群通常包括产业链核心企业(包括会展业直接生产和销售部门)、相关产业部门(为了完成会展活动需要诸多辅助性产品、服务和人员提供商的配合)和支持机构(包括政府主管部门和相关部门)3个方面,会展业在一个城市的集聚和提升过程中,政府应该起到重要的促进作用。

2)会展计划者

会展计划者是会展活动的发起人,办何种展览、开何种会议,都由计划者提出,具体的实施再交给专业人士去完成。换句话说,没有会展计划者就没有举办会展的理由,没有理由举办会展,那么其余的一切都将失去价值。

专业会议组织者和展览公司在会展市场的运作中通常起着直接操作与控制的作用。如果说在会展活动中政府一般充当主办者角色,那么专业会议组织者和展览公司应该是承办者的角色。由于所扮演的角色不同,使得两者对会展市场的影响不同,前者是间接的影响,后者是直接的影响。

专业会议组织者负责整个会议举办流程,从起草申办、策划、组织、协调和接待,直至会议结束后短期内联络等一些后续服务。会议组织者一般是一个小型公司,在会议业不够发达的地区,一些旅行社作为旅游中介机构,会以商务旅游的名义,与当地一些酒店联合起来,承办一些会议。但多数的旅行社和酒店利用其自身特点,在会议服务中把重点放在会议接待上,形成了一种称为会议操作代理人的专业分工。

展览公司是展览的组织者,它的作用就是寻找某类展览的足量的买家(专业观众)和卖家(参展商),把他们组织起来,并给他们提供讨价还价和达成交易的场所(展览场地)。展览公司组织展览,为买卖双方提供交流平台的最终目的,是要获取利润或提高知名度。同时,在组织展览中也会遇到一些问题:展览公司花大量的金钱、时间和精力为展览作准备,准备时间较长,而未来是不可预测的,在较长的准备期里如果出现一些客观原因造成展览被迫取消,展览公司将要为此付出很大的代价。

3)目的地管理公司

目的地管理公司一般是从事后勤管理的机构,包括配套设施及人员的供应、会展服务的提供和管理人才的培养等。很多会展场馆本身就具备这些供应能力,本身就是一个会展管理公司,这样可以利用熟悉会展场馆的优势,把展览过程中的服务及其他做得更好。

【延伸阅读】

2017国际会展业CEO上海峰会,政府应退出经营,增加服务供给

在2017年国际会展业CEO上海峰会上,成都市博览局副局长、贸促会副会长王欣发言指出,展览业是市场化程度较高的行业,与中央政府相对应,地方政府为发展地方经济,对会展经济更加重视,具体体现在3个方面:一是自2000年之后,中心城市相继成立了城市会展业主管部门,如会展办、博览局、大型活动办等。据不完全统计,成立会展主管部门的城市已经超过100个,没有独立设立会展主管部门的城市也在商务部门设立了具有发展会展职能的处室,推进该城市的会展工作。二是自2005年之后,中心城市纷纷开始大型会展场馆建设。目前国内二线以上的会展城市基本已经完成大型场馆建设,为大型展会提供了发展空间。三是由省一级人民政府主办,由政府强力推动的大型综合展会纷纷登台亮相。

王欣提到,政府类展会耗用了更多的行政资源和财政资金,体现了更多的政府意志和办展目的。政府类展览具有比较明显的中国展览市场发展特点,是中国展览行业的一个重要组成部分,对发挥展览促进贸易成交、搭建合作平台、拉动消费增长、推动对外开放、提升城市影响等功能起到了重要作用。

王欣认为对中国这样一个展览行业起步较晚的市场,政府类展览"集中力量办大事"的体制优势对迅速壮大展览经济、形成品牌展会发挥了不可取代的作用。中国优质的展览品牌很多都脱胎于计划经济年代的订货会、展销会,它们的前身都是典型的政府类展会,包括广交会、全国糖酒会等,到今天它们在各自行业的展览价值依然很难被民营或者外资类展览所取代。

王欣表示,政府类展会在中国展览业发展进程中有重要作用,但是对存在的不符合展览自身发展规律的问题,应当加以重视和关注。王欣认为部分政府类展会有以下问题:一是没有以参展商为导向,而是以政府领导意志为导向,存在重形式、轻服务的倾向;二是执行主体行政化色彩强烈,习惯用行政组织模式运行展览,忽视展览自身发展规律,导致展览专业化程度较低,信息化建设服务水平较弱;三是部分展览甚至由行政部门作为承办主体,"运动员"和"裁判员"的角色重合,陷入行政项目组织模式,组展机构人员身兼数职,变动随意,展览资源无法接续沉淀,缺乏可持续发展的能力;四是为完成政府部门目标,采取免费赠送展位、补贴展位专修等方式进行组展,造成不公平竞争,扰乱正常的展览秩序;五是严重忽视组织专业观众,重组展、轻招商,展览质量和效果不佳,引发对政府类展会的诟病,等等。核心问题还是一条:既违背了展览自身的发展规律,又不符合经济发展规律。针对上述问题,王欣表示,党的十八大明确指出,要发挥市场在资源配置中的决定性作用和更好发挥政府的作用。要更好发挥政府的作用,需要政府退出直接对经济资源的分配,要让市场这只手更好地动起来。

(资料来源:亚洲展会网,2017-06-23)

3.3 影响会展供给的因素

影响会展供给的因素有会展产品本身价格的变动和其他因素的变动引起的会展供给的变动。其中由会展产品本身价格的变动引起的会展供给的变动是会展供给规律,即在一定时期内,在其他条件不变的情况下,某种会展产品的供给量与其价格之间呈同方向变动关系。除了会展产品本身价格外,其他因素引起的会展供给的变动成为会展供给条件的变动,包括生产要素价格的变动、相关商品价格的变动、技术水平的变化、供给者对未来的预期变化等。

3.3.1 会展产品价格的变动

会展产品价格不仅是会展需求的基本因素,也是决定会展供给的基本因素。在其他影响因素不变的情况下,会展产品价格上升,会引起会展供给量的增加,会展产品价格下降,必然引起会展供给量的减少。

会展供给符合供给规律,即会展供给和会展需求呈同方向变化关系。虽然会展供给规律表明会展产品供给量与会展产品价格呈同方向的变化关系,但是会展供给量不会随着价格的上升无限扩大,因为会展供给量还受会展供给能力的影响。会展供给能力指在一定条件下(包括时间和空间),会展经营者能提供会展产品的最大数量。由于会展供给的特点和不可累加性及环境容量的限制,会展供给能力在一定条件下是既定的,这决定了会展供给量的变动是有限的。一旦达到会展供给能力,即使会展产品价格再高,会展供给量也是既定不变的。

3.3.2 供给的价格弹性

在经济学中,供给弹性包括供给的价格弹性、供给的交叉价格弹性和供给的预期价格弹性等。在此考察的是供给的价格弹性,它通常被简称为供给弹性。

供给的价格弹性表示在一定时期内一种商品的供给量的变动对于该商品的价格的变动的反应程度。或者说,表示在一定时期内当一种商品的价格变化1%时所引起的该商品的供给量变化的百分比。它是商品的供给量变动率与价格变动率之比。

与需求的价格弹性一样,供给的价格弹性也分为弧弹性和点弹性。供给的价格弧弹性表示某商品供给曲线上两点之间的弹性。供给的价格点弹性表示某商品供给曲线上某一点的弹性。假定供给函数为 $Q=f(P)$,以 e_s 表示供给的价格弹性系数,则供给的价格弧弹性公式为:

$$e_s = \frac{\frac{\Delta Q}{Q}}{\frac{\Delta P}{P}} = \frac{\Delta Q}{\Delta P}\frac{P}{Q} \tag{3-3}$$

供给的价格点弹性公式为:

$$e_s = \frac{\dfrac{\mathrm{d}Q}{Q}}{\dfrac{\mathrm{d}P}{P}} = \frac{\mathrm{d}Q}{\mathrm{d}P}\frac{P}{Q} \tag{3-4}$$

通常情况下,商品的供给量和商品的价格是呈同方向变动的,供给量的变化量和价格的变化量的符号是相同的。

供给的价格弹性根据 e_s 值的大小也分为 5 个类型:$e_s > 1$ 表示富有弹性;$e_s < 1$ 表示缺乏弹性;$e_s = 1$ 表示单一弹性或单位弹性;$e_s = \infty$ 表示完全弹性;$e_s = 0$ 表示完全无弹性。

供给的价格弹性的计算方法和需求的价格弹性是类似的。给定具体的供给函数,则可以根据要求,求出供给的价格弧弹性,或由中点公式求出供给的价格弧弹性。供给的价格弧弹性的中点公式为:

$$e_s = \frac{\Delta Q}{\Delta P}\frac{\dfrac{P_1 + P_2}{2}}{\dfrac{Q_1 + Q_2}{2}} \tag{3-5}$$

供给的价格点弹性可以直接用式(3-5)求出,也可以用几何方法来求得。

同样地,可以根据曲线型供给曲线上所求点的切线与坐标横轴的交点是位于坐标原点的左边,还是位于坐标原点的右边,或者恰好就是坐标原点,来分别判断该点的供给是富有弹性的,还是缺乏弹性的,或者是单位弹性的。

在影响供给的价格弹性的众因素中,时间因素是一个很重要的因素。当商品的价格发生变化时,厂商对产量的调整需要一定的时间。在很短的时间内,厂商若要根据商品的涨价及时地增加产量,或者根据商品的降价及时地缩减产量,都存在不同程度的困难,相应地,供给弹性是比较小的。但是在长期内,生产规模的扩大与缩小甚至转产,都是可以实现的,供给量可以对价格变动作出较充分的反应,供给的价格弹性也就比较大了。

除此之外,在其他条件不变时,生产成本随产量变化而变化的情况和产品的生产周期的长短,也是影响供给的价格弹性的另外两个重要因素。就生产成本来说,如果产量增加只引起边际成本的轻微提高,则意味着厂商的供给曲线比较平坦,供给的价格弹性可能是比较大的。相反,如果产量增加引起边际成本较大的提高,则意味着厂商的供给曲线比较陡峭,供给的价格弹性可能是比较小的。就产品的生产周期来说,在一定的时期内,对于生产周期较短的产品,厂商可以根据市场价格的变化较及时地调整产量,供给的价格弹性相应就比较大;相反,生产周期较长的产品的供给的价格弹性就往往较小。

3.3.3 会展供给条件的变动

1)生产要素价格的变动

在会展产品价格不变的条件下,生产要素价格下降会降低生产成本,增加生产者的利润,因此生产者愿意提供更多的产品。如果生产要素价格提高,生产者愿意提供的产品会减少。

2）会展相关商品价格的变动

会展相关商品指与会展产品的生产要素相同或大部分相同的商品。在会展产品的价格不变而相关商品的价格发生变化时,会展产品的供给量会发生变化。

3）技术水平的变化

一般情况下,会展产品生产技术水平的提高可以降低生产成本,增加会展产品生产者的利润,因此会展产品生产者会提供更多的产量。

会展活动的运行,背后需要强大的技术体系支撑。企业和组织在整个会展活动过程中设计和应用的技术非常广泛,包括展示技术、交流技术、运输技术、存储技术、设计专修技术,以及建设技术,他们应用于会展活动的各个环节。对于很多特殊行业的展示和管理,可能更需要专业的知识和技术。

随着科技的进步,新技术逐步在会展行业得到运用。随着各种技术开发与应用上的日新月异,现在的会展活动更加丰富多彩。传统会展上那些简单、简陋的展台搭建现在已经得到了很大的改善。电话会议技术、网络会议技术、同声传译技术、会展场馆智能化管理技术、三维视觉技术以及更多的互联网技术在现在的会展中已经得到了广泛应用。由于这些技术的应用,大大提高了会展活动的观赏性和体验性,大大提高了参展商和观众的参展满意度。因此,从技术环境关系到各个组织参展和组展的效果、不同会展供给主体的积极性、会展供给的质量这个角度来讲,可以说会展技术水平是影响会展供给的重要因素。

【延伸阅读】

会奖旅游的供给侧改革改什么

供应与需求就像跷跷板的两头,围绕着中间的平衡点做运动。虽然大家都在使劲儿找平衡,但真正达到平衡的时候却并不多见。需求总是跑得快,供应这边儿虽然不甘示弱,但结果总是不理想,要么过了头,要么差很多。人们常说,需求永远是对的,所以要改的只能是供给侧。

会奖旅游的需求与供应关系如何?供给这一侧需要改吗?

自"八项规定"出台以来,政府会议几乎退出了市场,相关联的协会会议也在很多方面作了调整。这突如其来的变化,着实让以此为生的供应商们一时难以招架。再说,会议市场最大的一块儿——企业会议及奖励旅游市场,这些年也没有消停过。无论是国有企业、民营企业还是外资企业,无论是医药、汽车、IT还是直销与快消等行业,都始终处于不断的变化当中。置身于产业结构、市场结构调整的大环境下,会议需求市场不断出现新特点、新变化,实属正常。在这种情况下,对于供应方来说,要想有效应对需求市场正在发生以及将要发生的未知变化,所面临的挑战是可想而知的。

依笔者看,与第二产业相比,作为现代服务业组成部分的会奖旅游业,其供给侧面临的问题可能更加严重,这主要是因为一些会奖旅游供应方甚至压根儿就没有意识到有这样一个问题存在。这次全国性的供给侧"过筛子运动",让我们有机会把会奖旅游供应市场存在的问题抖搂出来,放到太阳底下晒一晒。

中国会奖旅游的供给侧改革,可以从政府和企业两个角度来展开。

首先要调整的是政府的角色。千万不要认为供给市场改革只是企业的事情,政府的角色扮演也十分重要,尤其是会奖旅游业。在会奖市场中,各级政府相关部门实际上就是供应市场的有机组成部分,离开了他们的有效参与,会奖市场就无法达到良好的运行状态,中国会奖旅游供应市场的改革也很难取得成功。如果有人以"市场经济、自由竞争"作为政府远离会奖市场的借口,反驳的理由其实很简单:

一是市场绝非万能的。

二是市场与市场亦有所不同,一定需要政府这只看得见的手来提供协助。

三是要向国际先进水平看齐,政府参与会奖旅游业是国际惯例。

从会奖旅游实际运作方面讲,政府的参与也是必不可少的。根据美国会议产业理事会(CIC)发布的报告显示,旅游业收入中的17%是由会议产业贡献的,而且会议产业贡献的还是旅游业中性价比最高、消费潜力最大的那一块儿。

业界都很看重入境会奖活动,可近几年这一块儿市场的情况很不好。原因有很多,其中重要的一条就是我们的政府机构对于会奖旅游业的参与和支持不到位——仅靠松散的、力量有限的会奖企业与国际上由政府牵头的、实力强大的会奖组团来竞争,取得胜利只能是偶尔所得。当然,政府在会奖供给市场能够发挥的积极作用,远不止上面提到的这一点点。

会奖活动毕竟是市场行为,企业肯定是主角儿,供给市场存在的问题,企业脱不了干系。说供应市场总是走在需求市场的后面,也不全对。这些年,我们国家建了全球最多的星级酒店,其中大多都有很强的会议活动接待能力。是不是过头了?没错,十年之内不建新的,恐怕都够用。

从企业角度来说,会奖供应市场最缺乏的应该是产品与服务的创新。长期以来,我国会奖公司、场地方等供应商都习惯听命于需求方,骨子里没有太多创新服务的精神。所以,在会奖供应市场经常看到的是几乎一样的硬件设施以及流程和内容大致相似的软件服务。

科技的进步、消费市场的分化,让上游需求方感觉应接不暇。这时候,如果供应方只是坐在那里等待需求变化的指令,那就一定会显得很被动。换一个思路,看看能不能把眼光放得再高一点,直接看到需求方正在看或将要看到的东西。这样的话,我们是不是就有可能拿出超越客户预期的产品和服务,进而让我们这些经常处在跷跷板下方的供应商们也有机会体验凌空鸟瞰的感受。

(资料来源:亚洲展会网,2016-04-26)

4)会展产品供给者对未来预期的变化

如果会展产品供给者预期未来商品的价格会上涨,供给者在制订供给计划时会增加会展产品的供给;如果会展产品生产者预期未来商品价格会下降,会展产品供给者会减少会展产品的供给。

5）经济发展水平

一般来讲，区域的经济发展水平越高，该区域的会展供给水平越高，其主要通过以下几个方面体现：会展基础设施、会展相关行业的发展水平、会展经济体系的开放性。

①会展基础设施。经济发展水平的高低决定了对会展基础设施投入的大小，如会展场馆、交通设施等。经济发展水平高、发展速度快的地方，则政府或民间资本更为充裕，基础设施的投入无论是从规模上还是比例上都会更加可观，可以更好地满足在会展产业发展的需要，提高会展市场供给；而经济发展水平低、发展速度慢的地区，受资金、人力等因素的限制，会展基础设施的建设就相对滞后，会展供给水平就会比较低。

②会展相关行业。会展相关行业指包括媒体广告、交通运输、旅游娱乐、物流服务等与会展产业发展紧密相关的这些行业。一个国家或地区的宏观经济发展水平通过影响这些相关行业的发展，继而对会展产业以及会展供给施加间接的影响。从简单意义上考虑，经济发展水平、相关行业的发展以及会展行业的发展、会展供给等变量之间是正相关，即经济发展水平高，会展相关行业发展良好，配套设施比较成熟，会展行业发展的环境就更为优越，会展供给和需求就比较旺盛。

③经济体系的开放性。会展产业是商业活动高度发达，对外开放达到一定水平后的产物。任何一个封闭的经济体系，都会严重制约要素流动，影响会展产业的形成和发展，影响会展供给的总量和结构。因此，对外开放程度越高，商业越发达的国家和地区，会展产业才能迅速发展，会展供给才会更快更好地满足会展市场的需求。

6）经济资源存量及利用水平

会展经济总供给量还受到经济体系中可利用存量资源的约束。如果用于会展商品与劳务生产的各种生产要素或经济资源处于极度短缺状态，则该经济体中的会展经济总供给将受到严重约束。要超越现有存量资源能提供的总供给量，只能从外部输入生产要素、经济资源或直接的商品与劳务。

在同样的资源、要素禀赋下，技术越先进，管理水平越高，所能提供的会展商品和劳务越多。相反，如果资源利用技术不高，管理效率低下，同样资源禀赋条件下的会展商品与劳务的总供给量将受到制约，被限制在极低的水平上。因此，经济体系的资源禀赋、技术水平和经营管理能力是影响会展经济总供给的另一重要因素。

7）宏观产业政策

在政府的诸多宏观调控政策中，财政政策与货币政策偏重于需求管理，对会展经济总需求产生重要影响。产业政策则是立足于供给管理，着眼于实现总供给的长远均衡。当国家对会展产业进行扶持时，会增加会展经济长远总供给。相反，若限制会展产业及相关产业的发展，会减少会展经济长远总供给。

8）国际经济政治环境因素

国家经济环境也直接影响到会展经济总供给。在一个开放度较高的经济体系中，国际市场上的会展商品与劳务供给与需求、价格水平、技术创新能力等会通过各种传导机制,影响会展经济总供给。一般来讲,影响会展经济总供给的国际经济环境与对外开放程度,包括以下方面:经济体系的对外开放水平、进出口依存度以及相应的进出口政策;会展商品和劳务以及相应的生产要素、资源的进出口额;会展经济吸引外来投资与消费的比例和相应政策;会展经济对外输出商品和劳务的能力;国际市场上的会展商品与劳务价格水平。

9)不可抗力因素

不可抗力因素对会展供给也会产生重要影响,不可抗力因素会打破会展经济的正常运行,使会展经济总供给突然下降为零,也可能突然增加很多,引起会展经济的剧烈波动。

【延伸阅读】

会展业的"供给侧改革"

"供给侧改革",是刚刚结束的中央经济工作会议使用的一个新词。会议明确指出:"明年及今后一个时期,要在适度扩大总需求的同时,着力加强供给侧结构性改革,实施相互配合的五大政策支柱。实行宏观政策要稳、产业政策要准、微观政策要活、改革政策要实、社会政策要托底的总体思路,保持经济运行在合理区间。"在这段文字中,"供给侧"特别抢眼,专业范儿十足。所谓"供给侧改革",就是从供给、生产端入手,而不是从需求方面着力,通过调整经济结构,优化要素配置,促进经济增长的质量和数量。

展览业和"供给侧改革"有没有关系呢?从供应的角度,我们可以作几点分析:先看展馆的供应能力。21世纪以来,中国展馆建设的投入持续扩大,且建筑设计标准越来越高,单体展馆的建设规模越来越大。目前,全国展馆可供展览的总面积已超过美国,雄居世界第一。近五年来,展览面积超10万平方米的单体展馆已比比皆是;展览面积奔40万平方米,赶超德国汉诺威(其实,汉诺威展馆面积并非一次性投入形成的),争当"巨无霸",也已非上海国展中心一枝独秀!

虽然我国会展场馆数量多,从数量上看似乎已经是会展大国,但我国许多会展场馆利用率远不及会展业发达国家。会展业发达国家如德国、美国等国会展场馆的利用率大多达到70%以上,而我国会展场馆的利用率除北京、上海、广州几个会展业发达的城市展馆利用率能达到50%以上外,其他大多数城市的会展场馆利用率都在20%左右,全国会展场馆的平均利用率不足30%,哈尔滨会展中心每年承接50个左右的展览项目,但它的利用率只有19%。

根据2016年1月中国贸促会发布的《中国展览数据报告》:据不完全统计,2015年全国室内可租用面积大于等于5 000平方米且举办2个以上经贸类展览会的专业展览馆共有136个,比2014年增加8个,但场馆出租率普遍不高,超过60%的场馆出租率低于20%;共举办2 612个展览会,比2014年增长约7.8%,比2012年增长约27%;全国共有2 047家组展单位,比2014年增加193家,增长约10%,其中73%的组展单位每年只举办一个展览。翻阅其他机构的报告,虽然统计口径不尽相同,但总体趋势相同。

既然展馆供应过量,能否通过增加展会供应来平衡需求呢?答案很不乐观。一方面,中国展览业高速增长的时代已告结束。近三年来,无论是展会数量,还是展览面积,增速已回落至5%以下。而且,主题同质化的展会竞争日益激烈。在上海,因国家会展中心投用,超大型的家具展、美容展隔江的同期竞争近乎惨烈。另一方面,按国际展览业的发展规律,中国展览业增长瓶颈的到来已为期不远。与展览业头号强国美国相较,中国展会的数量虽低于美国(每年1万个以上),但展览总面积已与美国相当。中国2014年的GDP约为美国的60%,但展览业的发展规模与美国相距不大。因此,中国展会的供应能力与过大的展馆供应能力难以匹配。

以上分析,并不新奇。但以"供给侧改革"观之,认识的深度就不一样了。一言以蔽之,中国展览业的发展不是靠增加展馆供应就可以简单实现的,更何况展会供应的能力已进入减速增长阶段。

（资料来源:1.今日会展,2015-12-29;2.《［会展大咖秀］会展业的供给侧改革》,中国贸易报,2016-3-23）

3.4 会展企业市场行为

3.4.1 市场类型

什么是市场? 市场是指从事物品买卖的交易场所或接洽点。一个市场可以是一个有形的买卖物品的交易场所,也可以是利用现代化通信工具进行物品交易的接洽点。从本质上讲,市场是物品买卖双方相互作用并得以决定其交易价格和交易数量的一种组织形式或制度安排。

任何一种交易物品都有一个市场。经济中有多少种交易物品,就相应地有多少个市场。例如,可以有石油市场、土地市场、大米市场、自行车市场、铅笔市场等。可以把经济中所有的可交易的物品分为生产要素和商品这两类,相应地,经济中所有的市场也可以分为生产要素市场和商品市场这两类。在经济分析中,根据不同的市场结构的特征,将市场划分为完全竞争市场、垄断竞争市场、寡头市场和垄断市场4种类型。决定市场类型划分的主要因素有以下4个:第一,市场上厂商的数目;第二,厂商所生产的产品的差别程度;第三,单个厂商对市场价格的控制程度;第四,厂商进入或退出一个行业的难易程度。其中,可以认为,第一个因素和第二个因素是最基本的决定因素。在以后的分析中,可以体会到,第三个因素是第一个因素和第二个因素的必然结果,第四个因素是第一个因素的延伸。关于完全竞争市场、垄断竞争市场、寡头市场和垄断市场的划分及其相应的特征见表3-2。

表3-2 市场类型的划分和特征

市场类型	厂商数目	产品差别程度	对价格控制的程度	进出一个行业的难易程度	接近哪种商品市场
完全竞争	很多	完全无差别	没有	很容易	一些农业品

续表

市场类型	厂商数目	产品差别程度	对价格控制的程度	进出一个行业的难易程度	接近哪种商品市场
垄断竞争	很多	有差别	有一些	比较容易	一些轻工业产品、零售业
寡头	几个	有差别或无差别	相当程度	比较困难	钢、汽车、石油
垄断	唯一	唯一的产品,且无相近的替代品	很大程度,但经常受到管制	很困难,几乎不可能	公共事业,如水、电

表 3-2 只是一个简单的说明,读者能从表中获得一个初步的印象就可以了。

与市场这一概念相对应的另一个概念是行业,行业是指为同一个商品市场生产和提供商品的所有厂商的总体。市场和行业的类型是一致的。譬如,完全竞争市场对应的是完全竞争行业,垄断竞争市场对应的是垄断竞争行业,如此等等。

3.4.2　会展产品差异化

1)会展产品差异化的概念

产品差异化是指某产业内有竞争关系的企业所生产的同类产品,由于商品的物理性能、销售服务、信息提供、消费者偏好等方面存在的差异而产生的产品之间的不完全替代。产品差异化强调的是同类产品之间的不完全替代。目前国际上还没有统一的展览分类标准,较为通用的是国际博览会联盟(UFI)英国展览业协会的展览会分类标准。但是,会展业的发展越来越趋向专业化和差异化,并在会展的主题上呈现出差异化和多样化。即使在同类主题会展中也存在大量的会展形态,会展专业化及差异化成为当前会展领域发展过程中的一个重要现象。正是差异化的会展形态构造了会展产品的竞争力。

产品差异化是企业为了使产品有别于竞争对手而突出的一种或多种特征,从而巩固产品的市场地位,胜过竞争对手。在竞争激烈的会展市场,尽管会展产品在主体、规模等特性上没有区别,但依然可以通过强调企业产品在其他层面上的特色,形成与竞争对手的产品不同的特点,创造产品差异化的竞争优势,降低客户的价格敏感性,在激烈的竞争中赢得更多客户。

在会展产品市场上,随着会展专业化特性的凸现,会展市场逐渐走向细化,会展商在提供会展产品的同时,更加注重会展产品的特性及差异性特征的创造和构建。导致产品差异化形成的因素可以分为产品本身的物理或非物理因素,以及非产品本身固有的销售环境方面的地理空间、服务因素等产品辅助因素,这些因素构成了产品差异化形成的基础性要素,而消费者感知对产品所形成的产品差异性特征(如消费者对某些产品的品牌感知等)则是在这些基础性要素之上形成的主观性产品差异化。就会展产品来讲,会展产品的差异化因素包括会展产品本身的一系列物理性因素和附加其上的非本身所固有的辅助性因素,如地理位置特征、品牌声誉特性等,这些促进产品差异化形成的因素与会展产品的层次之间具有一定的对应性。

会展产品差异化可以概括为会展产业内的会展平台由于在规模、主题、定位、地域、活动内容以及消费者偏好等方面存在差异而导致的不同会展平台之间替代不完全性的状况。具体来讲,会展平台是会展产品本身固有的物理属性,也是会展活动得以进行的基础,并表现为一定的显性的物理性的东西。尽管会展参与者消费会展产品时享受到一系列服务,参与一系列与会展有关的活动,但是这些服务和活动必须借助一个基础性的平台载体来实现。

2)会展产品差异化的类型

产品差异化包括以下几种。一是横向差异化,又称水平差异化,是指具有不同特征的等价产品,由于消费者的偏好不同而作出不同的产品选择。横向差异化下的产品本身没有"好""坏"之分。二是纵向差异化,又称垂直差异化,是指消费者的偏好次序普遍一致的那些产品特性之间的差异。传统经济理论认为,某一产业内的同类产品是完全同质的,只存在成本、价格、市场份额等方面的差别,因而不同企业的产品竞争主要是成本和价格的竞争,消费者的购买在不同企业与不同价格之间进行选择。在现实生活中,除价格等赋予的差异外,产品之间还存在着其他诸多方面的差异。现代产业组织理论认为,某一产品的竞争优势主要来自于它与其他同类产品的差异。塑造产品差异化的实质是从生产者的视角探讨企业怎样通过选择或制造产品差异化来提高产品竞争力,进而提高企业的市场力量。产品差异化逐渐成为企业的追求是有着深刻原因的。一方面,随着生活水平的提高,消费呈现出个性化的特征,需求的差别化特征日益明显并逐渐成为市场的主流,企业为迎合消费者的需求进而赢得市场,围绕产品质量、设计、工艺、功能、品牌、服务等方面展开产品差异化竞争。另一方面,产品差异化已成为企业进行非价格竞争的主要手段之一。产品差异化在一定程度上影响企业需求曲线的形状和位置。在总需求既定的前提下,消费者的偏好能扩大产品的市场份额、降低产品的可替代性,这就赋予企业一定的市场力量,使其得以制定并在一段时间内维持高于竞争对手的价格,从而获得更高的效益。另外,产品差别化有助于形成进入壁垒,使企业在一定程度上成为免受潜在进入威胁的相对垄断者。消费者对某种产品的偏好越强烈,产品差别化程度越高,潜在竞争者面临的进入壁垒就越高,从而进入的可能性就越小。

(1)会展产品的水平差异化

会展产品的水平差异化主要表现为会展产品之间的一些特征的不同,这种水平差异主要来源于会展平台的差异。会展产品的用途相同,但是,会展产品提供商通过提供不同类型、主题、规模、位置的会展平台就可以在会展产品市场中形成具有水平差异化的会展产品,以便与竞争对手提供的会展产品区分开来。一般实体产品的水平差异表现为产品外观、花色、款式、规格和质量上的不同,由于会展行业属于服务行业,会展产品的水平差异基本上是无形的,可以通过会展宣传以及会展现场有关的标志等实体化的因素表现出来。

(2)会展产品的垂直差异化

会展产品的垂直差异化表现为会展产品空间中所有消费者对所提及的大多数特性组合的偏好次序是一致的那些特性之间的差异。在描述会展产品差异时,在会展产品价格相等、平台类型相抵的条件下,关于特征空间的组合有一种自然的排序,比较典型的例子是会展产品的品牌。而这些会展产品差异化的因素基本上均处于会展产品的形式产品和衍生产品层面上,并且在更大程度上以组合形式出现。从会展市场上,仅仅从会展产品的第一层次来实现会展产品的差异化存在较大的困难,通过实行会展产品形式产品和衍生产品层次上的差异化战略,通过营销组合中其他因素的差异化,可以用较少的费用取得竞争优势。由此,会展产品差异化的来源不仅仅局限于会展产品本身,而是将营销组合各因素的差异化综合起来,充分利用会展产品的形式产品和衍生产品层次的因素对会展产品销售的影响产生作用,如会展品牌、场地规划、活动、服务和增值服务等,由此形成了会展产品的垂直差异化。

案例分析:大变革呼唤大理论

逢岁末盘点,几家媒体相继梳理出年度十大会展新闻。毫无疑义,2015年是中国会展业极具里程碑意义的一年。依据中国会展业的高度制度依存性,国发15号文《关于进一步促进展览业改革发展的若干意见》及随之批复商服贸发〔2015〕329号《关于建立促进展览业改革发展部际联席会议制度的请示》,同意建立促进展览业改革发展部际联席会议制度,无疑是去岁年度"置顶"的新闻大事件。而多家民营会展企业在资本运作的推动下相继在新三板挂牌,政府展的市场化改革呼声高涨,"一带一路"拓展了会展国际化空间,互联网思维下以社群为载体、以"众筹"模式试水成功的会展人大会及其完美收官之作的产业会展对话,以及成都、长沙、深圳等地方场馆巨无霸的次第启动,直至年末旨在推进会展产业规模化发展的北辰会展航母浮出水面,中国会展业欲以崭新的面貌在"十三五"开局前夜开启大变革时代。

如此,我们是否做好了准备?值此新元深夜,万籁俱寂,而笔者思绪飘荡,浮想联翩,自忖经年治学、治业心路,转而力求以"出世"之心厘清"入世"之事,"妄言"大变革需要大理论。

遥想三十年前,笔者追随导师研读哲学原著,其中百多年前恩格斯写的《费尔巴哈与德国古典哲学的终结》(简称《费尔巴哈论》),是现代唯物主义的经典。1888年,恩格斯在该书中将马克思于1845年春在布鲁塞尔写成的批判费尔巴哈的11条提纲,作为该书的附录首次发表。它被恩格斯称为"包含着新世界观的天才萌芽的第一个文件",确立了辩证唯物主义基本观点:实践观点。这是大变革时代催生出的产物,奠定了唯物史观的基石。其"理论为先导,实践为基础"的精髓,至今仍时时影响着笔者的价值判断。

时光转换,笔者研究生阶段转入理论经济学的学习,主攻西方经济学和产权制度领域,明白了供给和需求是经济学的两大基石,无论何门何派,都得从这俩"伙伴"关系出发。

窃以为,治学的价值回归点是掌握分析问题的思维工具,从而达到解决问题的目的。纵观中国经济,实践推动着社会经济政治文化的理论不断深化、调整乃至创新。

我们已经娴熟地驾驭着"三驾马车"将中国经济引领到飞速发展的大道上。供给侧改革无疑是今后相当长一段时期内,中国经济发展的方向和重点。由此,专家们正倾力研究解读有关供给理论的"前世今生"及其对当代中国经济发展的对策作用。

自2015年11月以来,"供给侧改革"成为高层讲话中的高频词。国家主席习近平在中央财经领导小组第十一次会议和亚太经合组织工商领导人峰会上两次强调,要"加强供给侧结构性改革"。国务院总理李克强在"十三五"《规划纲要》编制工作会议上称,"要在供给侧和需求侧两端发力,促进产业迈向中高端"。

需求侧有投资、消费、出口"三驾马车",供给侧则有劳动力、土地、资本、创新四大要素;供给侧结构性改革旨在调整经济结构,使要素实现最优配置,提升经济增长的质量和数量。

为何要进行供给侧改革?自2007年以来,中国经济增速逐年下滑,需求刺激效果甚微。需求不足仅是表象,供需错配才是实质,因而需要从供给端着手改革。

供给侧改革源自20世纪70年代至80年代,美、英经济相继陷入滞胀,"里根经济学"和"撒切尔主义"分别采用减税和国企改革等措施帮助美、英经济走出衰退的泥淖。

这一政策理论依据可追溯到宏观经济理论创始人凯恩斯,他对1929年至1933年的资本主义经济危机进行了深入的思考,于1936年发表《就业、利息和货币通论》一书,创立了现代宏观经济学的理论体系,实现了经济学演进中的第三次革命,这在西方经济学史上是具有划时代意义的事件。凯恩斯主义主张国家采用扩张性的经济政策,通过增加需求促进经济增长,扩大政府开支,实行财政赤字,刺激经济,维持繁荣。这一理论成为西方国家拯救经济危机的良方。但随着20世纪70年代西方国家普遍出现的"滞胀",即经济增长停滞、失业率增加、通货膨胀同时存在,凯恩斯主义受到质疑并宣告失效。

凯恩斯生活在自由放任的私人企业制度向私人垄断过渡的英国。当历史进入20世纪以后,作为自由放任的私人企业制度典范的英国,开始染上今天人们所说的"英国病"。第一次世界大战,是英国国运的转折点。由于大战中政府开支剧增,英国被迫中止实行多年的金本位制。在摆脱金锁链之后,通货出现迅速的膨胀。大战之后,英国开始从殖民帝国、世界工厂的峰顶一步步衰退下来。

一个国家在世界文明中的领先地位往往成为阻碍它进一步发展的历史重负。英国在维多利亚时代(1837年至1901年)取得的巨大成就,拖拽了它在新世纪中的前进步伐。世界工厂、大殖民帝国的特殊历史地位,通过种种机制使英国在产业结构的调整、工业组织的完善和经营管理方式的改进等方面,逐渐落到后起资本主义国家后面。这一潜移默化的过程最终削弱了英国在国际贸易中的优越地位。

历史往往有其很多的相似性。从专家分析来看,中国当前经济的表象是需求不足。自2007年以来,中国经济增速逐年下滑。从需求侧看,外需中,全球出口增速2010年见顶回落,过去三年持续零增长,中国较难独善其身,而低成本优势不再,令低端制造业向东南亚转移不可避免;内需中,2011年人口结构出现拐点,2012年人口抚养比见底回升,2013年底产销量增速持续下行,工业化步入后期,投资增速持续下行。

那么,供给侧改革为会展业提供了哪些机遇呢?犹记得,2008年金融风暴席卷全球,以出口为导向的珠三角经济首当其冲受到影响。为解剖"麻雀",时任国务院总理温家宝一月内两次亲临笔者所在的东莞厚街镇两家企业考察调研,一为民营、一为台资,均属代工企业。不久,广东省政府及外经贸厅着眼帮扶外商投资企业应对金融危机,从率先脱困的角度着手,选择在经济外向型典型的东莞组织举办广东省外商投资企业产品内销博览会(以下简称广东外博会)。随着国家调整经济战略,以扩大内需为举措推动经济发展,展会功能进一步深化。2012年,为推动加工贸易企业转型升级,同时拓展国际国内市场,实现内外贸并举,广东外博会升格为由商务部等五部委与广东省政府共同主办的中国加工贸易企业产品博览会。从"率先脱困"到"扩大内需",再到"转型升级",随着国家经济战略和产业发展方向的调整,展览会"衔命"而行,承载着导向性的功能。

当前,为配合国家"一带一路"建设,国内不少以"丝绸之路"为主题的经贸类政府展,或立项,或调整,进而走出国门,向沿线国家挺进,目的是拓展国际市场。因而,与此主题相应的展会将会带动政府、组展企业等各类主体掀起新一轮办展热潮。

供给侧改革从生产的角度看,将激发消费倾向,使得第三产业在经济中的占比进一步上升,而第二产业中的传统工业部门占比将明显收缩。服务业是未来中国经济和社会的双重稳定器,淘汰落后产能意味着制造业部门就业承压,而服务业则可吸纳就业。因而,创造条件、促成劳动力的跨部门流动,也将是未来劳动力要素改革的重要方向。根据统计局数据测算,第三产业每增长1个百分点能创造约100万个就业岗位,比工业多创造50万个左右。而考察企业就业状况,自2007年以来,服务业PMI就业指标在绝大多数时期高于制造业PMI就业指标,这意味着服务业就业状况好于制造业,将成为未来主要的就业"容纳器"。作为生产性服务业和高端现代服务业,会展业在改革中的作用也必将独树一帜。多年前,就有每增加100平方米展览面积可增加上百就业人数的统计。

规模化和集约化经营理念让我们做大做强中国会展业和组建具有国际竞争力的会展集团有了政策理论依据;创新驱动理论为众筹办展、办会提供了思维工具。值此变革时代,会展业呼唤大理论的创新,从而为经济社会发展彰显应有的"气质"。

(资料来源:中国经济网,2016-01-05)

讨论题:

1.会展业为什么需要进行一次大变革?

2.供给侧改革给会展业带来了哪些机遇?

【专业词汇】

会展供给　会展供给规律　会展供给主体　会展供给差异化　会展供给弹性

【思考与练习】

1.会展供给符合什么规律?

2.结合你所在城市,分析影响城市会展供给的因素有哪些。

3.根据自己所学知识,分析对于一个新创建的会展企业,如何对其进行差异化定位。

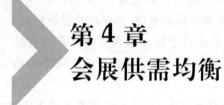

第4章
会展供需均衡

【教学目标与要求】

掌握:会展供需均衡点的含义、均衡变动的影响因素、会展供需矛盾的原因

了解:会展供需矛盾的表现形式、用经济模型求解会展供需均衡点

【知识体系】

```
                        ┌ 均衡概念
              均衡 ──────┤
                        └ 均衡价格和均衡数量

                        ┌ 需求曲线的移动
              均衡的变动 ┤ 供给曲线的移动
                        └ 需求和供给的变动对均衡的影响
会展供需均衡 ─┤
                                           ┌ 经济模型
              经济模型、静态分析、动态分析 ──┤ 内生变量、外生变量和参数
                                           └ 静态分析、比较静态分析和动态分析

                        ┌ 原因
              供需矛盾的原因与类型 ┤ 表现形式
                        └ 市场调节
```

【本章导读】

会展需求和会展供给分别受不同因素的影响,不同的会展价格对应不同的需求量和供给量,会展产品的价格是怎么决定的,哪些因素影响均衡价格和均衡数量的变动? 会展供给与会展需求总是处于均衡与非均衡的矛盾运动之中,当供需处于非均衡状态时,会造成社会资源的浪费。了解影响会展供给和需求矛盾的相关因素,适时改变这些因素,可使会展供给和需求向均衡状态转化。

【导入案例】

近日,国务院发布的《关于进一步促进展览业改革发展的若干意见》(以下简称《意见》)提出,到 2020 年基本建成结构优化、功能完善、基础扎实、布局合理、发展均衡的展览业体系。值得注意的是,这是国务院首次全面系统地提出展览业发展的战略目标和主要任务,并对进一步促进展览业改革发展作出全面部署。

事实上,我国已成为世界上展览数量最多、规模最大的国家之一,也是国际会展界共同关注的新兴市场。统计显示,2014年全国共举办了2 432个经贸类展览会,比2013年增长4.2%,比2012年增长17.68%。2014年全国展览会总面积约7 110万平方米,比2013年增长约2.6%,比2012年增长约17.97%。不可否认,展览业近些年一直呈井喷式发展,但在其繁荣的背后也伴随着各种"乱象",行业要想进入健康发展的快车道还需要进一步调整升级。

目前我国会展行业虽有相应的审批制度,但很多情况下却是只批不"审"。近年来随着会展经济的蓬勃发展,在行业持续不断的高增长、高利润的诱惑下,加之行业入行门槛比较低,各类会展公司以及各级展会主办方都想通过办展览分一杯羹。但是,展会组织混乱、参展商鱼龙混杂、展会观众难觅等现象屡见不鲜,很多产业博览会宣传"高端、大气、上档次",但往往参会后却发现如同一场闹剧,有的甚至在争议声中草草收场。

某科技企业CEO陈先生在接受中国商报记者采访时就讲述了他过去作为参展企业被骗的经历,陈先生告诉记者,他在2011年初收到一个"微波通信技术交流展示会"的展会邀请,按照主办方的说法是,参展企业都是来自微波、射频、毫米波、亚毫米波领域的顶尖企业,陈先生在参展企业的展会布置图纸上真真切切地看到了很多同行业公司已经参会,于是陈先生也决定参展。结果到了展会正式开幕的时候陈先生才发现,自己周围的参展企业和主办方之前给到他手中的信息没有一个能对得上。

陈先生告诉中国商报记者,他参展的目的本来是想结识一些微波行业的企业,结果到了现场却发现,周围参展企业不是做电源插座的,就是做安防的,还有做光电的,简直风马牛不相及。

陈先生向周围参展企业打听后才发现,那些企业也同样被骗了,经过交流后得知,他们各自收到的邀请函的内容都是不一样的,却误打误撞地参加了同一个展会。换而言之,主办方投其所好,给每家企业发的邀请函都是针对企业"兴趣点"而量身定做的。

陈先生还表示,很多企业都和他有着一样的遭遇,原本想在展会中掘金,没想到却在交齐参展费后发现,原来宣传会有大量观众前去参观的场地竟然无人问津。

陈先生告诉中国商报记者,这家会展公司通过发布和杜撰虚假信息引诱客户上当,但企业参展得知是"挂羊头卖狗肉"后,由于投诉无门,最终只能不了了之。据陈先生介绍,那个给他发邀请函的公司全名为北京远洋腾达国际会展有限公司,该公司注册资金50万元。时至今日,陈先生也不知道该公司承办展览是否合规合法。

据陈先生回忆,该会展公司为了防止参展公司得知被骗以后闹事,还特意雇了一些小混混来"镇场子"。陈先生表示,展览业如此乱象可能还只是冰山一角,亟待规范治理。

一些业内人士分析认为,目前我国会展行业虽有相应的审批制度,但很多却只批不"审",一些资质不够,甚至以"诈骗"为目的的不法机构,只要能够拉到关系,拉到资源,就可以办展览。多地展会都出现了组织混乱、参展商鱼龙混杂等各种乱象。

云南某珠宝商卢先生在接受中国商报记者采访时也回忆了他亲身参展的经历,他曾参加过很多以"精品、投资、升值"为主题的珠宝展览,结果到现场才发现,参展商质量参差不齐，虽然邀请函里面宣称参展品仅限于高档奢华的珠宝饰品，但现场却有很多廉价仿制的装饰性工艺品"凑热闹"，使得原本专业的珠宝展变成了"地摊货"的卖场。

而此前也有媒体报道台湾富莉登珠宝经理曾梵茵多次遭遇骗展。她说，有的办展公司收了定金就消失了，或者交了七八千元的展位费，来了之后发现根本没有多少观众，一旦遇到骗展又很难维权，只能自认倒霉。曾梵茵说："我对会展业已经失去信心了。"

不可否认，的确有一些产业博览会虎头蛇尾，往往在争议声中草草收场。例如，主办方承诺的某某市政府协办，宣传材料上并没有相关字样。经调查，展会竟然未得到相关部门的批准。

业内人士分析认为，目前国内展会参差不齐、名目繁多，近年来组展方虚假设展、骗取参展商展位费的现象时有发生，由此引发的群体性事件或缠访、闹访行为，严重扰乱了会展经济秩序、损害了展会品牌形象。

多位接受中国商报记者采访的参展商表示，目前"骗展"问题多集中在展会现场实际情况与宣传推介资料严重不符等方面。

行业规范应尽早出台。相关监管部门监督力度有限，难以遏制展览业乱象丛生。

在一些业内分析人士看来，任何经济形式过热、无序地发展，都会导致行业产业链各方在疲于应付中消耗资本。再加上相关行业监管的缺失，使得表面繁荣之下实则暗藏发展隐忧。

广东佛山市广告协会秘书长关女士就曾公开表示，现在很多的会展公司都是"皮包公司"，为了搞展会，临时组建，临时招人，管理服务人员都没有受过专业的训练，这样搞出来的展会怎能不差？

近年来，尽管加强展览业规范化发展已成为业内共识，但是相关监管部门监督力度有限，难以遏制展览业乱象丛生。中国商报记者总结归纳了一些参展商总结出的行业问题，无外乎以下几点。

首先，展览业"夸大宣传"问题严重。即一些主办方故意脱离实际夸大展会面积、规模、参展商数、知名参展商等。实际展会可能只在一个很小、很偏僻的场所举行，所谓的知名专业参展商也只是宣传的诱饵而已，不是临时找些乱七八糟的企业"拉郎配"凑数，就是根本没有知名参展商出现。

夸大宣传的另一种表现是"滥贴标签"。例如，本来是国内展会，却要贴上"国际"标签去做招商宣传，或者本意是举办"国际"展会，结果来的全是国内企业，或者临时请几个外国人撑场面。还有就是本来是定位高端的展会，结果到了才发现参展产品都是地摊货。

此外，在一些展会上低俗之风蔓延，平时难在大众媒体露脸的网络红人、话题人物，往往特别受主办方热捧，在展会上靠出格言行、低俗表演等大笔捞钱、增加曝光率。

部分展会还会经常出现假冒伪劣产品。如在西安举办的某场合作与投资贸易洽谈会上，一些展馆内号称的"国际知名品牌产品"却卖出了"白菜价"：一大瓶"香奈儿"香水仅售100元人民币。在南方某省会城市举办的香港时尚产品博览会上，现场展品中竟然包括马来西亚的咖啡、越南的米粉，甚至包括广东的床垫、山东的鹿肉等，许多参加展会的市民纷纷对此提出质疑。

有业内人士分析认为,之所以展会上伪劣商品横行,往往就是因为主办方为了撑场面、上规模而降低了门槛。

此外,不少参展商在接受中国商报记者采访时表示,即便他们发现展会的实际规模层次与宣传内容严重不符,但也往往得不到主办方的赔偿,最终因为投诉无门不了了之。上述种种问题表明,当前会展业市场秩序混乱,亟须加以整治。

我国展览业已经连续多年保持两位数的高速增长(2014 年除外),在如此高增长的背后,行业顽疾仍然难除,有些甚至已经成为会展经济长期良性、健康发展的巨大障碍。有关专家认为,我国展览业的发展,亟待强化规范,首先应加强行业标准建设。我国会展业目前缺乏一个统一权威的主管部门,办展审批渠道多,或导致多家同时获批重复办展。由于主题雷同,资源分散,造成展会质量下降,会展市场秩序混乱。此外,由于我国目前尚未对办展主体的资质实施认证,从而使会展业的办展主体参差不齐,影响了会展业的整体质量。

此外,在从会展大国走向会展强国的道路上,急需加快行业整合、制定"游戏规则",在规范中求发展。未来会展业的健康发展需要对展会主办主体资质进行市场化、动态化的评估和认证,对展会管理逐步从审批制过渡到标准的登记制,使会展能够有"法"可依,有"章"可循。

(资料来源:繁荣背后生"乱象" 展览业亟待调整升级.中国商报,2015-04-28)

4.1　均衡

4.1.1　均衡的概念

众所周知,需求曲线说明了消费者对某种商品在每一价格下的需求量是多少,供给曲线说明了生产者对某种商品在每一价格下的供给量是多少。但是,它们都没说明这种商品本身的价格究竟是如何决定的。那么,商品的价格是如何决定的呢? 经济学中的商品价格是指商品的均衡价格。商品的均衡价格是在商品的市场需求和市场供给这两种相反力量的相互作用下形成的。下面,将需求曲线和供给曲线结合在一起分析均衡价格的形成及其变动。

在经济学中,均衡是一个被广泛运用的重要概念。均衡的最一般意义是指经济事物中有关的变量在一定条件的相互作用下所达到的一种相对静止的状态。从供求与价格的关系看,"供给"和"需求"就是决定商品市场价格的两种相反的力量。具体来讲,消费者根据其需求量的大小付出相应的价格,而生产者则根据其供给量的大小获取相应价格的收益。因此,价格上升对消费者来说是坏消息,对生产者来说是好消息。在价格上升时,消费者将减少他们的需求量,而生产者将增加他们的供给量。

经济事物之所以能够处于这样一种静止状态,是由于在这样的状态中有关该经济事物的各参与者的力量能够相互制约和相互抵消,也由于在这样的状态中有关该经济事物的各方面的经济行为者的愿望都能得到满足。正因为如此,西方经济学家认为,经济学的研究往往在于寻找在一定条件下经济事物的变化最终趋于相对静止之点的均衡状态。

在经济分析中,市场均衡可以分为局部均衡和一般均衡。局部均衡是就单个市场或部分市场的供求与价格之间的关系和均衡状态进行分析;一般均衡是就一个经济社会中的所有市场的供求与价格之间的关系和均衡状态进行分析。一般均衡假定各种商品的供求和价格都是相互影响的,一个市场的均衡只有在其他所有市场都达到均衡的情况下才能实现。

在市场中,商品价格由需求和供给共同来决定。由供求两种相反力量作用下形成的价格称为均衡价格。

4.1.2 均衡价格和均衡数量

一种商品的均衡价格是指该种商品的市场需求量和市场供给量相等时的价格。在均衡价格水平下的相等的供求数量被称为均衡数量。从几何意义上讲,一种商品市场的均衡出现在该商品的市场需求曲线和市场供给曲线的交点上,该交点被称为均衡点。均衡点上的价格和相等的供求量分别被称为均衡价格和均衡数量。市场上需求量和供给量相等的状态,也被称为市场出清的状态。

现在把前面会展需求章节中的需求曲线和会展供给章节中的供给曲线结合在一起,用图 4-1 说明一种商品的市场均衡价格的决定。

在图 4-1 中,假定 D 曲线为市场的需求曲线,S 曲线为市场的供给曲线。需求曲线 D 和供给曲线 S 相交于 E 点,E 点为均衡点。在均衡点 E,均衡价格 $\overline{P}=4$ 元,均衡数量 $\overline{Q}=400$。显然,在均衡价格 4 元的水平,消费者的购买量和生产者的销售量是相等的,都为 400 单位。也可以反过来说,在均衡数量 400 的水平,消费者愿意支付的最高价格和生产者愿意接受的最低价格是相等的,都为 4 元。因此,这样一种状态便是一种使买卖双方都感到满意并愿意持续下去的均衡状态。

均衡价格的决定也可以用与图 4-1 相对应的表 4-1 来说明。由表 4-1 清楚可见,商品的均衡价格为 4 元,商品的均衡数量为 400 单位。

商品的均衡价格是如何形成的呢? 商品的均衡价格表现为商品市场上需求和供给这两种相反的力量共同作用的结果,它是在市场的供求力量的自发调节下形成的。当市场价格偏离均衡价格时,市场上会出现需求量和供给量不相等的非均衡的状态。一般来说,在市场机制的作用下,这种供求不相等的非均衡状态会逐步消失,实际的市场价格会自动地恢复到均衡价格水平。

表 4-1 某商品均衡价格的决定

价格/元	6	5	4	3	2
需求量/单位数	200	300	400	500	600
供给量/单位数	800	600	400	200	0

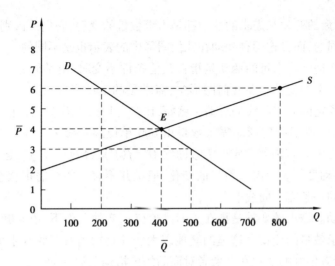

图 4-1　均衡价格的决定

仍用图 4-1 或相应的表 4-1 来说明均衡价格的形成。当市场的实际价格为 6 元,高于均衡价格时,商品的需求量为 200 单位,供给量为 800 单位。这种供给量大于需求量的商品过剩或超额供给的市场状况,一方面会使需求者压低价格来购买商品,另一方面,又会使供给者减少商品的供给量。这样,该商品的价格必然下降,一直下降到均衡价格 4 元的水平。与此同时,随着价格由 6 元下降为 4 元,商品的需求量逐步由 200 单位增加到 400 单位,商品的供给量逐步由 800 单位减少到 400 单位,从而实现供求量相等的均衡数量(400 单位)。相反地,当市场的实际价格为 3 元,低于均衡价格时,商品的需求量为 500 单位,供给量为 200 单位。面对这种需求量大于供给量的商品短缺或超额需求的市场状况,一方面,迫使需求者提高价格来得到他所要购买的商品量,另一方面,又使供给者增加商品的供给量。这样,该商品的价格必然上升,一直上升到均衡价格 4 元的水平。在价格由 3 元上升到 4 元的过程中,商品的需求量逐步由 500 单位减少到 400 单位,商品的供给量逐步由 200 单位增加到 400 单位,最后达到供求量相等的均衡数量(400 单位)。由此可见,当市场上的实际价格偏离均衡价格时,市场上总存在着变化的力量,最终达到市场的均衡或市场出清。

4.2　均衡价格的变动

一种商品的均衡价格是由该商品市场的需求曲线和供给曲线的交点所决定的。因此,需求曲线或供给曲线位置的移动都会使均衡价格水平发生变动。下面将先介绍有关需求曲线和供给曲线位置移动的内容,然后再说明这两种移动对均衡价格以及均衡数量的影响。

4.2.1　需求曲线的移动

要了解需求曲线的移动,必须区分需求量的变动和需求的变动这两个概念。在西方经济学文献中,需求量的变动和需求的变动都是需求数量的变动,它们的区别在于引起这两种变动的因素是不同的,而且这两种变动在几何图形中的表示也是不同的。

①需求量的变动。需求量的变动是指在其他条件不变时,由某商品的价格变动所引起的该商品的需求数量的变动。在几何图形中,需求量的变动表现为商品的价格—需求数量组合点沿着一条既定的需求曲线的运动。例如,在图2-1中,当商品的价格发生变化,由2元逐步上升为5元,它所引起的商品需求数量由600单位逐步减少到300单位时,商品的价格—需求数量组合由 B 点沿着既定的需求曲线 $Q^d=f(P)$,经过 C 、D 点,运动到 E 点。需要指出的是,这种变动虽然表示需求数量的变化,但是并不表示整个需求状态的变化,因为这些变动的点都在同一条需求曲线上。

②需求的变动。需求的变动是指在某商品价格不变的条件下,由于其他因素变动所引起的该商品的需求数量的变动。这里的其他因素变动是指消费者收入水平变动、相关商品的价格变动、消费者偏好的变化和消费者对商品的价格预期的变动等。

4.2.2　供给曲线的移动

要了解供给曲线的移动,必须区分供给量的变动和供给的变动这两个概念。类似于以上关于需求量的变动和需求的变动的区分,供给量的变动和供给的变动都是供给数量的变动,它们的区别在于引起这两种变动的因素是不同的,而且这两种变动在几何图形中的表示也是不同的。

供给量的变动是指在其他条件不变时,由某商品的价格变动所引起的该商品供给数量的变动。在几何图形中,这种变动表现为商品的价格—供给数量组合点。

供给的变动是指在某商品价格不变的条件下,由于其他因素变动所引起的该商品的供给数量的变动。这里的其他因素变动可以指生产成本的变动、生产技术水平的变动、相关商品价格的变动和生产者对未来的预期的变化等。在几何图形中,供给的变动表现为供给曲线的位置发生移动。

前面的图3-1表示的是供给量的变动:随着价格上升所引起的供给数量的逐步增加,A 点沿着同一条供给曲线逐步运动到 E 点。

4.2.3　需求的变动和供给的变动对均衡价格和均衡数量的影响

先分析需求变动的影响。在供给不变的情况下,需求增加会使需求曲线向右平移,从而使得均衡价格和均衡数量都增加;需求减少会使需求曲线向左平移,从而使得均衡价格和均衡数量都减少。如图4-2所示,既定的供给曲线 S 和最初的需求曲线 D_1 相交于 E_1 点。在均衡点 E_1 ,均衡价格为 P_1 ,均衡数量为 Q_1 。需求增加使需求曲线向右平移至 D_2 曲线的位置,D_2 曲线与 S 曲线相交于 E_2 点。在均衡点 E_2 ,均衡价格上升为 P_2 ,均衡数量增加为 Q_2 。相反,需求减少使需求曲线向左平移至 D_3 曲线的位置,D_3 曲线与 S 曲线相交于 E_3 点。在均衡点 E_3 ,均衡价格下降为 P_3 ,均衡数量减少为 Q_3 。

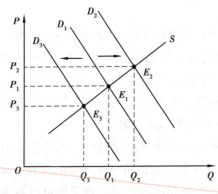

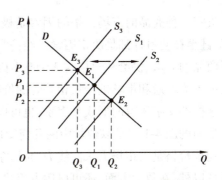

图 4-2　需求的变动与均衡价格的变动　　　图 4-3　供给的变动与均衡价格的变动

再分析供给变动的影响。在需求不变的情况下,供给增加会使供给曲线向右平移,从而使得均衡价格下降,均衡数量增加;供给减少会使供给曲线向左平移,从而使得均衡价格上升,均衡数量减少。如图 4-3 所示,既定的需求曲线 D 和最初的供给曲线 S_1 相交于 E_1 点。在均衡点 E_1 的均衡价格和均衡数量分别为 P_1 和 Q_1。供给增加使供给曲线向右平移至 S_2 曲线的位置,并与 D 曲线相交于 E_2 点。在均衡点 E_2,均衡价格下降为 P_2,均衡数量增加为 Q_2。相反,供给减少使供给曲线向左平移至 S_3 曲线的位置,且与 D 曲线相交于 E_3 点。在均衡点 E_3,均衡价格上升为 P_3,均衡数量减少为 Q_3。综上所述,可以得到供求定理:在其他条件不变的情况下,需求变动分别引起均衡价格和均衡数量同方向的变动;供给变动引起均衡价格反方向的变动,引起均衡数量同方向的变动。

4.3　经济模型、静态分析、动态分析

4.3.1　经济模型

经济理论是在对现实的经济事物的主要特征和内在联系进行概括和抽象的基础上,对现实的经济事物进行的系统描述。西方经济学家认为,由于现实的经济事物是错综复杂的,因此,在研究每一个经济事物时,往往要舍弃一些非基本的因素,只就经济事物的基本因素及其相互之间的联系进行研究,从而使得经济理论能够说明经济事物的主要特征和相关的基本因素之间的因果关系。

经济理论和经济模型的含义大致相同。一个经济理论的建立和运用,可以看作一个经济模型的建立和使用。所谓经济模型是指用来描述所研究的经济事物的有关经济变量之间相互关系的理论结构。经济模型可以用文字语言或数学形式(包括几何图形和方程式等)来表示。

下面以上一节的均衡价格的决定问题为例,说明经济模型的意义和它的不同的表现

形式。

决定一种商品的市场价格的因素是极其复杂的。例如,气候、消费者的爱好、生产者的效率,甚至社会事件都是决定因素。经济学家在研究这一问题时,在众多的因素中精简得只剩下商品的需求、供给和价格这3个基本因素。在此基础上,建立起商品的均衡价格是由商品的市场需求量和市场供给量相等时的价格水平所决定的经济模型。均衡价格决定模型可以用这样的文字语言的形式来表示,也可以用以下的数学形式来表示。

上面的图4-1就是以数学中的几何图形来表示的均衡价格决定模型。该图形准确地说明了均衡价格是由市场需求曲线 D 和市场供给曲线 S 相交点的价格水平所决定的。除了几何图形以外,在数学方面,还可以用方程式来表示均衡价格决定模型。该模型可以被表示为3个联立的方程:

$$
\begin{cases}
Q^d = \alpha - \beta P & (4\text{-}1) \\
Q^s = -\delta + \gamma P & (4\text{-}2) \\
Q^d = Q^s & (4\text{-}3)
\end{cases}
$$

式中,α、β、δ、γ 均为常数,且均大于零。

4.3.2　内生变量、外生变量和参数

经济数学模型一般是用由一组变量所构成的方程式或方程组来表示的,变量是经济模型的基本要素。变量可以被区分为内生变量、外生变量和参数。在经济模型中,内生变量指该模型所要决定的变量。外生变量指由模型以外的因素所决定的已知变量,它是模型据以建立的外部条件。内生变量可以在模型体系内得到说明,外生变量决定内生变量,而外生变量本身不能在模型体系内得到说明。参数是指数值通常不变的变量,也可以理解为可变的常数。参数通常是由模型以外的因素决定的,也往往被看成外生变量。

4.3.3　静态分析、比较静态分析和动态分析

经济模型可以被区分为静态模型和动态模型。从分析方法上讲,与静相联系的有静态分析方法和比较静态分析方法,与动态模型相联系的是动态分析方法。

仍以上面的均衡价格决定模型为例。在该模型中,当需求函数和供给的外生变量 α、β、δ 和 γ 被赋予确定数值以后,便可求出相应的均衡价 $\overline{P}$ 和均衡数量 $\overline{Q}$ 的数值。这种根据既定的外生变量值来求得内生变量值的分析方法称为静态分析。

在上述的均衡价格决定模型中,当外生变量 α、β、δ 和 γ 被确定为不同的数值时,由此得出的内生变量 $\overline{P}$ 和 $\overline{Q}$ 的数值是不同的。很显然,在一个经济模型中,当外生变量的数值发生变化时,相应的内生变量的数值也会发生变化,这种研究外生变量变化对内生变量的影响方式,以及分析比较不同数值的外生变量下的内生变量的不同数值,被称为比较静态分析。

会展供给与会展需求是矛盾运动的两个变量,构成会展经济运行的主线。当会展供给

和会展需求大体相等时,称为会展供给与会展需求处于均衡状态,否则认为二者处于非均衡状态。

会展供给与会展需求都是处于均衡与非均衡的矛盾运动之中。当处于非均衡状态时,在各种因素作用下,会向均衡状态逼近。而处于均衡状态时,由于条件改变和因素变化,又会向非均衡状态转化。

【延伸阅读】

会展企业如何定价?

最近,听业内人士说起一件奇葩的事情:一家即将开业的会展中心在确定价格体系时,居然不能依据市场供求关系自主定价,需要邀请旅游局、物价局等相关政府部门进行"价格听证",更令人惊讶的是,受邀的政府部门负责人居然答应了。

这是会展行业这么多年很少遇到的。难道今后市场环境发生变化,企业价格体系需要作出调整时,还要一次次地进行"价格听证"？众所周知,价格听证主要是政府针对公用事业价格、公益服务价格和自然垄断经营的商品价格,制订或调整价格时进行听证。2015 年 10 月 12 日,国务院出台的《关于推进价格机制改革的若干意见》中明确提出,价格机制是市场机制的核心,市场决定价格是市场在资源配置中起决定性作用的关键;凡是能由市场形成价格的都交给市场,政府不进行不当干预,尊重企业自主定价权和消费者自由选择权;凡是政府定价项目,一律纳入政府定价目录管理,确保目录之外无定价权。在会展行业中,无论是主办方、场馆还是供应商,其提供的产品都不属于政府定价的产品范畴,也从未出现在价格听证目录之内,出现上述的"价格听证"事件真是令人感到不可思议。我国的会展场馆与国际上大多数会展场馆享受政府补贴不同,基本都是盈亏自负的企业主体,同时还不得不身兼准公共产品的社会职能。或许正是这"双重身份"模糊了企业最根本的性质,混淆了政府行为和企业行为的界限。这种"模糊"和"混淆"同样存在于政府主办展会的运作当中。国务院 15 号文件要求建立政府办展退出机制以来,会展项目"政府和市场"关系的平衡就成为"难题"。前一段时间,在北京的某场政府主办展会中,曾出现因要进行市场化运作而取消企业赞助的"改革"方式。这些"匪夷所思"的事件,看似偶然,其实并非偶然。在此前的《会展大咖秀》栏目中,笔者曾谈到会展业市场化的隐忧和期待。由此来看,在市场化的道路上,最先需要的是理念的转变。在协调推进供给侧结构性改革的过程中,要准确理解供给侧改革的内涵,充分厘清政府和市场的关系,理性看待供给和需求的关系。供给侧改革,不是单纯改善供给,还包括政府简政放权和遵循市场运行规律,营造出"小政府+大市场"的环境,激发各行各业的企业活力,有效实现改革目标,促进经济社会持续健康发展。会展业有其特殊性,更需要对供给侧改革有全面的认识与理解。希望会展业各利益相关方都能够从市场化理念出发,避免类似的事情再次发生。

（资料来源:刘海莹.一念之差还是理念之别[J].中原会展,2016(13):25)

4.4 会展供求矛盾的原因与类型

4.4.1 会展供求矛盾的原因

1)会展业自身性质造成的供求矛盾

行业进入壁垒低。会展业和其他行业相比,其进入壁垒相对较低。就资金壁垒来讲,会展业相对于传统的制造业或高科技产业来讲,尽管展馆建设初期投入较大,但后续所需资金较小,尤其是对于会展公司的投入资金需求量不大;就技术壁垒来讲,会展业属于劳动密集型企业,对技术的要求较低。因此,这一行业的供给容易膨胀。

退出壁垒高。由于会展业自身的特殊性,导致其转换成本过大,供给方的会展产品供给缺乏弹性,有的甚至在短期内无弹性。

2)会展供给方的原因

一方面是对会展产品需求情况的不了解,缺乏科学的市场调研,导致会展产品缺乏档次,差别程度低;另一方面是对会展业总体发展情况掌握不够,信息了解不足,过于乐观,造成很多投资主体投资盲目性大。

3)会展需求方的原因

一是对会展业的认识和了解还不够,消费主体对某新商品、服务的需求意识与其供给速度相比总会有一定的滞后性。需要供给方的不断引导、激发才能发挥出来;会展供求反应价格的敏感度远远大于供给方,且需求方对相应替代品的选择余地也较大。例如,利用广告、传单、网络等进行宣传,利用传统方式进行订货、交易等。

4)政策、行业管理方面的原因

受到投资体制改革后"五个一起上"的政策影响,国家、集体、个人、外资等纷纷在会展业进行投资,使得许多城市办展频繁。行业主管部门对会展业的发展缺少总体规划,对其结构、数量、分布没有明确认识且没有专门的行业信息披露部门,促使各投资主体投资具有盲目性。

会展市场上的供求平衡是有条件的、暂时的,二者失衡却是绝对的、无条件的。因此,会展的供求双方的矛盾运动中,新的平衡不断地被打破转化为新的不平衡。

【延伸阅读】

会展正面临市场升级？办展会挣钱越来越难了？

近日,2016 第三届中国笔业博览会落下帷幕,370 多家参展商、上千家境内外采购商满载而归。据统计,此次笔业博览会共吸引 3.2 万人次参加,170 多家参展企业签订了 2.6 亿元的交易订单,其中现场签订合同订单达 1.1 亿元,直接带动餐饮、酒店住宿等服务产业销售额 300 余万元。

10 月 16 日,重庆规模最大的品牌展会 2016 年中国(重庆)商品展示交易会闭幕。持续 4 天的展会吸引了 52.1 万人次进入重庆国际博览中心观展,参展商家除零售外,另计签订销售合同 17 357 份;4 天的展会现场销售和网上销售金额累计 2.1 亿元。

"渝交会"展示面积近 130 000 m²,设有区县精品馆、跨境电商馆、新商业馆、市外精品馆、尚品生活馆、休闲运动馆和出行装备馆,邀请了逾千家企业参展。

随着今年新三板挂牌的会展公司半年报相继披露,2016 年会展公司上半年的业绩也浮出水面。会展经营,正面临"腰斩"之痛。

据振威展览公布的数据显示,2013、2014、2015 年的毛利率分别为 49.67%、59.34%、59.52%。在今年振威展览发布的半年业绩报告中,报告期内共举办 15 场展会及多场会议论坛,毛利率为 56.51%,相比去年同期的 67.00%,毛利下降达 10 个百分点以上。

而北展股份在今年的半年报中,毛利率为 53.81%,而去年同期的毛利率为 67.38%,同比下降超过 13 个百分点。

名洋会展 2014、2015 年度的毛利率分别为 49.94% 和 51.71%,而今年上半年的毛利率为 28.80%,相比去年同期的 49.45%,严重缩水。

北展股份今年上半年营收 1 646.89 万元,去年同期为 1 019.07 万元,增长 61.61%。其归属于挂牌公司股东的净利润为 43.85 万元,去年同期为 45.67 万元,下降 4.00%。

米奥会展今年上半年营收为 1.07 亿元,去年同期为 9 485.62 万元,增长 12.45%,净利润为 889.25 万元,相比去年 1 081.74 万元下降 16.20%。

名洋会展公布的 2016 年半年度报告显示,报告期内实现营收 718.74 万元,同比增长 14.19%;归属于挂牌公司股东的净利润为 -164.56 万元,较上年同期的 92.88 万元,由盈转亏。

面对今年上半年的展会经营情况,有经济界人士表示,会展利润的降低,总体上属于国内外经济总形势的体现。对此有人分析认为:

一是房地产经济牵一发而动全身。房地产的走向,直接涉及上下游行业,从而影响多个领域的经营情况,展会也不例外。

二是会展业本身的市场竞争加剧。我国现阶段会展行业开放,诸多外资展览公司纷纷进入我国市场,通过资本运作、兼并收购等手段迅速扩张,抢占国内会展企业的市场份额,进一步加剧了业内的市场竞争。

三是我国展会的利润还有下降空间。有人指出,相比其他行业,此前我国会展业的毛利率略偏高,在市场作用下,其毛利率会下降到一个合理状态,这是经济规律。

四是在当前经济下行压力较大的总体形势下,实体经济企业特别是制造业企业经营艰难,出于经营需要,部分企业会砍掉一部分参展预算,从而影响会展招商效果。

五是展会面临品牌集中化。此前,我国的会展业出现井喷式发展,形成数量大、层次杂、品牌散的局面。企业参展也具有很大的盲目性。当前,会展行业的发展已趋于理性,企业选择展会也着眼于服务质量和参展效果。因此,今后的会展市场,品牌将进一步集中,这将对广大缺乏实力的办展公司形成挑战。

面对如今会展业，营收在增加，利润却在降低的"奇怪"现状，究竟是会展正在进行产业升级和市场调整还是虚有其表，数据是最有力的证明，似乎业内人士对于这一产业更相信这是一条光明大道。

据统计，我国目前每年举办的展会数量已近 10 000 场次，全国有 9 个省市自治区有在建大型会展场馆。有专家预测，我国的展会行业正处于上升期，市场容量有望进一步扩大，面临展会升级和市场调整。

（资料来源：《会展正面临市场升级？办展会挣钱越来越难了？》，搜狐网，2016-10-20）

4.4.2　会展市场供求矛盾的表现形式

从会展供给与需求的矛盾关系看，其矛盾冲突主要表现在数量、质量、时间、空间和结构等方面。

1）会展供给与需求在数量方面的矛盾

在一段时间内建设形成的会展场馆的供给，相对而言是有限的、稳定的。但会展的需求量随着经济发展状况、社会环境、消费者的经济情况、认识水平等条件的影响不断变化。这些使得会展参展者的数量出现急剧的增加或减少，与会展供给的这种相对稳定性产生矛盾，出现会展供给总量与会展需求方面的不平衡，造成有的场馆场场爆满，有的场馆冷冷清清、无人问津的现象。

2）会展供给与需求在质量方面的矛盾

会展供给与需求在质量方面的矛盾主要表现在实际会展与消费者的心理预期之间的落差。会展的供给者主要提供的是展馆环境、传达的信息及无形的服务。因此，会展供给质量的高低主要取决于会展参展者的主观感受所给予的评价，会展参展者对会展产品的心理预期通常会与实际的会展供给产生一定的差距。这种差距小的话，就说明会展参展者认为供给的会展产品质量高，相反则认为质量低。因此，会展经营者在提供会展产品时，一定要充分考虑不同参展者的心理特征和行为方式，了解他们的特殊需求，开展有针对性的个性化服务，提高服务水平，加快会展场馆的建设与更新，尽量缓解会展供需方在质量方面的矛盾。

3）会展供给与需求在结构方面的矛盾

会展供给和需求的结构矛盾集中表现在：会展供给的档次和级别与会展需求不相适应。这是由于一定时期内市场提供的会展产品水平是相对稳定的，而会展需求却是复杂的、多样的，造成了现实中会展热点地区供不应求，偏僻地区则供过于求的现象。

4）会展供给与需求在空间方面的矛盾

会展供给与需求在空间方面的矛盾集中体现为会展供求在地域分布上的失衡。一些大城市，由于区位条件优越，其提供的会展在类型、数量、质量方面都有竞争优势，地区会展供给能力自然就强；反之，有的偏僻地区即使存在会展需求，但由于会展所需各项设备不具备，而无法实现会展供给。

5）会展供给与需求在时间方面的矛盾

会展需求往往与参展者产品的生产周期、会展周期等时间因素有着密切的联系，而有些会展供给，尤其是展馆的供给在一年之中是稳定的，因而经常会出现旺季需求过剩、供给不足，而淡季则需求不足、供给过剩的矛盾局面。

4.4.3　会展供给与会展需求矛盾的市场调节

由于会展市场的供求矛盾是客观存在的，所以会展供求不平衡是绝对的、无条件的，而供求平衡则是相对的、有条件的、暂时的。会展供求矛盾总是由不平衡转化为平衡，再在供求双方的矛盾运动中，打破原有的平衡，再出现新的不平衡。会展供求之间这种由不平衡到平衡再到不平衡的循环往复的变化过程，称为会展供求矛盾的运动形式或会展供求矛盾的运动规律。会展市场上的供求矛盾，需要我们运用一定的手段和方法对其进行调节，促使供求矛盾的不断转化，以推动会展市场的供给和需求不断趋于平衡。

1）会展供求矛盾的静态平衡

在会展市场上，供给和需求的力量相互作用，当供给和需求力量达到平衡时，供给量与需求量相等，称为供求平衡。就是说，在需求量与供给量相等的价格水平上，市场达到均衡。在均衡点上，价格既没有上升也没有下降的趋势。假定其他的因素不变，只探讨供给量、需求量与价格之间的变动关系，由此形成的供求均衡称为静态均衡。

市场均衡发生在供给和需求力量达到平衡的价格和数量点。在该点，购买者所愿意买的数量正好等于出售者所愿意卖的数量。只有当会展需求方与供给方能够以双方同意的价格，来交换彼此认可数量的产品时，会展供求平衡才能实现。

2）会展供求矛盾的动态均衡

由于决定和影响会展供给与需求的原因很多，其中任何一项非价格因素的变化都会导致会展需求曲线或供给曲线的位移，出现供给过剩或短缺，破坏原有的市场均衡，造成新的供求矛盾。可以说，会展供求矛盾的出现是会展市场均衡遭到有关影响因素变动的结果，会展供给与需求的均衡是动态的均衡。

案例分析：新锐展馆 CEO 沪上对话——让市场供需来决定展馆运营

"新一轮扩建中的展馆运营、管理输出和自办展"针对当前会展场馆面临的几个热点问题，在 12 月 20 日上海举办的"会展人大会·朱家角 2015"上，由国家会展中心和国家会议中心等会展场馆发起了"新锐展馆 CEO 沪上对话",几位展馆负责人和主办机构、学者、服务商代表进行了对话。重点针对中国会展场馆的供需关系、管理输出、自办展及互联网+时代会展行业的发展趋势进行了热烈讨论。

国家会议中心副总经理付睿主持了对话活动,他认为场馆过剩与否跟目前会展行业所处的发展阶段息息相关。中国近年来尤其重视土地开发和城市建设,以"新区建设"为例,截至目前我国已经批复了 14 个新区,而这 14 个新区递交的新区成立报告里都有会展项目,也就是说会展已经成了中国城市发展的一个缩影。由此看来,会展行业非常能够代表中国发展特色的思路。

场馆是否过剩由地区决定,受市场供需关系影响。国家会展中心场馆运营部总经理方辉认为,随着国家会展中心建成以后上海的展馆不管是规模,还是展会的品质,以及展会发生量,已经确定了在国内的功能定位。从展会的面积和增速看,全国这两年增速是下降的,但是上海这个增速其实是提高的,特别是这两年。整个 2015 年,上海展会带来的增量就已经是差不多两百万平方米,这个增量主要是指国内大型展会从其他的地方移到上海,所以说上海的展馆拥有量还是适中的。其他地域是否过剩我们不好评论,是由市场决定的。

珠海国际会展中心副总经理周蓉表示,就珠海来说,其实从国家会议中心过去经营这段时间来看,我觉得还是有必要的,毕竟珠海以前的会展目标小。除了招会引展,还要强调会展中心的多功能化,珠海会展中心的餐馆和会议接待能力,为各种规模、各种档次的活动提供了很有力的支撑,还有就是利用和澳门相邻的地域优势,突出其特色,尝试"一会两地"的新模式。所以总的来说,兴建场馆还是要根据不同的地域、城市的具体情况,找好自己的优势和周边竞争对手错位发展。

上海对外经贸大学会展与旅游学院蓝星星副教授认为,展馆过剩这个问题在我们国家很多二、三线城市是比较明显的,在这些城市大部分的展馆利用率只有 5% 以下,甚至有些只有 2%,而正常的展馆利用率应该在 30% 左右。

当前有很多二、三线城市新建很多场馆,造成不得不发展会展行业,这恰恰是本末倒置的行为。会展行业的发展需要有市场基础,一个城市具备办一个展览的能力之后,缺少展馆,符合这个市场需求后,然后才能去建场馆,这才符合正常的供求关系。如果在供需关系倒置这样一个意识和理念下建造场馆,肯定会产生很多问题。

成都世纪新城国际会展中心总经理左霖认为,场馆是否过剩单从会展行业本身来讲,是要分地区来进行具体考量的。以上海为例,它就有很大的市场需求,因为上海是中国会展业一线城市的领头羊,所以在上海建更多更大的展馆也是有必要的。

借"互联网+"模式推动展馆运营,科学发展会展综合体。在业界看来,随着"互联网+"战略的推进,每一个传统行业都将被改写,会展业也不例外。近段时间以来,"互联网+会展"成为会展业关注度极高的话题。

左霖认为,将"互联网+"模式运用到会展运营这个层面是大势所趋。"比如一些大型的会展中心可以建立官方微信、微博平台,投入足够的人力去做营销推广,将展会的时间、内容等具体信息放到这些平台上进行宣传,使更多的目标客户能够更简单、直接地了解这些信息。此外,还可以在网络平台上对展会周边的餐饮、酒店、旅游、娱乐等信息进行推送,让大家在熟知展会情况的同时,对周边的吃、住、行、娱乐等方面也有足够具体的了解,这就是所谓的'会展综合体',这也是在互联网时代,市场竞争新模式下会展行业发展的必然方向。"

管理输出:品牌、资源、配合一个都不能少。蓝星副教授表示,会展本身是产业链的一个密切融合,在大环境下发展会展综合体是合适的,"但现在很多城市在展馆周边建餐饮、娱乐等设施,把会展作为一个由头去发展商业综合体,最后展览没有办起来,却被商业综合体的功能淹没。因此,会展行业需要一些发展比较好的场馆管理方去输出管理,这才是当下亟待解决的问题"。

也有嘉宾表示,场馆要综合考虑管理输出方的背景、业态、运营经验、行业资源等方面。各地产业发展存在差异,而会展活动又是基于产业发展,因此,管理输出并不是一件简单易行的事,需要双方在大局观上保持一致性。

另有嘉宾指出,管理输出赢在品牌和时机,最重要的还是品牌是不是足以被行业和社会所认同。同时,当地政府的配合也很重要。当地政府引进场馆管理方,一是看中其知名度,即品牌;二是希望通过管理输出方为当地带来项目。但目前个别会展中心的业主方并不能够完全按照市场规律来做,"理想很丰满,现实很骨感"。

因此,想做好管理输出,一要靠品牌,二要有资源,三要当地配合,三者缺一不可。

其实,会展是一个综合性的产业,展馆的发展需要依靠市场基础及供需关系来决定。在互联网的大数据时代,运用科学的管理输出方式去发展"会展综合体",才是明智之举。

(资料来源:中国经济网,2015-12-25)

讨论题:
1.如何理解我国的展馆过剩问题?
2.如何理解由市场供需来决定展馆运营?

【专业词汇】

会展供需均衡　均衡价格　均衡数量　会展供求矛盾

【思考与练习】

1.什么是会展供需均衡?
2.会展供需存在矛盾的原因有哪些?
3.会展供需均衡存在矛盾的表现有哪些?
4.可以采取什么方式缓解会展的供需矛盾?

第5章
会展产业组织行为

【教学目标与要求】

掌握:会展产业市场行为、会展产业一体化

了解:会展产业市场结构

【知识体系】

会展产业组织行为
- 会展产业市场结构
  - 影响会展市场环境的因素分析
  - 会展产业市场结构的类型
  - 会展产业市场结构的影响因素
- 会展产业市场行为
  - 会展企业市场定价行为
  - 会展企业广告行为
  - 会展企业重组行为
- 会展产业一体化
  - 作为一体化的产业组织行为
  - 会展产业横向一体化
  - 会展产业纵向一体化

【本章导读】

本章主要阐述了会展产业组织行为,共分为3节:第一节主要介绍会展产业市场结构的类型及其影响因素;第二节主要阐述会展企业的市场行为;第三节着重介绍会展产业一体化,包括产业的横向一体化和纵向一体化。

产业经济学是基础经济学特别是微观经济学向产业经济领域的延伸,在西方国家的经济中,产业经济学占据重要地位,并逐渐成为一门发展前景广阔的经济学专业学科。产业经济学研究表明,企业的竞争行为始终是产业经济学研究的重点问题,企业在经营过程中,为增强自己的经营绩效而采取的策略是产业经济学研究的重点之一。

会展产业是各类会展企业的集合,在会展产业中,为什么不同的企业会有不同的市场绩效?决定企业经济绩效的因素是什么?这是研究会展产业所要回答的问题。"结构—行为—绩效"(SCP)理论认为市场结构决定企业行为,并与企业行为一起决定市场绩效。

市场结构—市场行为—市场绩效是产业组织经济学的研究范式。这种研究范式如图5-1所示。

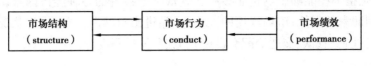

图 5-1　产业组织研究范式

5.1　会展产业市场结构

所谓市场结构,是指一个行业内部买方和卖方的数量及其规模分析、产品差别的程度和新企业进入该行业的难易程度的综合状态。市场结构是决定组织竞争性质和垄断程度的基本因素。

5.1.1　影响会展市场环境的因素分析

1)宏观市场环境

宏观市场环境所包括的因素都是办展机构本身以外的市场因素,并且基本上都是企业自身所不能控制的因素,主要包括人口环境、经济环境、技术环境、政治法律环境和社会文化环境等,如图5-2所示。

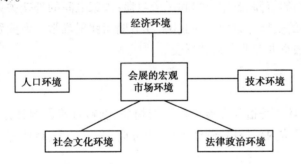

图 5-2　会展宏观市场环境中的五大因素

(1)人口环境

人口环境是指对人类的数量、密度、分布、年龄、性别、种族、职业和其他统计数据的研究。会展营销部门尤其关注人口的数量。对于注重现场零售的展会而言,通过对人口的分布、结构及变动趋势的分析,可以帮助展会判断市场需求的特点和发展趋势;对于专业贸易类展会而言,更注重该展会展览主题所在产业及其相关产业的从业人员数量和机构,即专业观众的数量。

（2）经济环境

经济环境是指那些能够影响企业参展和观众到会参观的各种经济因素,如社会经济发展水平、产业利润率的高低、市场规模的大小、产品进出口状况、产业结构状况、展会所在地接待设施条件(住宿、餐饮、交通等配套设施)和旅游发展程度等。

（3）技术环境

在会展领域,科学技术的发展也给企业的经营活动和经营方式带来了重大影响。一方面,它可以给一些企业提供新的有利的发展机会;另一方面,它也有可能给一些企业的生存与发展带来威胁。例如,互联网的发展极大地改变了会展业的办展思路和竞争模式,因此还产生了虚拟展览;计算机的广泛应用使传统的展会注册登记方式发生改变,实现了自动化、无纸化的运作。

（4）政治法律环境

政治法律环境是指那些具有强制性的和对举办展会产生影响的法律、政府部门机构等。一个展会的举办牵涉的行业和社会面非常广,因此,会展业可能会受到比其他行业更加严厉的法律管制,如政府对展场消防等设施、主办者工商管理和展会产品进出口参展产品的合格验证都有严格要求。举办展会还要遵守《广告法》《专利法》《商标法》等相关法律法规。此外,与展会展览主题所在行业相关的法律对举办展会也具有约束力。

（5）社会文化环境

社会文化环境主要包括物质文化、关系文化和观念文化3个方面,它们分别代表了人们对物质生活、社会关系和意识形态等方面的要求、认识和看法。社会文化环境对参展商和观众的影响表现在:人们的信仰、餐饮习惯和民俗习惯;国家之间的外交关系好坏;世界各国的各种节假日和喜庆日的安排等方面。在我国,春节期间就很难举办专业贸易类的展会;在西方,圣诞节期间也无法举办专业贸易类展会。

2）微观市场环境

会展的微观市场环境是指与办展机构密切相关、能够直接影响其完成办展任务能力的各种因素,包括办展机构内部环境、营销中介、服务商、竞争对手、目标客户及社会公众等,如图5-3所示。

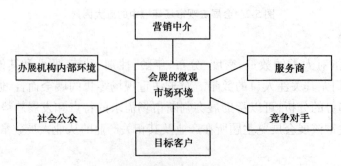

图5-3　会展微观市场环境中的六大因素

（1）办展机构内部环境

办展机构内部环境是指办展机构内部所具备的各种条件,包括人力、财力、物力以及各自信息资料和人脉社会资源等。通过对办展机构内部环境的客观分析,明确其所具备的优势与劣势,并对这些优势和劣势进行客观评价,以判断办展机构是否具有举办展会的实力。

（2）营销中介

营销中介是指办展机构委托的,或者是协助展会进行宣传推广和招展招商的那些中介组织和单位,包括展会的招展代理、招商代理、广告代理和其他营销服务机构等。好的营销中介能够很好地分担和完成办展机构的宣传推广和招展招商等营销工作,能够更好地协助办展机构成功地举办展会。对营销中介情况进行分析,可以甄别筛选出具有良好资质、信誉和实际营销能力的中介组织,从而保证它们能为展会提供更好的营销服务。

（3）服务商

服务商是指受办展机构的委托、为展会提供各种服务的机构,包括展品运输代理、展会承建商、提供旅游服务的旅行社、提供住宿服务的宾馆酒店以及提供展会资料印刷和观众登记的专门服务商等。在举办展会时,参展商和观众都将这些服务供应商看成展会本身的一个有机组成部分。因此,办展机构在筹划展会时一定要慎重选择合适的服务供应商,以保证展会的整体服务质量。

（4）竞争对手

营销学观点认为,一个公司要想获得成功,就必须比竞争对手做得更好,让顾客更满意。因此,办展机构要想取得会展成功,就必须比其他同类展会更有效地满足参展商和观众的需求。通常每个展会都面临 4 种类型的竞争:①欲望竞争,即参展商和观众想要获得的各种需求之间存在可替代性,他们具有自主选择性;②类别竞争,即展会只是满足参展商和观众各种需求的营销方式之一,他们还有很多其他选择;③展会间竞争,即能满足参展商和观众各种需求的展会有多个,因此参展商和观众可以在其中自由选择;④品牌竞争,即参展商和观众在选择展会时是依据展会本身的品牌或办展机构的品牌。因此,在分析竞争对手情况时,不仅要分析具有竞争关系的展会,还要分析这些展会的办展机构;不仅要分析具有竞争关系的展会和其他办展机构的现状,还要分析它们的变化,并及时提出应对的对策。

（5）目标客户

目标客户是指展会的潜在参展商和观众,包括消费者市场客户、生产者市场客户、中间商市场客户、政府部门和国际市场客户,他们既可能是参展商,又可能是观众。作为展会的服务对象,参展商和观众两者均重视需求,不可偏颇任何一方。展会的最终目的就是满足目标客户的需求,因此,在分析展会的目标客户时,不仅要分析他们的数量和分布情况,而且要注意分析和把握他们的需求及其变化趋势,并以此作为展会努力的起点和服务的核心。

（6）社会公众

社会公众是指影响办展机构实现其目标的任何团体,包括金融公众、媒体公众、政府公众、市民行动公众、当地公众、办展机构内部公众和其他一般公众。这七类社会公众既有利于展会实现其目标,又可能阻碍其实现目标,有时甚至会影响到展会的发展前途。因此,妥善处理好展会与这些公众的关系非常重要。为此,有的办展机构成立了专门的公共关系部门,专门负责协调和处理展会与社会公众的关系,为展会创造良好宽松的市场环境。

5.1.2　会展产业市场结构的类型

对于会展业来说,市场结构所研究的就是参展商(即会展业的买方)之间、会展企业之间、参展商与会展企业之间以及会展市场中现有的会展企业与潜在进入者之间的竞争关系。

根据不同的会展市场结构特征,可以将会展市场划分为完全竞争会展市场、垄断竞争会展市场、寡头垄断会展市场和完全垄断会展市场 4 种类型。4 种会展市场类型的划分及其特征见表5-1。

表 5-1　贝恩对产业垄断和竞争类型的划分

会展市场类型	会展企业数目	产品差别程度	对价格控制的程度	进出行业的难易程度
完全竞争	很多	完全无差别	无	很容易
垄断竞争	很多	有差别	有一些	比较容易
寡头垄断	几个	有差别或无差别	有相当程度	比较困难
完全垄断	唯一	无差别	很高程度	几乎不可能

上述关系在现实市场中的综合反映就是会展市场的竞争与垄断关系。会展产业的市场结构是一个反映会展市场竞争与垄断关系的概念。

1)完全竞争会展市场

完全竞争(perfect competition)市场是指竞争不受任何阻碍和干扰的市场结构。完全竞争会展市场是不存在垄断、竞争程度最高的会展市场。完全竞争会展市场具有以下特点:

①会展市场上有大量独立的买方和卖方,其中任何一个单一的买方的购买量和卖方的销售量都只占会展市场上总购买量和总销售量的很小比例,因而无法通过自己的买卖行为来影响该产品的市场价格。因此每一个买方和卖方都是该产品既定价格的接受者,而不是价格的决定者。

②不存在会展产品的差别,所有会展企业提供的会展产品都是标准化产品,没有差异。这就是说,提供某种会展商品的所有会展企业向市场提供的会展产品都是同质的,因此,任何一个会展企业都无法通过自己产品的特殊差别形成垄断。

③各种会展资源可以完全自由地流动,会展企业能自由地进入和退出市场。

④市场信息是畅通的,所有的买方会展企业或卖方会展企业都能获得较为完备的、充分的会展市场信息。

在会展产业形成和发展过程中,真正意义上的完全竞争市场是不存在的,但能为我们分析、研究会展市场变动规律提供有效的依据。一般而言,由众多中小企业参加的同类商品的国际性、区域性展销会、博览会较为接近完全竞争市场。

2)完全垄断会展市场

完全垄断(complete monopoly)市场是指整个行业中只有一个会展企业的市场结构。所谓完全垄断会展市场,是指不存在任何市场竞争的会展市场,它具有以下特点:

①整个会展产业只有一家企业,会展企业就是会展产业。

②完全垄断会展企业所提供的会展产品没有任何相近的替代品。

③其他企业进入会展行业极为困难或根本不可能。

形成垄断的原因主要有以下 4 个方面:第一,资源性垄断。独家会展企业控制了提供会展产品的全部资源或基本资源的供给,因此排除了其他企业生产同种产品的可能性。第二,专利权垄断。独家会展企业拥有生产某种会展产品的专利权,使得独家会展企业可以在一定时期内垄断该产品的生产。第三,政府的特许。政府有可能对某些会展活动实行垄断政策,因此获得政府特许的独家会展企业就成了这些行业的垄断者。第四,自然垄断。有些行业的生产具有这样的特点:生产的规模经济效益需要在一个很大的产量上才能得到发挥,以至于整个行业的产量只由一个企业来生产时才有可能达到这样的生产规模,而且只要发挥这一企业的生产能力就可以满足整个市场对该种产品的需求。在这类产品的生产中,行业内总会有某个厂商凭借某种优势最先达到这一生产规模,从而垄断整个行业的生产和销售。

因此在完全垄断的市场中排除了任何的竞争因素,垄断会展企业可以控制和操纵市场价格。

在会展产业发展过程中,完全垄断的会展市场很少。一般而言,在一个小国经济体系中,由政府特许或授权独家经营特殊会展专用商品或业务的企业,处于完全垄断地位。

完全垄断市场理论揭示了与完全竞争市场相对的另一极端市场结构的基本特征。完全竞争市场和完全垄断市场是经济理论分析中两种极端的市场结构。

在现实经济生活中,通常大量存在的是垄断竞争市场和寡头垄断市场,其中的垄断竞争市场与完全竞争市场的结构比较接近。

3)垄断竞争会展市场

垄断竞争(monopolistic competition)市场也称不完全竞争(imperfect competition)市场,垄断竞争会展市场是会展市场中由许多会展企业提供有差别的同种会展产品的市场,它具有以下特点:

①会展产业内各企业的会展产品在质量、商标、广告、销售服务等方面存在差别。会展产品相似而不相同,有差别但差别没有大到不能互相替代。

一方面,由于会展市场上的每种会展产品之间都存在差别,且会展产品的差别越大其独特性就越高,因此每个会展企业对自己的会展产品价格都具有一定的垄断力量,从而使得会展市场中带有垄断的因素。另一方面,由于有差别的会展产品相互之间又是很相似的替代品,每一种会展产品都会遇到大量的其他相似会展产品的竞争,因此,会展市场中又具有竞争的因素。由此便构成了垄断竞争会展市场中垄断因素和竞争因素并存的基本特征。

②会展企业数量非常多,每个会展企业都认为自己行为的影响力很小,不会引起竞争对手的注意。

③该会展市场进入和退出的障碍比较小,会展企业能自由进入和退出该会展市场。

④这种会展市场在会展产业的形成和发展过程中,较为普遍地存在着。如大型对外招商引资博览会、大型商品进出口交易会,由多家企业介入的大型体育盛会等。

4)寡头垄断会展市场

寡头(oligopoly)市场又称寡头垄断市场,寡头市场是比较接近完全垄断市场的一种市场结构。它是指少数几家会展企业控制整个会展市场产品的生产和销售。该类型会展市场具有以下特点:

①会展产业内只有少数几家会展企业,会展企业之间既相互依赖又相互竞争。

②某个会展企业占有相当大的市场份额,对会展市场价格产生一定的影响,市场进入和退出障碍较大,新会展企业进入市场和老会展企业退出市场都相当困难。

在会展产业形成和发展过程中,该类型市场较为普遍存在。

形成寡头市场结构的主要原因有:①某些产品的生产必须在相当大的生产规模上才能达到最好的经济效益;②行业中的几家企业控制着对生产所需的基本生产资源的供给;③政府的扶植和支持等。由此可见,寡头市场的成因和垄断市场是很相似的,只是在程度上有所差别而已。

5.1.3　会展产业市场结构的影响因素

衡量市场结构一般使用行业集中度、产品差别化和进入壁垒等几个指标,下面重点研究会展产业市场结构的3个指标。

1)行业集中度

集中度指的是某种经济资源或活动的绝大部分被较小比例的单位或较小数量的单位所拥有或控制。这里所说的经济资源或活动通常用资产、收入、产品的价值以及所雇佣的劳动力来衡量。如果说会展产业中绝大部分的经济资源被几个大型会展公司所控制,则说明会展产业的集中度很高,如果会展产业中的资产、收入和劳动力比较均匀地分配在各个规模相等的会展公司,则说明会展产业的集中度很低。

(1)CR_n 指数

在产业组织理论中,常用行业集中率 CR_n 指数来衡量产业的集中度。

行业集中率 CR_n 指数是产业内规模处于前几位企业的生产、资产、业务量的累计数量占整个产业市场相应数值总量的份额,也可以说是产业内最大几个企业所占据的市场份额。其计算公式为:

$$CR_n = \sum_{i=1}^{n} S_i \tag{5-1}$$

式中，S_i 为第 i 个企业的市场份额，n 为企业数目。

在 CR_n 指标的运用中，一般选取最大几家企业的市场集中度（通常 n 取 4 或 8），CR_n 的值介于 0 和 1，值越大表示市场集中度越高。贝恩最早运用行业集中率 CR_n 指标对产业的垄断和竞争程度进行了分类研究并将市场集中度分成 6 个等级，见表 5-2。

表 5-2　贝恩对产业垄断和竞争类型的划分

类　型	前 4 位企业市场占有率（CR_4）	前 8 位企业市场占有率（CR_8）	该产业的企业总数
极高寡占型	75% 以上	—	20 家以内
高度集中寡占型	65%～75%	85% 以上	20～100 家
中上集中寡占型	50%～65%	75%～85%	企业数较多
中下集中寡占型	35%～50%	45%～75%	企业数很多
低集中寡占型	30%～35%	40%～45%	企业数很多
原子型	—	—	企业数极多，不存在集中现象

（2）HHI 指数

赫芬达尔-赫希曼指数（Herfindahl-Hirschman index，简称 HHI），是一种测量产业集中度的综合指数。它是指一个行业中各竞争主体所占行业总收入或总资产百分比的平方和，用来计量市场份额的变化，即市场中厂商规模的离散度。其计算公式为：

$$HHI = \sum_{i=1}^{n} (X_i/X)^2 = \sum_{i=1}^{n} S_i^2 \tag{5-2}$$

式中，X 为市场的总规模，X_i 为 i 企业的规模，$S_i=X_i/X$ 为第 i 个企业的市场占有率，n 为该产业内的企业数。

HHI 指数是计算某一市场上 n 家最大企业每家企业市场占有份额的平方之和。显然，HHI 越大，表示市场集中度越高，垄断程度越高。并且，该指数不仅能反映市场内大企业的市场份额，而且能反映大企业之外的市场结构，因此，能更准确地反映大企业对市场的影响程度。

一般认为影响市场集中的基本因素是市场容量和企业规模。市场集中度的高低，主要取决于市场容量和企业规模的大小。一般情况下，市场越大，企业的扩展余地越大，企业越易进入，从而大企业所占份额可能也就越小；反之，市场越小，竞争程度越高，企业扩张的空间越小，企业越难进入，大企业所占份额相对越高。当企业规模不变时，市场容量的扩大，必然会降低市场集中度；在经济增长、企业规模不断扩大、企业并购活跃和大企业不断膨胀时，市场容量的扩大能在一定程度上抵消由此而引起的市场集中。

除了以上两个指数可以反映卖方集中度之外，还有许多其他指标。如洛伦茨曲线（Lorernz curve）和基尼系数（Gini Factor）等。这几个指标都从不同角度反映了产业集中度的情况,是非常重要的指标。

2)产品差别化

在功能上,产品差异是决定市场结构的一个重要因素,是企业在经营上对抗竞争的主要手段,也是一种非价格壁垒。产品差别化是指企业在所提供的产品上,造成足以引起买者偏好的特殊性,使买者将它与其他企业提供的同类产品相区别,以达到在市场竞争占据有利地位的目的。在SCP范式中,企业提高产品差别化不仅能扩大市场占有率、提高市场集中度而且还能在无形中提高市场的进入壁垒,达到排挤对手和阻止潜在进入者的目的。

研究产品差别化的重要意义在于它能够影响企业的行为和市场绩效,这也是把产品差别化作为市场结构的一个重要原因。在微观经济学中我们假设市场是完全竞争市场,在完全竞争市场中有大量的厂商和消费者,每个厂商都只是价格的接受者,而不是价格的制订者。任何一个厂商只要把价格稍微提高一点,他就会立即失去所有的顾客,而当其他厂商降低价格时,某一厂商为留住消费者也必须降低价格。在完全竞争市场中,厂商之间只能进行价格的竞争和销售量的调整,因此,完全竞争市场可以把价格压低到等于厂商边际成本的程度,从而实现消费者福利最大化,而非价格竞争是不允许的。这主要是因为在完全竞争市场中,消费者对生产者所生产的产品没有任何的偏好,决定消费者选择的唯一因素就是价格。但在现实生活中,我们看到更多的却是产品之间在性能、功效、包装、设计、营销、售后服务等许多方面存在差别,而价格也并不是消费者选择所购买产品的唯一决定因素。因此,产品差别化对于研究现实生活中企业之间的各种经营策略具有极为重要的意义。

导致产品差异性的原因是多方面的,其最主要的来源是会展产品的主题不同,除此之外,还有会展产品的品牌效应和广告程度不同。

(1)会展产品主题

由于参会人员有很强的目的性,所以会展的主题不同是参展商决策的依据,同时也是会展产品差异的主要来源。按所涉及的领域分类不同,展会与所展示的产品有密切的关系,所以展会(尤其是专业性展会)是按照产业划分的。一般来说,有什么样的产业就有相应产业的展览。而参展商在选择参加展览时,也一定会选择与自己所处产业相关的展会。因此,会展的主题不同也成为参展商参展决策的依据,同时也是会展产品差异的主要来源。表5-3是2015年中国展览会行业统计,从表中可以看出,汽车制造业、商务服务业及文化艺术业的展览所占比例较高,这说明展览活动的发展和相关产业具有密切关系。

表5-3 2015年中国展览行业分布统计表

行 业	展会数量/场	展览面积/万平方米
汽车制造业	503	1 201
商务服务业	468	409
文化艺术业	324	505
专业设备制造	299	602
批发业	289	754

行　业	展会数量/场	展览面积/万平方米
文教、工美、体育和娱乐用品制造业	280	389
零售业	248	306
家具制造业	248	562
居民服务业	213	311
建筑装饰和其他建筑业	191	374
纺织服装、服饰业	161	204
食品制造业	157	332
通用设备制造业	142	337
娱乐业	130	156
餐饮业	100	166
电子机械和器材制造业	97	252
酒、饮料和精制茶制造业	94	167
房地产业	92	150
农业	83	179
计算机、通信和其他电子设备制造业	81	284

数据来源:《2015 年中国展览行业发展报告》

(2)产品差异度的衡量

一般使用产品之间的交叉价格弹性来度量产品差异度。交叉弹性就是指保持产品 A 价格不变,产品 B 价格每变动 1%,消费者对产品 A 需求变动的百分比。不同产品之间的交叉价格弹性可以反映有关产品或产业间的替代性和互补性,替代性越强,竞争性越强。

$$交叉价格弹性 = \frac{产品 A 的数量变动百分比}{产品 B 的价格变动百分比} \tag{5-3}$$

从式(5-3)可以看出,如果 B 产品价格降低(或提高),A 产品需求的数量增加(或减少),即交叉价格弹性为负,表明 B 和 A 具有互补性。如果 B 产品价格降低(或提高),A 产品需求的数量减少(或增加),即交叉价格弹性为正,则表明 B 与 A 之间有替代性。一般来说,交叉弹性越高,B 和 A 之间的替代性越强,竞争性也越强。

我国会展业起步较晚,发展的时间也相对短暂。市场秩序比较混乱,重复办展现象严重,有些展览会主题不明确,相同类型的展览会过多过滥,致使我国会展业展览项目之间的差异都不明显,项目种类比较集中。因此,展会主题相似、展品雷同时有发生,当展会 B 价格降低(或提高)时,展会 A 需求的数量则减少(或增加),这表明交叉价格弹性为正,即 B 与 A 之间具有替代性。一般说来,交叉弹性越高,B 和 A 之间的替代性越强,竞争性也越强。我国会展业由于缺乏政府规制与行业制约,这种恶性竞争经常发生,在某种程度上阻碍了我国会展业整体发展速度和综合国际竞争力的提高。

（3）会展产品的品牌

与其他产业产品相比，会展产品一个显著特点就是消费的同时性。一般产业产品的消费是由消费者发生购买行为之后在不同的时间、不同的地点进行，而会展产品的消费却是由所有消费者在同一时间、同一地点进行，所以消费者的消费行为易受其他消费者影响，同时也在影响着其他消费者。参会者与参展商在选择会展活动时特别重视会展产品的品牌，因为品牌展会经过市场多年考验，具有较好的服务质量，属于同类型展会中的佼佼者，通常有行业内知名人士和企业参加会展活动，从而提高会展活动的知名度，最大程度地达到一般参展商、与会者的参展、参会目的。会展活动特别讲究人气，而知名的会展品牌是最能调动人气的，参展商和与会者在做参展、参会的决策时特别注重展会的品牌，因此，会展产品的品牌也成为产品差异的重要来源。

世界上有很多知名的会议和展览品牌，比如说达沃斯世界经济论坛、博鳌亚洲论坛、汉诺威工业博览会、汉诺威通信和信息技术博览会、法兰克福春秋季国际消费品贸易展览会、米兰国际家具展览会、美国计算机贸易和技术展览会等。每次举办这样的会议和展览时，都能吸引来自世界各国的参会者和参展商。

国际展览业协会（UFI）是国际展览业的权威机构，某个展览会一旦经过它的认证，则说明它已经在规模、档次、服务质量上达到了一定的层次。世界各地的展商和观众在参加展览会时，选择的一个重要标准就是看展览会是否具有 UFI 标志。截至 2015 年年底，UFI 中国会员达到 95 个，较 2014 年增加 9 个，主要分布在北京、广东、上海三地，其中北京 29 个，广东 24 个，上海 22 个；三省市的会员数约占全国会员总数的 79%。

同欧美相比，中国的会展公司比较弱小，经营范围较窄，档次也不高，没有自己的品牌，难以同国外强大的会展公司竞争。在这种情况下，中国会展业应该集中优势资源，努力提高展会组织、策划、服务的水准和经验管理水平，不断进行展会活动的创新，争创名优品牌。打造展会品牌要注意几下几点：

一是要树立牢固的品牌观念，制定长远的品牌发展战略。只有走品牌化的发展道路才是中国会展业快速发展的唯一路径。树立了这样的品牌观，才会从场馆的设计、主题的立项、展会的规划、组织与管理等方面来实施会展业品牌化发展。要制定会展业的发展规划和品牌发展战略。竞争战略大师波特认为"只有在较长时间内坚持一种战略，而不轻易发生游离的企业才能赢得最终的胜利"。

二是要提升品牌质量。一个展会的质量高低、成功与否很大一部分与参展商和参展观众的专业化水平和国际化水平成正比。会展是以专业人士为观众目标的商务活动。观众的专业水平和组织程度，是关系会展实效的一个重要因素。并不是观众数量越多，展会就越成功，而是观众的构成和质量更为重要。盲目追求观众人数，陶醉于表面的轰轰烈烈，而不考虑参展商能否在会展中有效接触专业观众、获得实际有效收获，会直接影响会展业的持续发展。因此，根据展览会的参展商和观众状况建立"目标观众体系"，吸引更多的专业观众显得尤为重要。

三是培育网络品牌。人类社会已经步入了信息时代，网络作为人们生活的第二空间，已经成为现代社会信息交流的一个重要平台。中国会展业应该充分利用网络的信息资源优势,培育出知名的中国会展网络品牌。而网络品牌的建设主要应从企业网络形象塑造、网络展会的建设以及开展网络营销等方面进行。

3)进入壁垒

进入壁垒与行业集中度和产品差别化同列为市场结构的重要组成部分,进入是指新企业提供的产品和服务可以替代已存在厂商的产品和服务,它反映的是现有企业和潜在企业之间的竞争能力的转化关系。卖方集中度与产品差别描述的是产业内部企业与企业之间的关系,表示的是现有产业内部企业之间的竞争态势。作为一个已在某个产业中生存的企业随时都面临着潜在企业进入的威胁。潜在企业的进入就意味着要和在位企业争夺现有的利润。而由于各种各样的原因,潜在的企业进入现有的产业可能会遇到许多障碍,这种阻止潜在企业进入现有产业的障碍就被称为进入壁垒。

会展产业的进入壁垒不仅包括自然方面和技术方面的因素,如规模经济、必要资本量,更重要的是还包括制度性进入壁垒。

(1)规模经济壁垒

规模经济是经济学中一个非常重要的概念,指的是企业规模达到一定程度时成本降到最低点。由于规模经济的作用,单位生产的平均成本随着产量的增加而下降。新进入企业由于在进入产业之后不能快速达到一定的市场份额,不能充分享受到规模经济所带来的经济性,相对于产业内部的在位企业,是在较高的成本基础上经营的,同时也使得进入企业在一种不利的地位上经营。

会展业的规模经济效应比较明显,只有会展企业规模扩大,才有实力举办大型的展会,而一般来说,展会规模越大,会展收入与利润率也就越高。会展产业规模经济壁垒的高低,主要取决于两个因素:一是会展市场容量的大小;二是实现规模经济所必需的生产量的大小,也就是最小经济规模(minimum efficient scale)。从全国范围来看,中国目前并没有形成一个具有一定规模的会展产业,但在某些会展业发达的城市和地区,已经把会展业作为一个重要的产业来发展,如北京、上海、广州、深圳等地。也就是说从市场容量来判断,随着大量外资企业的进入,目前中国会展业的市场容量正在以一个较快的速度扩大,这容易吸引潜在企业的进入,进入壁垒较低。从最小经济规模来看,如果达到规模经济所必需的生产量较小,进入企业可以在一个很低的产量就达到规模经济并达到最低成本,则产业的进入壁垒较低。对于会展业来说,不同的企业达到规模经济所必需的生产规模不同,所以也有不同的进入壁垒,这个问题将在必要资本量壁垒中单独讨论。

(2)必要资本量壁垒

必要资本量壁垒是指新企业进入市场所必须投入的资本。从专业会展公司看,会展公司从事的主要业务就是承办会议、组展招展,在需要会展场地时可以向会展中心租用,需要餐饮、住宿、物流等专业会展服务时可以与专业会展服务公司签订合同以获取服务,业务性质决定了会展公司的注册资金和营业资本可以在一个较低的水平,这就是我国会展产业在短期内迅速崛起一大批会展公司的原因。

从举办的展会来看,规模大的展会所需的前期投入多,组织运营成本相对较高;而小型展会所需的前期投入较少,因此,组织小型展会的必要资本壁垒相对较低,缺少在全国范围内有一定影响力的大规模的展会,而小展会的资本进入壁垒较低导致了目前我国展会低水平的重复建设现象十分严重。

从会展中心来看,其必要资本量进入壁垒相对较高。会展中心属于展览的硬件设施,是衡量一国会展产业水平的主要标志之一。但由于会展中心资本投入大,回收期长,投资风险和经营风险比一般的资产要大得多。因此,民营资本或社会资本在会展业发展初期不愿进入会展场馆市场。为了解决这个问题,世界上大多数国家的会展中心都由政府投资,如德国、法国政府就投资兴建了大量的会展中心,极大地促进了本国会展产业的发展。

(3)制度性进入壁垒

研究中国会展业的进入壁垒,不得不研究制度性进入壁垒。制度性进入壁垒是指除了经济技术之外的人为制定的一些政策和管理办法所造成的制度方面的壁垒。

20世纪90年代,中国会展业蓬勃兴起,会展市场的态势趋于复杂,政府的行政管理随之出现。国务院办公厅在1997年颁发的《关于对在我国境内举办对外经济技术展览会加强管理的通知》(下面简称《通知》),首次对国内展会明确了审批管理的制度。其后,对外经济贸易合作部、国家工商总局分别颁布《关于在境内举办对外经济技术展览会管理暂行办法》和《商品展销会管理办法》,对贯彻国务院《通知》规定了操作办法。可以说,这3份文件就是中国办展需要"批文"的起源。

长时间以来,中国政府对于社会或行业的管理,习惯于行政许可制度。虽然发达国家市场经济体制也有行政许可制度,如华为进入美国就受阻于美方的行政许可。但大量、繁复的行政许可管理,主要是计划经济体制的特征,对境内举办的各种涉外和非涉外展览会以及到境外举办展览会都要经过审批,而且是多个部门审批。这种多头管理、多头审批的体制在一定程度上限制了我国会展经济的对外开放,影响了会展业的长远发展。

如今,展会批文的地位与作用,较之2005年前已经发生很大变化了。一是会展业经过2001—2010年"黄金十年"的发展,经过加入WTO后跨国公司登陆的冲击,行业规模迅速扩大,市场化程度明显提高。二是行政审批制度的改革伴随着市场经济的发展而逐步深入,展会行政许可申请因此得以简化。虽然展会的行政许可审批没有彻底改革,但审批的权威性已大大弱化,"含金量"已大不如前。

5.1.4　总结

市场结构主要是分析产业内部企业之间的竞争与垄断关系。以上从行业集中度、产品差异和进入壁垒3个方面分析了会展产业的市场结构。总体来说,会展产业属于竞争性行业,会展企业的垄断势力相对较弱,而且在各个国家垄断势力的存在方式和存在原因不同。在会展产业发达国家,会展企业的垄断势力主要来源于技术和经济原因,如规模经济、最小必要资本量。而在我国,会展企业的垄断势力主要来源于制度性进入壁垒。在一定程度上可以说,技术和经济进入壁垒是垄断势力的来源,也是企业竞争实力的体现,一定的技术和经济壁垒的存在有利于资源向优势企业集中,提高企业竞争实力和市场绩效。而制度性进入壁垒则会造成资源配置的扭曲。因此,在我国会展产业发展过程中,应该适度提高技术和经济进入壁垒,降低制度性进入壁垒,优化市场结构,提高会展企业经济绩效。

5.2　会展企业市场行为

市场行为是指企业在根据市场供求条件,充分考虑与其他企业的关系的基础上,为获取更大利润和更高占有率而采取的各种决策行为,根据企业行为是否与价格有关,通常把企业行为分为定价行为和非定价行为。

5.2.1　会展企业市场定价行为

1)掠夺性定价行为

掠夺性定价行为是指一个会展公司开始时降低价格将竞争对手驱逐出市场并吓退潜在的进入者,当这个公司处于可以限制供给的地位时,再提高价格。掠夺者的动机就是一旦竞争对手被驱逐出经营领域,掠夺者就可以保住垄断性地位并获得长期利润。掠夺性定价策略理论成立的前提条件是会展企业之间存在信息不对称、先入者优势、网络关系等差异性,但会展企业实行掠夺性定价也面临着利润损失和策略成功后所获收益不足以弥补原来损失的风险。

一个会展公司能够实行掠夺性定价必须满足以下两个条件:一是在实行低价格的时期,掠夺者必须能够承担因所定低价而引起的损失。二是价格降低会引起消费者需求的增加,掠夺者为了驱逐竞争对手或阻止潜在的竞争对手进入,必须能够满足在低价位上的所有需求。

在会展业竞争中经常出现价格大战,一些会展公司为了吸引更多的参展商参展,以极低的价格招展,使会展市场处于无序竞争状态。然而参展商在选择是否参加展会时虽然要考虑展会的价格因素,但更看重的是展会的品牌能否给参展商带来经济效益。因此,会展公司实行掠夺性定价不仅不能真正地驱走竞争者,还会使自己因为在低价位组织展会而蒙受损失。在会展产业内,这样的例子屡见不鲜,像广交会这样在国内外享有盛誉的展会,一个展会的价格能达到十几万元,还有很多企业想要参展却无法获得参展资格,而有的展会价格已经降到倾销的程度,却仍旧无人问津。实际上,对于大多数竞争性行业,掠夺性定价策略是否能够达到目的,都是一个需要证明的问题,现实中成功的案例并不多见。

2)歧视性定价行为

在完全竞争市场,会展公司对产品的价格没有决策权,所有的会展公司只能按照既定的价格销售商品。但现实中的企业通常具有一定的市场势力,能够在一定程度上决定产品的价格,尤其是当会展公司可以根据不同消费者的需求弹性区分参展商,对不同参展商销售同一商品时收取不同的价格,这时就发生了价格歧视。从更广义的角度讲,即使所售产品不是完全相同,只是具有一定的相似性,如果会展公司能够区分不同的参展商并以不同的价格销售这些相似的产品,也可以说厂商实行了价格歧视。

最简单的价格歧视模型是"完全价格歧视",也称"一级价格歧视"。其假设前提是会展公司能够知道每个参展商愿意支付的最高价格,它就可以对每个参展商收取不同的价格,从而获取所有参展商的消费者剩余。但在现实中,会展公司通常难以准确判断每一位参展商愿意支付的价格,从而难以实行一级价格歧视,但会展公司能够知道各个参展商的类型,而且能知道各个参展商的总供给曲线,这样,会展公司可以对不同的参展商收取不同的价格。由此可见,实行三级价格歧视的前提是会展公司能够根据一定的信息,将参展商划分为具有不同消费者弹性的群体。对于需求弹性较小的参展商可以收取较高的价格,而对于需求弹性较大的参展商则收取较低的价格。

在国内各地举办的会展收费价格差别较大,这一方面体现出中国市场经济发展地区间的不均衡,另一方面也反映出中国会展业竞争十分激烈,地区间为争取会展项目而相互竞价,从而造成会展收费标准的差异。目前,中国会展价格地区和行业间的主要差异呈现出如下特征:

①从全国各地区各行业举办的展览会来看,普遍存在"收费双轨制"现象,即参展的国内外企业收费标准不一致。根据目前中国会展业的具体情况,这种状况还将持续一段时间。随着与国际惯例的进一步接轨,中国会展业价格将逐渐向一轨制迈进。2004 年,广州中国出口商品贸易会已率先实现了中外企业展览价格的一轨制,这就是中国会展业向国际化迈进的一个标志。

②根据国内重点会展区域的划分,会展业发达的地区,如北京、上海、广州、深圳等主要会展城市的会展价格普遍高于中西部地区的中心城市和国内的中小城市,这主要是由当地较高的会展成本和经济实力、物价水平等因素决定的。

③具有品牌知名度的会展以及规模实力较强的会展项目,其收费价格高于普通会展的价格。通常,展览会的知名度越高,吸引的展览商和买家就越多,成交的可能性也越大,但是该展览会的收费往往较高。例如,目前广州中国出口商品交易会的平均收费价格在全国是最高的,但是因为其"中国第一展"的品牌效应和有效的贸易成交,其展位历来都非常抢手,甚至出现了展位被高价倒卖的现象。

3)价格合谋行为

价格合谋是指竞争性会展公司把价格提到竞争价格以上,避免发生价格战以获取垄断利润的行为,也称为价格卡特尔。价格合谋的表现是各个会展公司实行统一的价格,而统一价格的形成未必要签订公开的价格协议(这往往是违法的),而是可以采取某种策略行为在实际中达到统一价格。价格合谋的目的就在于削弱卖方市场的竞争程度,限制市场供应量,提高产品价格,以获取更多的利润。但对于每一家会展公司来说,当价格提高时都想提供更多的产量以获得更大的利润。所以价格合谋要求每家公司减少产量以提高价格和每家公司在提高价格时都想提高产量之间就产生了矛盾,这个矛盾是许多价格卡特尔寿命较短或根本无法建立的一个根本原因。

会展业价格合谋在不同的市场中应该是不一样的,一般来说,集中度越高,会展公司所具有的垄断势力越强的市场越容易发生价格合谋行为。在我国有大量的会展公司存在,很多展会在对外营销时都尽量地压低价格,一般不太容易发生价格合谋行为。而对于会展中心来说,由于最低资本进入壁垒较高导致进入严重不足,并相应地导致规模较大、服务水平较高的大型会展中心供给严重不足。因此,规模较大的会展中心在我国就具有一定的垄断势力,处于卖方市场,尤其是对一些规模巨大的展会必须要在某几个特定的会展中心举办时,会展中心之间就容易形成价格卡特尔。

5.2.2　会展企业广告行为

会展产业与其他产业联系较为紧密,没有其他产业的发展和支持,不可能稳定发展,成为经济体系的主导产业。会展产业的市场和产业依赖性,决定了广告投入对该产业发展的重要影响。会展企业广告行为是会展企业市场行为的重要内容。

1) 会展市场结构与会展企业广告密度

广告费用支出与会展交易收益的比率就是会展企业的广告密度。会展产业集中度与广告费之间存在一定的相关关系。一般而言,中等集中度的产业比高集中度的产业有更高的广告密度。

会展产业集中度是一个不断演化的过程,在产业形成初期,只有极少数企业进入这一领域,集中度较高,随着新进入企业的增多,集中度降低。集中度降低到一定程度,在竞争中不断发展壮大的企业会形成垄断,使集中度再次提高。

会展产业形成的初期,随着产业集中度的不断提高,会展业务量增多,会展企业盈利会随之增加,所投入的广告费用也会增加。随着集中度的持续提高,会展企业数量减少,相互之间的依存性增大。为避免过度广告竞争对各利益主体都造成伤害,广告投入会逐渐减少,但不会消失。

在会展产业的某些部门,如奥运会、世界杯足球赛申办城市之间,竞争相当激烈,广告有提高会展业务集中度的作用。当所有的具有竞争能力的会展企业都从事广告活动时,它们的市场份额将随广告活动的成败而发生变化。在竞争中,存在着成功企业和失败企业。如果广告成功,会展企业将赢得更大的会展市场份额,失败的会展企业将会失去市场份额,甚至被迫从会展产业中退出。广告竞争的效果,能进一步提高会展产业的集中度。会展企业之间因为广告投入决策与效果的不同,会出现发展差距。

2) 广告行为又会影响会展市场结构

广告投入增大,会阻碍新企业进入会展产业,增强其进入障碍。会展企业通过大量的广告投入,在会展商品市场上建立起自己的品牌和营销网络并培植出一个相对稳定的顾客群,使新企业难以立足。因此,会展企业广告行为直接影响到会展市场结构,会展市场结构将随企业广告行为的变化而发生改变。

5.2.3 会展企业重组行为

会展产业的整个市场行为中,会展企业之间的联合、兼并、购买、剥离始终存在,构成市场行为的重要内容。

1)会展企业重组

会展企业之间的重新组合包括兼并、收购、剥离、分立等,它是企业资本经营的重要内容。

会展企业兼并(merger)是指一家会展企业以现金、证券或其他形式,如承担债务、利润返还等,有偿取得其他会展企业或非会展企业的资本或股权,使被兼并企业失去法人资格并取得这些企业经营决策控制权。会展企业收购(acquisition)则是指一家会展企业对其他会展或非会展企业资产或股份的购买行为,目的在于取得对其他企业的控制权。收购的对象有两种:一是股权,二是资产。兼并与收购常作为同一词使用,在英文里表述为"M&A"(merger & acquisition),泛指在市场机制作用下,一个企业为了取得对其他企业的控制权而进行的产权交易活动。

2014年,国际会展企业进入中国市场步伐加快,收购中国展会项目,联合成立合资企业运营展会,缔结战略合作关系共同开发会展项目,方式灵活多样。中国展会项目收购成为其进入中国会展市场的重要方式。2014年1至10月,亚洲共发生会展并购案18起,其中就有8起发生在中国:英国ITE展览集团收购中国涂料展50%股权;塔苏斯(Tarsus)收购SIUF(内衣展)50%股权;博闻公司(UBM)收购上海天盛展览有限公司大部分股权(包括标志和自动贩票机展)。此外,外资会展企业还与国内相关机构合作,成立合资企业,共同举办展会:英国i2i展会集团与中国纺织行业贸促会合作,共同举办中国国际针织博览会;法兰克福会展公司与广东玩具协会合作举办广州国际玩具及模型展览会和广州童车及婴童用品展览会。

会展企业剥离(divestiture)是指会展企业将其现有的某些子公司、部门、业务、固定资产等出售给其他企业并取得现金或有价证券的回报。按照是否出于会展企业意愿,剥离可以划分为自愿剥离(voluntary divestiture)和非自愿或被迫剥离(involuntary or forced divestiture)。会展企业分立(spin-offs)则是指一个会展企业通过将母公司在子公司中所拥有的股份,按比例分配给现有母公司的股东,从而在法律上或组织上将子公司的经营从母公司的经营中分离出去。

此外,会展企业还可以通过资本市场,直接实现产权重组。会展企业通过资本的直接运作获利仅是资本直接运作的外在表现,其实质是会展企业利用资本市场在产权层次上间接地配置生产力各要素,优化企业的资本结构。目前,直接通过资本市场筹措会展企业发展资金将成为会展产业发展的重要趋势。

2)会展企业重组的原因

会展产业的发展过程中,会展企业重组是其市场行为的重要内容,有着重要的经济动因,也有外在制度安排的认可与鼓励。会展企业重组是多种原因和影响因素共同作用的结果。

(1)获得经济规模

会展企业通过兼并和收购,扩大会展经济活动的经营规模,进一步降低经营活动成本,从而提高市场获利水平。获取规模经济效益是会展企业重组的重要动因之一。会展企业通过兼并收购获得的规模经济效益表现在以下 3 个方面。

①财务上的规模经济效益。兼并收购后会展企业能够降低内部交易成本,可以得到较低利率的信贷支持,从而降低信贷成本,减少中间环节,降低管理费用和协调费用。

②技术上的规模经济效益。由于会展经济活动规模扩大,一些原有的闲置资产被调动起来,分工与合作更加明晰,效率更高。强化了对外谈判实力,在市场竞争中处于有利地位。

③协同效应。不同会展企业或会展公司与会展企业的兼并与联合,能够优势互补,相互配合,实现最大化的市场利润。

(2)减少进入会展产业的障碍

新企业进入会展产业时将会遇到障碍,兼并与收购有利于减少进入障碍,特别是非会展企业进入时更是如此。一般而言,当一个企业试图进入会展产业时,它可以通过在会展产业内投资新建企业的方式,也可以通过兼并购买会展产业中原有企业的方式。对于发展较为成熟的会展产业部门,采用新建企业方式进入将会遇到较大的障碍,新增会展业务会对原有的市场供需均衡产生影响,还有可能引发价格战。如果采用兼并购买方式,不仅可以减少会展产业的进入障碍,而且可以保持会展市场的相对稳定。

(3)增强企业市场竞争力

通过会展企业重组,能够提高企业的市场占有率,会展企业的市场力量(即影响和控制市场的能力)增强。在会展产业形成和发展过程中,某一会展企业的市场占有率越高,企业的市场竞争力越强,也就越有可能获得企业超额利润。会展企业也可以通过价格竞争或非价格竞争提高市场占有率,但会引起市场价格战,对自己造成伤害。相反,如果采用企业重组的方式提高市场占有率,可以充分利用现有的市场资源和市场结构。

(4)降低会展企业经营风险

会展企业重组有利于降低经营过程中的市场风险。无论是会展企业的兼并与收购,还是剥离与分立,主要目标都是获得最大化的市场利润,最大限度地降低经营成本和风险,否则,会展企业重组就失去意义。当然,会展企业重组必须在市场体制较为健全的经济体中进行,一些非市场力量的干预被限定在合理的范围之内。

(5)有利于会展企业家成长

会展企业发展,需要优秀的会展企业家。如果没有一个优秀的企业家群体存在,就不能说会展产业已经形成和成熟。会展企业家是指经营管理卓有成效、培育生机勃勃的会展企业文化的会展企业管理者。不同的社会经济体制和不同的国家对企业家有不同的定义。在西方社会,较为普遍的认识是:企业家本质上是创新家。美国经济学家熊彼特就认为,国家经济的发展,归根结底取决于企业家的创新活动。在我国,通常把企业家作为优秀的企业经营管理行家来看待,因而企业家必须是企业的主要领导人,不是经营管理行家的不能称为企业家。广义上的企业家是指以从事创业和发展企业为专门职业的企业领导者;狭义上的企业家是指献身于创办和发展企业的自主决策的经营者,其卓越成就为社会所公认。

会展企业重组涉及多个利润主体,也存在风险,如果把握不当,必将给企业带来严重的损失。这就要求会展企业重组的领导者必须有科学的决策能力,能把握时机,努力进取。同时,会展企业经营者必须有长远的眼光和创新的意识,才能成功地实现会展企业重组。通过会展企业重组行为,可以使一批有头脑、有创新意识的企业家成长起来,成为推动会展产业发展的最为重要的人力资本和主导力量。

5.2.4 总结

总而言之,会展产业中的企业行为包括会展企业的定价行为和广告行为,也包括会展企业的重组行为,是会展产业组织的重要内容。如果没有会展产业的市场行为,就不可能把会展企业与市场紧密地结合起来,会展产业组织优化也必将成为幻想。

5.3 会展产业一体化

随着国际化会展的迅速崛起和跨国会展公司的不断发展壮大,会展企业的一体化行为和并购趋势也在加强。

5.3.1 作为一体化的产业组织行为

1)企业一体化行为

一体化是公司不断扩大规模的重要途径。许多公司为了保住在生产和销售中的垄断地位,在竞争中立于不败之地,取得规模经济,除通过自身的资本积累外,主要通过兼并的途径不断扩大规模。美国最大的 500 家工业公司的发展历史表明,规模增长快的公司大多数是通过一体化实现的。

在市场竞争中,一体化作为企业的一种重要市场行为,是指一个企业购买其他企业的产权使其失去法人资格或改变法人实体的一种行为。市场竞争中企业一体化行为按当事企业的行业关系可以分为横向一体化、纵向一体化和混合一体化 3 种形态。其中,横向一体化是指生产同类产品,或生产工艺相近的企业之间的一体化行为;纵向一体化是指生产或经营环节相互衔接、密切联系的企业之间,或者具有纵向协作关系的专业化企业之间的一体化行为;混合一体化是指横向一体化和纵向一体化相结合的一体化行为。

企业一体化的主要目的在于减少长期经营一个行业所带来的风险,并可以分为产品扩张型一体化、市场扩张型一体化和纯粹的混合一体化 3 种形态。所谓产品扩张型一体化是指相关产品市场上企业间的一体化,市场扩张型一体化是指一个企业为扩大其竞争地盘而对它尚未渗透的地区生产同类产品的企业的一体化;纯粹的混合一体化是指那些生产和经营彼此间毫无联系的产品或服务的若干企业的一体化。

2) 一体化行动的动机

在对企业一体化的理论研究中,对一体化的动机分析构成了其中的一个重要方面,而这也构成了对企业一体化进行分析的基础。对于一体化动机的研究,相关的理论成果主要包括实现规模经济、效率研究、市场势力理论、多样化经营理论等。另外,基于我国一体化活动的特殊性,国内学者对我国企业一体化动机提出了新的见解,如消除亏损、破产替代、强壮民族工业和获取相关优惠政策等。其实,企业一体化的动机理论纷繁复杂,除传统的规模经济、股东财富最大化、获取市场势力等动机外,还有以下一些动机。

(1) 组织资本与经营协同效应

组织资本是企业内部经营的积累,组织资本的第一种类型是员工掌握的信息;第二和第三种类型可以体现为团队工作效率。企业组织资本的积累会提高经营效率,企业的一体化则能进一步发挥各自组织资本的作用,从而带来经营上的协同效应。

(2) 管理协同

企业一体化的动因在于企业管理上的效率差异,即一体化可以使效率低的企业的管理效率达到管理效率高的企业的水平,并带来社会福利的增加。

(3) 财务协同

企业的资本成本可以通过一体化方式降低。例如,一体化产生的债务共同担保效应、现金的内部流转效应、降低企业的筹资成本,以及因对企业股票价值评价发生改变导致的"预期效应"等。

(4) 节约交易费用

一体化的动机之一是使两个垄断者转变为一体化的所有权结构,减少合同签订前的交易费用。由于企业资产的专用性质容易导致机会主义和市场垄断力量的产生,即使合同将所有可能发生的情况作出详细的规定,但违约可能性的存在仍会使合同存在严重风险,为了使合同得以履行,企业倾向于在企业内部从事交易。因此,如果资产的专用性非常强,合适的办法是使用方拥有这种资产以克服机会主义,即通过一体化将有关交易内部化,避免机会主义的发生。

5.3.2　会展产业横向一体化

1) 横向一体化的内涵

横向一体化,也称水平一体化,是指提高兼并、收购经营同类业务的企业或与之进行联合经营,使现有业务范围作横向扩展,以扩大经营规模、降低成本、增强企业实力。很显然,横向一体化会使市场集中度得以提高,而市场适度集中有利于企业发挥规模经济与管理协同效应,这也构成了企业横向一体化的重要动机。

我国会展企业多数规模较小、资金少、管理水平较低、竞争力弱、市场份额少,依靠自身发展很难做大做强。因此我国会展企业有通过兼并、收购从而实现横向一体化提高规模经济的内在要求。上海华展国际展览有限公司和国际著名展览企业亚洲博闻展览有限公司联合组建的上海博华国际展览有限公司即是此类企业行为的最佳案例。

就会展产业而言,随着会展行业市场竞争的加剧,追求市场支配力对会展企业的横向一体化来讲就成为一个明显的动机。如果某一会展企业实现了对同一产业中的其他所有会展企业的一体化,那么,幸存者就在该产业中处于独家垄断地位,它能够通过各种方式来定制会展产品的价格、服务等,以实现自身利益的最大化。因此,基于追求市场支配力的目的的会展企业之间的横向一体化行为成为会展市场中的一种重要现象。

此外,获得跨地区的市场势力也是会展业一体化的动机之一。中国国内会展业的发展潜力吸引了国际会展巨头的目光,2006 年 8 月 29 日,世界最大会展主办商——英国励展博览集团宣布收购中国医药集团下属公司——国药展览有限责任公司 50%的股份,该公司同时更名为"国药励展展览有限公司"。这是中国展览界首个由国有企业与境外公司携手打造的合资项目。对于励展集团而言,虽然励博展览早在 1983 年就已进入中国市场,然而在此次一体化扩展行为之前其在中国的业务只占业务总量的 3%,此次一体化行为为其拓展在华业务打开全新突破口。

2)横向一体化的效应

(1)范围经济效应

新古典经济学的范围经济与产业竞争力的结合是企业竞争优势形成的关键路径。所谓范围经济,是指由厂商业务范围而带来的经济,即当同时生产两种产品的费用低于分别生产每种产品时,所存在的状况就被称为范围经济。只要把两种或更多的产品合并在一起生产比分开来生产的成本要低,就会存在范围经济。而就会展范围经济而言,会展业产生范围经济有以下几个原因。

①许多展会之间存在着某些重要的相互关系,那么一个会展公司在经营一个展会的同时也可以经营另一个展会。如某会展公司经营一个综合性的会展,此综合性展会中展示了机械类、电子类、服装类、医药类产品,那么这个会展公司也可以举办单个的机械展、电子产品展、服装展、医药用品展,因为这个综合类展会和相关的专业展会之间有着密切的关系,如参展商、营销网络。

②管理经营和经营理念可以共享。虽然不同类型的展览会的具体服务对象不同,但在展览会的组织运作和经营管理上却具有共同性,在一个展会上运用成功的管理模式完全可以移植到另一个展会上。

③如果一个展览会具有品牌价值,那么同一家会展公司在举办其他会展时就可以借助原有展会的品牌优势,获得有利的市场营销条件。而且不同的展会还可以同时利用同一个品牌进行联合营销,从而降低每个展会的营销成本。

④一个会展公司经营多个展会还可以使许多公共资源实现共享。如人力资源在各个展会之间属于共享资源,每个展会对展览管理人员、服务人员的基本素养要求是一样的。另外,会展公司与相关企业、政府机构所建立的良好的合作关系也会为该公司所举办的各个展会提供便利条件,如优先获得场馆的租用权,较容易获得某个展会的举办权等。因为展会之

间总会存在着各种各样的联系,当由一个公司经营多个展会比多个公司分别经营各个展会的成本更低时,就说明存在范围经济。

目前,我国会展业中存在的一个突出问题是重复办展现象严重。重复办展造成了资源的极大浪费,可从两个方面改进:一方面需要注重会展的科学规划、合理布局,取消一些不必要的会展,提升会展的质量;另一方面要注重整合,在产业结构调整中,有条件的企业通过收购、一体化等方式壮大实力,逐步提高企业的组织规模和竞争力。即实力强的会展企业以资本为纽带,通过收购、一体化、特许经营等多种方式,整合不同部门、地区、所有制的会展资源(人才、硬件设施、营销网络等),组建大型会展企业集团,发挥龙头带动作用,逐步形成市场化、产业化、规范化的运作模式,做大做强会展业。

(2)管理协同效应

所谓管理协同效应,是指当两个管理能力具有差别的厂商发生一体化之后,一体化后的厂商受到具有强管理能力厂商的影响,从而表现出大于两个单独厂商管理能力综合的现象,其本质是一种合理配置管理资源的效应。即存在两个管理效率不同的厂商时,在高管理效率的厂商对低管理效率的厂商实现了一体化以后,低效率的厂商的管理效率得到提高,其生产能力及利润水平也会得到提升。

在会展业中,追求管理的协同效应也成为会展企业一体化中的重要因素。由于会展行业具有专业化的组织经验和组织资本,并形成了专业化的管理能力,会展行业横向一体化所带来的管理协同效应源于以下几个方面。

①管理能力"密度"较高的会展企业通过对管理能力"密度"较低的会展企业输出管理能力提升了后者的管理能力,进而提升了一体化后会展企业的盈利能力。

②由于组织资本和组织经验的形成需要长时间的积累,因此,管理能力缺乏的会展企业多为形成时间比较短的会展企业,其有形增长比管理能力的增长更快;而管理能力过剩的会展企业则通常已经经过较长时间的发展,其发展速度已经大为下降。在这种不同会展企业发展的不同的阶段,通过一体化行为,可以在不同发展阶段的管理能力和市场成长方面取长补短,以使得两类会展企业获得发展。

国外众多的知名会展已经形成了相当的规模,而且形成了这样一种趋势,即越是发达地区,会展的专业性越强,也越具有雄厚的管理能力。通过一体化形式可以打造会展管理经营传输的综合平台,实现管理协同效用,因此,国外会展特别注重适应行业发展需求动态整合不同展会题材,适时通过新立、分列、拓展和合并等方式调整会展题材,以实现管理能力的共享,使会展始终保持强大的生命力。

(3)品牌扩张效应

生产力是企业进行一体化动力性因素之一,而当厂商面临生产能力约束时,一体化行为品牌效应可以使厂商突破原有的生产能力约束,实现生产能力的提高及利润水平的提升。

①提升核心竞争力

纵观国外许多知名企业,其成功的战略因素中很重要的一条是企业核心竞争力的提升。核心竞争力是企业集团的内在黏合剂,其外在表现包括核心产品的竞争力、市场占有率(即品牌效应)等方面。在核心竞争力的引领下,通过向前、向后或综合一体化,借助核心产品的品牌效应、技术领先优势和管理、技术、人才资源,进行产品或业务的多角扩散,使产品链得以扩充、深化和延长。品牌在会展业的发展过程中发挥着重要的作用,会展企业通过品牌而实现对某一专业市场的占有权,并实现一定的市场占有率,其途径主要包括通过品牌延伸开发新项目、进入新市场、获得客户忠诚度、冲破各个地区、国别市场所面临的各种壁垒等。

②保持市场优势

在当前激烈的市场竞争中,一个会展企业的品牌如果不进行扩张,就可能要承受其品牌市场被其他品牌侵占的风险。强势品牌能够使企业在行业中长期保持市场竞争的优势。对来自竞争对手的正面进攻,品牌资产筑起森严的壁垒;对于未进入市场者,品牌资产代表的品质及客户对它的推崇往往会使潜在竞争者放弃进入市场的念头。从世界范围来看,一些会展产业发达的国家已经形成了诸多知名的会展品牌,如汉诺威、法兰克福、杜塞尔多夫、科隆等。每一个品牌既有知名的展览公司,又有知名的展览会,还有知名的会展中心,如汉诺威会展公司、汉诺威会展中心及汉诺威工业博览会等。

③提高生产能力

品牌是企业的无形资产,它对企业的根本意义在于其代表很高的经济效益和经济实力;而品牌扩张是品牌实力的体现和要求,是借助已有品牌的声誉和影响在市场推出新项目或将原项目推进新市场。作为一项关联性很强的产业,在会展品牌的发展及扩张过程中,品牌效应十分明显,尤其在会展业的一体化行为中,品牌效应成为提升会展企业总体生产能力的关键。会展企业利用一些知名的品牌通过对其他企业的一体化方式迅速实现规模的扩张和多元化经营,并进一步形成会展企业的生产能力,实现资源的共享和最大化利用。品牌扩张一般可通过对原有服务项目进行创新以推出改进型项目,或通过对其他行业企业的兼并、收购、参股、控股等借品牌输出以推出新的多元化经营格局来实现。

5.3.3 会展产业纵向一体化

传统的会展产业链只把目光聚焦在会展组织者和场馆,忽略了参展商、销售商、参观者、消费者和其他利益相关者的要求和利益,没有为会展活动建立起较为完善的保障体系。会展活动在促进信息沟通、技术合作、贸易往来、人员互访和文化交流等方面显示了良好的经济和社会效益,对其他行业的带动效应和对周边地区经济的辐射效应也凸显无疑。只有上下游的合理衔接才能成功地完成一次会展活动。因此,必须整合多种相关行业的功能,加快会展业的纵向延伸,为会展经济的蓬勃发展提供全方面的服务和保障。

1)纵向一体化的内涵

纵向一体化,又称垂直一体化,是指企业为保证原料供应或产品销售而与上游供应商与下游客户之间进行所有权上的纵向合并。如专业会展公司既从事组展、招展业务,又拥有会展中心,从事场地出租业务,会展中心与专业会展公司属于会展产业上下游企业的关系,这种合并就属于纵向一体化。再比如会展中心除了经营场地出租业务,还为参展商提供本来应由专业化会展服务公司提供的站台搭建、物流、展台设计等服务,这属于纵向一体化的范围。

纵向一体化有利于实现交易过程内部化，从而降低交易成本和违约风险。对于会展公司而言，为了获得稳定的渠道的效率优势，往往倾向于和上游的展览场馆，或者和下游的参展商进行纵向一体化。如德国三大展览公司进入中国时就与上海新国际博览中心展开纵向一体化的合作，控股 50%的股份。这样不仅可以节省租借展览馆的高额成本，而且能在市场火爆时保证自身的展会安排、排挤竞争对手。

会展产业的纵向一体化可以分为参展企业对会展平台的一体化和会展平台对参展企业的一体化行为，但是，由于会展平台所具有的信息传递及补充品的属性，会展平台更大程度上是作为一种实体性产品的服务性形态出现的，因此，会展经济中的纵向一体化行为就主要发生在参展厂商对会展平台的一体化。

2）纵向一体化的效能

厂商对会展产品或服务的一体化行为也可以带来组织上的效能，这种效能可以削弱和减除厂商所面临的会展风险，并有利于控制会展产品或服务的努力方向，以最终促进企业的利润最大化。具体而言，厂商对会展产品或服务的一体化效能不是二者在独立的状态下不能获得技术层面的经济效益，而在于一体化方式使二者的利益协调一致，或者说通过一体化的方式使厂商对会展产品或服务处于可控的状态之下，并通过有效率的决策程序加以协调。具体来说，厂商对会展产品或服务进行一体化的效能可以表现为以下几个方面。

（1）改善有限理性的状态

有限理性是人类的一个显著特性，即在根据所获得信息进行决策的时候，人类只有有限的能力，但是，现实世界却是复杂和不确定的，人们不可能预见所有的不确定事件。如果厂商主要通过参加会展的方式来消费会展产品或服务，其参展效果将依赖于外部会展的效能，厂商将会遇到各种意想不到的情况，而不能依据其所制订的计划精确地完成各种交易行为。通过一体化方式使用会展产品或服务则可以把其中涉及的关系置于厂商内部，厂商通过其内部组织的方式就可以精确地控制会展产品或服务质量及其有针对性的努力方向。

（2）避免机会主义行为

机会主义行为是指人的伺机牟利行为，在不确定的世界里，机会主义行为导致了企业之间的交易成本的产生。例如，会展企业可能会因为市场的变化或各种机制的不健全而产生一些基于其自身利益最大化的不规范行为，甚至"骗展"行为，给厂商造成损失。通过纵向一体化方式使用会展产品或服务，则把外部的会展产品或服务转化为企业内部的使用关系，厂商就可以用内部员工的忠诚度去替代纯粹市场关系下不可能存在的直接的信任关系，并弥补由于有关市场规范缺失、市场环境不健全所导致的机会主义行为。

（3）节约交易费用

著名经济学家科斯指出，交易费用是指运用市场机制的费用，其中包括了人们在市场上搜寻有关的价值信息、为了达成交易进行谈判和签约，以及监督合约执行等活动所花费的费用。企业之所以存在是因为它可以替代市场节约交易费用。企业也是一种资源配置方式，但企业随着规模的扩大又会导致内部管理费用的上升。企业规模的边界是由内部管理费用和市场交易费用相等时确定的。当企业内部的管理费用小于市场交易费用时,就可以通过纵向一体化方式把相关企业纳入本企业的经营管理范围。而当市场交易费用小于企业内部管理费用时,企业就可以从其他厂商那里购买自己在生产或分销过程所需要的投入品或服务。

在会展业,一个成功的展会需要会展产业内上、下游会展企业通力合作,如展览馆、展览公司、服务承包商、广告公司、饭店、旅行社等。为保证展会的顺利举行,需要在各经营主体之间签订各种合同,但由于市场上的不确定、交易对象的资产专用性以及机会主义的存在,完全依靠签订非常详细的合同来避免企业之间的机会主义行为是非常困难的。如果实行纵向一体化经营战略,把与会展有关的上、下游企业纳入一个企业集团中,原来的企业之间的默契关系就变成了企业内部的分工协作关系,从而可以避免机会主义行为的发生,降低交易费用。

(4)提高进入壁垒

厂商制定战略决策时要考虑诸多竞争因素,其中潜在的进入者会对现有企业构成威胁,如何提高进入壁垒就成为厂商无时无刻不考虑的问题。厂商通过对会展产品或服务进行纵向一体化的方式提高进入壁垒的作用表现为两个方面:①由于会展平台和服务是一种有效的产品质量等信息的传递机制,在厂商对会展产品或服务进行纵向一体化的情况下,一个新进入者必须同时进入与一体化有关的两个环节,而这会大大增加进入者投资的绝对规模。但是,根源于有限信息和机会主义,在资本市场上新企业或小企业的交易成本相对较高,资本市场对它们大量投资于新生产能力的行为会收取额外的风险保证金,而一种纵向一体化所需要的资金规模就将意味着这种额外的风险保证金比非一体化形式更高。厂商通过对会展产品的一体化,可以更为有效或更有针对性地利用会展平台,以创造出产品的差异化,这构成了进入壁垒的另一种形式。②厂商通过对会展产品的一体化可以更为有效或更有针对性地利用会展平台,以创造出产品的差异化,这构成了进入壁垒的另一种方式。

案例分析:全球创新一体化下的顺德探索

2015 年 10 月开始规划,12 月开始动工,2016 年 9 月正式启用,广东潭州国际会展中心首期建设用了不到一年的时间。作为顺德北部片区一体化战略的重要布局,潭州国际会展中心选址于佛山新城和北滘新城之间,规划用地面积约 30 万平方米,建筑面积约 20 万平方米。

正式运营后,潭州国际会展中心接连举办了两大备受业界瞩目的盛会——第二届珠江西岸先进装备制造业投资贸易洽谈会和第二届中国(广东)国际"互联网+"博览会,让举办地顺德一下子走入了中国会展业的舞台中央。潭州会展中心的建成和投用,不仅是顺德以北部一体化开启区域大开放,以及佛山建设国际化宜商宜居创业城市的重大进展,更是广东会展经济从广交会、高交会一路走来,正式迈入工业专业会展时代的标志性事件。

会展经济与城市竞争力相互成就

会展经济一定是深深根植在城市的产业基础与市场需求中的。在这一点上,顺德拥有发展会展业并进一步带动其他产业变革的较大优势。首先顺德拥有强大的制造业根基,并且在此基础上形成了不少专业镇和专业市场,比如家电、家具等。这样产业拥有良好的发展前景,且对自动化改造等提出大量需求。这对顺德举办贴合制造产业且聚焦新技术、新风口的会展提供了广阔的市场空间。

除了产业这一"硬实力",作为华南地区工业变革中心之一的顺德毗邻广州,有区位优势,在城市配套基础设施、交通通达度建设等方面也下了不少功夫。尤为值得一提的是,顺德注重打造城市优美的环境,又有美食、人文等天然优势,且正逐渐挖掘出其在城市生活质量方面的"软实力"。可以说,会展经济与佛山的城市综合竞争力是相互成就的。

会展经济有利于顺德制造延长产业链

会展业是现代服务业的重要组成部分,其资源聚集和城市名片效应突出。发展会展业能汇集巨大的商流、人流、信息流,带来大量商机,传播前沿理念和最新科技文化,借此可大大提高城市知名度和对外辐射功能。

对于制造业名城顺德来说,在经济新常态的背景下,发展会展经济尤为必要,不仅有利于延长顺德制造业的产业链长度,提升制造业服务化水平和价值链治理能力,而且能促进整体经济提质增效。而顺德选择与德国汉诺威会展公司合作承办高规格的展览会,将帮助其在最短时间内切入会展经济的高端环节。

顺德工业会展有发展潜力

顺德以家电、陶瓷、家具等传统制造业而闻名,但随着全球创新一体化进程的不断加深,顺德也在积极推动产业升级,尤其发展会展业等现代服务业。

发展会展业将为顺德经济带来新动力。首先,在产业结构转型升级的背景下,发展会展业可以提升顺德现代服务业水平,优化产业结构。其次,当会展业得到发展后,还能反哺产业,将国内先进技术应用在其产业当中。同时通过举办会展业,顺德还可以引进资金、人才等创新资源,从而不断推动产业发展。

(资料来源:高绮桦.共论新风口:全球创新一体化下的顺德探索[N].南方日报,2016-11-09(A05))

讨论题:

根据案例并结合实际情况,谈一谈潭州国际会展中心的建成如何拉动顺德以北地区一体化发展?

【专业词汇】

市场结构　市场行为　横向一体化　纵向一体化

【思考与练习】

1.列举会展市场竞争结构的4种类型及各自特征,分析影响会展市场竞争结构的主要因素有哪些。

2.试分析会展产品差异化在会展企业竞争中的作用。

3.会展企业市场行为有哪些? 你还可以列举一二吗?

4.简述会展企业一体化的内涵。你所知道采用一体化战略的会展企业有哪些?

第6章
会展产业结构及优化

【**教学目标与要求**】

　　掌握：会展产业结构、会展产业结构的影响因素

　　了解：会展产业结构演进、会展产业结构优化

【**知识体系**】

```
                              ┌ 会展产业
               ┌ 会展产业结构 ┤ 产业结构
               │              └ 产业构成特点
               │              ┌ 会展产业形成的社会经济依据
               │ 会展产业结构演进 ┤ 会展产业形成的标志
会展产业结构及优化 ┤              └ 我国会展产业的发展
               │                 ┌ 会展产业发展的影响因素
               │ 会展产业结构的影响因素 ┤ 会展产业结构的影响因素
               │                 └
               │              ┌ 我国会展产业布局的失衡
               └ 会展产业结构优化 ┤ 会展产业发展布局的模式创新
                              └
```

【**本章导读**】

　　本章主要阐述了会展产业结构及优化问题，共分为4节：第一节主要介绍会展产业的构成及其特点；第二节主要阐述会展产业形成的标志以及会展产业的发展历程；第三节着重介绍会展产业发展以及会展产业结构的影响因素；第四节主要分析会展产业的失衡，并据此提出会展产业布局的优化构建以及发展布局的模式创新。

6.1　会展产业结构

6.1.1　会展产业

会展产业是近几年来发展起来的产业,国内开始正式提出会展产业是在 1998—1999 年,会展产业能够创造较高的经济价值和社会价值,因此会展产业受到很多地区和城市的重视。会展产业作为一种新的产业类型,是现代经济体系的有机组成部分,具有以下几个方面的特点。

(1)规模性

会展对经济运行状况具有表征作用,反映着人类集体性物质文化交流活动已经成为一个独立的产业门类从其他产业中分离出来。会展活动的形成和发展已有较长的历史,但会展产业的形成要晚得多。只有生产力发展使会展活动成为一种必不可少的经济行为,并具有相对独立性,与会展活动相关的企业经济活动达到一定的规模,在整个资源配置体系中占有一席之地且成为不可缺少的组成部分时,一个新的产业才形成了。

(2)关联性

会展产业必须以其他产业的存在和市场经济体系的相对发达为前提。会展活动本身并不创造实体性财富,但对实体财富价值实现具有重要的促进作用,如果生产技术相对落后,会展活动的对象、工具和手段的配置达不到一定的规模和效率,会展活动不可能成为一个独立的产业部门。

同样,没有一定的市场经济条件,各种要素跨区域、部门、行业、国界的流动将受到制度和非制度条件的限制。没有各要素较为方便、低成本地有序流动,会展活动便成了无本之木、无源之水。

(3)技术性

会展产业必须借助于一定的技术手段,以一定的知识资本存量、增量为依托,否则,不可能适应知识经济时代对要素流动方式、内容的需要。会展活动涉及多方面的内容,既包括商品流通,又包括要素流动和人员、信息的交流。在现代社会,没有一定的通信、交通手段,没有一整套较为成熟的制度、规则体系,会展活动不可能发展成一个相对独立的产业类型。

(4)风险性

会展产业是高盈利的企业,其利润率为 20%~25%。为什么还有相当多的会展企业亏损呢? 这使我们看到,会展产业是一个复杂的经济系统,组织者在抓住机遇的同时也面临很多风险。首先,办展的前期投入非常大,会展产业所需的宽敞的会展场馆、技术先进的会展设施以及规范的会展服务都需要大量的资金投入才能获得。各地方政府和企业也都意识到要办好展览会和交易会等必须具有好的展馆,于是不惜花费巨大的人力、物力、财力纷纷修建现代化的会展中心。近年来,我国新建的展览面积过万平方米的会展场馆有 30 余个,投资额最少要 4 亿人民币,最多的达到 20 亿人民币。会展能不能树立自己的品牌是会展产业存在的另一个风险,即资源风险。在展览业,品牌是一个主要的资源,它意味着高附加值、高利润和高市场占有率,没有品牌就没有足够数量和质量的参展商,而参展商的质量又决定能否吸引到有效的购买商。因此,会展营销的核心就是创品牌企业和品牌项目。要树立品牌展会并非易事,它需要会展组织者在多种要素上进行探索研究和苦心经营。比如,除了要使会展有强劲产业依托,能够代表行业的发展方向外,还需要得到权威协会和行业代表的大力支持以增加展会的声誉和可信度,此外还必须要坚持品牌战略长期规划等。

(5) 全球性

会展产业可以跨越区域和国界,成为具有全球性特点的产业类型。经济全球化、区域一体化进程的加快,要求资本、技术、人力资源能够跨国界、区域流动。要素流动配置范围的扩大,使以要素流动为主要经营目的的会展企业经济活动的地域空间扩大,形成全球性产业类型。会展产业的全球化,反过来又进一步加速全球经济一体化和区域集团化发展步伐。然而,会展产业必须有一个主要的分布区域,集中在某地区、某国或某些条件较为优越的国家集团中,不可能均匀地分布在全球任何地方。

以上谈到的几点不能将会展产业的特点全部概括,而且其特点并不是一成不变的。在会展产业的不断发展过程中逐渐呈现出新的规律和趋势。

6.1.2 产业构成

会展产业,是指以会展行业为中心和支撑,形成提供专门支持和服务的附属配套行业和企业,功能明确而又独特的经济事业,由核心层、配套层和辅助层三部分构成。其核心层是为会展活动提供场馆、设施、服务的企业组织,通常由会展组织者、会议中心及展览场馆、会展设计及搭建公司、会展服务机构等组成,为会展的策划、招商、营销、设计、场馆租赁、运输物流和现场服务等提供专业化的行业服务,应该说,会展的行业边界十分明确,结构也趋于稳定;配套层包括交通业、通信业、物流业、旅游业、零售业等,配套层范围最广,只要能直接或间接为会展活动主办单位、参与方和观众提供服务的部门,都可以包括在此范围内;辅助层包括法律咨询、媒体广告、门票印刷、信息数据等,如图 6-1 所示。

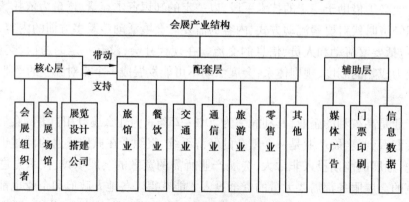

图 6-1　会展产业构成

6.1.3 产业结构特点

目前,会展产业主要靠契约关系链接,会展产业可以称为一个高密度的多重契约行业。实事求是地说,配套层和辅助层与核心层之间具有边界交叉、重叠的现象,但融合生长的一体化趋势并没有完全出现。场馆商和组展商之间,组展商和参展者之间,参展者和搭建商之间都有契约,这是一个契约链。而在其中,如果不出现重复契约的话,可能是稳定和连续的。但如果在一个市场化、规范化程度还不成熟的市场,这种契约链是难以形成的,它会夹杂着行政权力指派、垄断资源排他、共同利益捆绑等非市场行为,妨碍会展产业发展。

6.2 会展产业结构演进

6.2.1 会展产业形成的社会经济依据

1)会展产业形成的基本条件

产业是国民经济中以社会分工为基础,在产品和劳务的生产和经营商具有某些相同性质的企业或单位及其活动的集合。从产业经济学的理论角度来看,一个产业的形成需要3个基本条件:第一,有广泛的社会需求;第二,有一个成熟的、被市场接受的产品并形成一定的生产规模;第三,这个产品要在市场上形成稳定的供求关系。这3个条件实际上包含着一个最根本的条件,就是一个产业的形成,要有足够的利润空间来支撑它。依照以上逻辑,会展要形成产业,首先社会上要有对会展产品的需求,其次要有一定量的企业提供会展产品,最后会展产品的供需要达到一个相对稳定的市场均衡。

2)会展产业形成的经济依据

（1）社会分工是会展产业产生的推动力量

从最一般的意义上来讲,任何一个产业的形成都是社会分工的结果。历史上,农业、手工业的产生都受到社会分工的影响,而现代会议、展览产业的诞生也不例外。传统公司有很多会议(如采购、经销商会议等)与展览业务,原来这些业务都是由公司自己策划与组织管理的(现在还有个别特大型公司的展览业务由公司自己策划)。而随着社会分工的深化,社会中出现了一些专业的会展运营商,如专业会议策划者、专业展览公司等,他们专门负责会议展览的策划、管理以及相关的旅游等业务。当这种运营商形成一定的规模,供求关系达到稳定状态时,会展产业就正式形成了。

（2）节省交易费用,是会展产业产生的根本动力

首先,就会议和节事产业而言,消费者愿意参加会议和节事活动,其动机是为了节省交

易费用。因为更多的人已经不能接受一对一或一对几的个体社交模式中的时间成本,而更乐于接受规模化社交,其中的功利性交易价值与时间投入比更佳;更乐于使用各种各样的聚会活动来制造文化氛围与软化简单的人际交易关系,增加人们在群体交流中的交叉交易效应;更乐于在不同与会者、参与者中吸取可参考的组合元素。会展消费者的这种需求,导致了会展运营商的诞生,而会展运营商的这种平台的搭建,大大节约了会展消费者的交易费用。

其次,就展览而言,参展商和专业观众参加展览会,都是为了节约交易成本。一方面,他们参加展览会,可以节省对供需双方搜寻信息的成本;另一方面,参展商把展览业务外包给专业会展策划公司也可以节约成本,因为它们实行专业化运营,整合了会展产业链的上下游,这使它们具有很大的价格优势,原来自己主办展览的企业也会愿意把这些业务外包出去而实现双赢。

6.2.2 会展产业形成的标志

在历史上,会展作为一种社会活动发生得很早,然而并不一定有会展活动就形成了会展产业。会展历史上很久以来都是为政治服务的,有着炫耀国力或者外交的目的,根本没有在社会上形成市场化的供求关系。即使作为市场交易平台,会展也只是把自己的功能渗透到市场交易中,而没有从市场的运行过程中分离出来成为一种独立的产品。研究会展产业形成的标志,可以从社会宏观层面和产业链两方面来加以分析。

1)社会宏观层面分析

从社会宏观经济来讲,要分析一个国家会展产业是何时形成的,必须结合这个国家的具体情况作实证的研究。下面从市场结构、消费结构、收入结构和产业结构4个方面来分析。

(1)市场结构:买方市场形成

会展产业并不是在所有的市场结构中都会形成。卖方市场更多的是需求对供给的追逐,商品相对短缺,商品和消费者之间的距离主要是物理性的距离,商品不会有更多展示自己的动力。而在买方市场中,话语权在消费者手中,企业必须想方设法实现商品销售。此时生产企业会想方设法来展示自己,以获得消费者的青睐。在买方市场中,会展活动会在商品的流通中创造出附加价值,更好地实现销售。从我国经济实际情况来看,进入20世纪90年代特别是21世纪以来,我国已经处于买方市场,我国会展产业有了基本形成条件。

(2)消费结构:小康型

会展产业的形成也是和一定的消费结构联系在一起的。在温饱型的消费结构中,人们追求生存需要(如吃饭、穿衣等),会展产业不可能产生。在小康型的消费结构中,人们追求发展需要(如产权、住宅、汽车、教育、旅游)。富裕型的消费结构是以追求闲暇、张扬消费个性为特征的。会展产业应该是在小康型后期到富裕型转变的过程中形成的。在这个过程中,商品非常丰富,无差异的大众化商品销售出现困难。商品中只有凝聚了个性化、满足消费者情感需求,才能找到好的销路,而会展正是起到沟通供求、达成情感默契的作用。我国现在基本进入小康社会,会展产业的形成在我国有了消费基础。

（3）收入结构：中产阶级逐渐形成

消费是和收入紧密联系的一个概念。在一个社会的收入结构以低收入者为主时,这个社会的消费也肯定处在温饱型的消费阶段。只有在社会收入结构中中等收入者逐渐成为主流时,小康型的消费阶段才会到来。因此,只有一个社会呈现橄榄形,中产阶级出现并逐渐成为社会主流消费群体时,会展产业才能逐渐形成。近十几年,我国 GDP 均保持高速增长,居民收入增长迅速,中产阶级逐渐形成,我国已经具备了会展产业形成的收入条件。

（4）产业结构标志：第三产业发达

会展产业属于服务业,更准确地说是属于流通服务业,而流通服务业属于现代服务业。传统的农业社会和传统的工业社会分别是以第一产业和第二产业为主体的,所有的生产环节都是靠产业内部的自我服务来完成,在这样两种产业结构中,不可能也不需要产生类似像会展这样的产业。第三产业的发展,不仅意味着消费领域中的许多环节逐渐被生活服务业所取代,而且生产领域中的许多环节也逐渐被生产服务业和流通服务业所取代。当第三产业还只是以生活服务业为主干,从而在整个社会产业结构中只占据很小比例时,会展产业几乎无从谈起。只有当第三产业在社会产业结构中占据了30%以上比例,从而现代服务业成为整个第三产业的主干部分时,会展产业才可能脱颖而出。我国在1985年第三产业只占整个产业结构的29%,到2005年这个比重达到40%以上,而我国的会展产业正是在这段时期中逐步形成的。

2）产业链分析

从产业链来讲,可以从以下3个方面来分析：会展运营商的独立化、会展服务的社会化以及会展需求的规模化。

（1）会展运营商的独立化

会展运营商是会展产业市场的主体。在我国,会展公司的数量每年增长非常快,仅上海地区就有近万家。而专业会展组织者 PCO（professional conference organizer）、目的地管理公司 DMC（destination management company）,近几年在我国也发展很快,北京、上海、厦门等大城市已经有不少这样的公司。

（2）会展服务的社会化

会展服务社会化是指会展辅助企业比较发达,会展运营商把相关会展子业务委托给服务公司做。值得一提的是,我们不能因会展对城市的旅游、餐饮、交通、物流、通信等有1:9的带动作用,就说会展已经形成了一个产业,这是颠倒了因果关系。近年来,我国会展辅助企业发展迅猛,例如上海会展行业协会展示工程委员会展示工程的会员就达到近500家。而会展物流、广告、会展旅游等辅助企业发展同样迅猛。当然这样的辅助企业必须经过核心企业（会展运营商）的整合才能对会展产业的形成有意义。

(3)会展需求的规模化

在我国,会议市场非常火爆,在上海,一个小型会议策划公司策划一个论坛,其参会者至少也在300人以上,而这样的项目小公司一年能做10个以上,可见参加会议的需求还是很大的。而对于展览来讲,现在大中型企业都已经把展览会作为市场营销(特别是国际市场营销)的一个重要手段,企业参展意愿越来越强烈。这从我国展馆面积越来越大、单个展览会面积越来越大可以看出来。比如,2016年上海市举办了390个展览会,比2015年增加2%;从展览会总面积上看,2016年上海市展览会总面积为1583万平方米,比2015年增加5.5%。

综合以上对会展产业形成的社会经济依据及其形成的依据分析,基本可以断定:不管是从宏观社会的市场结构、消费结构、收入结构、产业结构,还是会展产业链的会展运营商的独立化、会展服务的社会化以及会展需求的规模化来讲,我国会展产业基本形成。不过,政府对新兴产业的政策扶持、会展产业研究的不断深化、法律法规发展环境的完善、产业所需人才的培养等都会促进会展产业的发展,我国会展产业的发展还有很长的路要走。

6.2.3　我国会展产业的发展

1)早期会展业

(1)早期的会展组织形式

早期会展业的雏形以周朝作为分界点。在周朝以前,由于自然经济占主流,当时可供交换的东西极少,只限于一些生活用品,交换的时间也有限。有文字描述为"日中为市"(《易经·系辞》),说的是正午时,人们便拿出东西到经常交换的地点,互相交换彼此需要的物品。到了周王朝时,生产水平进一步得到了提高,剩余产品多了,"日中为市"已满足不了彼此交易的需要,于是便出现了"朝市"和"夕市"。据《周礼·司市》记载,"朝市,朝时而市,商贾为主;夕市,夕阳而市,贩夫贩妇为主"。可见,当时在展会组织上就已经区分了交易主体。比如,参与朝市的多是比较富有的商人,参与夕市的则是个体小商小贩。

(2)唐王朝的博览会

到了唐王朝,由于生产力水平的提高,唐朝初年又出现了夜市。长安是唐王朝夜市最发达的地方。夜市上,店铺林立,摊商云集,有纺织品、金属器皿、文化器材、绣品、糖以及陶制品等商品,夜市上还有卖唱的艺人。这一现象说明展会与活动已经开始结合在一起。值得一提的是,唐天宝初年,陕郡太守、水陆转运史韦坚,开槽渠引水至长安,造广运潭于宫墙外,用漕舟装载各地特产相互交流,并供皇帝观览,这可以说是我国历史上最早的博览会。

据《旧唐书·韦坚传》记载,韦坚组织的博览会,汇集了全国各地的名牌产品,如广陵郡的棉、铜器和海味,丹阳郡的绫纱缎,会稽郡的铜器和绛纱,南海郡的玳瑁、珍珠、象牙、沉香,豫章郡的名瓷、酒器、茶釜、茶铛和茶碗,宣城郡的宣纸、笔和黄连,始安郡的蕉葛、蚺蛇胆、翡翠等。在这次博览会上,各郡县交换各自的产品,交流最新的生产技术,互相沟通商品信息。从中不难看出,当时博览会的功能和目的已经和现代博览会基本相一致,不仅丰富了人们的物质文化生活,而且还有利于各地区间商品、技术、工艺的交流,促进了经济的发展。

(3)早期的会展中心——大相国寺

北宋时期,由于当时全国经济重心已经逐渐南移,长安和洛阳两地的物资供应很大程度上依赖于江淮流域,而汴河恰恰是连接江淮的交通要道,因此,京城汴京成为商贸集聚地和经济中心,日平均贸易额达万金。

汴京城南的大相国寺,位于横跨汴河和蔡河之上的川桥与龙津桥之间,是京城内最繁华的地方。大相国寺每月定期开放五次,举办庙会。由于大相国寺有众多庙宇,一个大中庭就可以容纳万余人,商品交易大都可集中在这里举行。参加庙会的有生产商、商贩和一般百姓。生产商的目的是出售产品以获取利润;商贩的目的是采购货物;一般百姓则直接从事消费活动。大相国寺庙会连接生产、消费与娱乐活动,是我国早期会展活动较为典型的形式之一,而大相国寺本身已成为当时全国著名的贸易中心,等同于现在的会展中心。

由于大相国寺作为会展中心的特殊作用,朝廷对此持积极支持的态度,庙会越办越大,宋朝以后的历代王朝对它都非常重视。金章宗、元世祖、明太祖等相继重修过大相国寺。

2)会展业的现状

从 1949 年到 20 世纪 70 年代末,会展活动中展览、会议与节事活动是分离的。尽管中国也举办了一批展览会,如全国农业成就展览会、上海工业展览会、广州中国出口商品交易会等,但总的来说,这些展览会的主要目的是宣传展示,很大程度上类似于近代欧洲的工业展。改革开放后,随着我国社会经济尤其是国际贸易的迅猛发展,现代贸易展览会和博览会取得了长足的进步,仅就展览业而言,近 20 年来年均增长速度达到 20%。与此同时,越来越多的国际会议选择在中国召开,有力地推动了当地城市建设和会展水平的提高。比如,国际商会年会、环太平洋论坛年会、亚太法官会议、国际引航员大会、APEC 会议等 700 多个国际性会议选择在上海举行,因此上海赢得了国际会议中心的美誉。并且,会议、展览、节事活动相互促进,有些更以统一的"会展"形式出现。会展经济在中国已初露端倪,并表现出巨大的发展潜力。

3)会展业的发展趋势

从国内会展城市的发展态势和国外会展城市发展的经验来看,中国会展业发展必将呈现出四大趋势。

(1)集群发展

在以区域划分的各会展经济产业带中,邻近城市举办的会展活动往往在时间上能够相互衔接起来,在一段时期里形成了地区性的会展热潮,使会展城市呈现出集群趋势。如 2000年,珠江三角洲地区仅 10 月就有深圳的高交会、东莞的中国东莞国际电脑资讯产品博览会、广州的广交会、顺德的中国顺德国际家用电器博览会以及花博会等二三十个展会。这些展会在时间上相互衔接,在内容上相互补充,不但可以节省客商的时间和费用,而且可以利用各个展会的辐射优势,使各大会展城市共同进步。

（2）组建联盟

中国加入 WTO 以后，国外会展巨头陆续登陆中国。面对来自国外著名会展公司的挑战，为谋求共同发展，一些省区或省内相邻的城市，如长江三角洲、珠江三角洲的会展城市将结成会展战略伙伴关系。建立战略联盟，旨在促进区域会展经济一体化的形成，加速会展经济向国内外辐射和延伸；更为重要的是还能实现优势互补、资源共享，壮大势力，提高市场竞争力和市场占有率。目前，珠江三角洲的两大城市广州、深圳已有意建立战略联盟，共同打造"华南展都"，以面对来自欧美会展界的挑战。长江三角洲的上海与宁波已经建立了战略合作，由上海国际展览有限公司和宁波会展中心合作谋求会展业的发展。

（3）市场运作

市场化运作意味着城市政府将逐渐淡出市场，专业会展公司取而代之成为会展市场的主导力量。从会展发展历史分析，政府在当地城市会展经济发展中扮演着重要角色。随着会展的产业化和市场化进程的推进，各城市会展业将逐渐改变过去政府直接参与会展活动经营和组织的做法，政府逐渐从具体的组展活动中退出来，实现"裁判员"和"运动员"的角色分离。政府将自己的视角转向加强对会展基础设施建设投入、法律法规制定等方面，并通过一些优惠政策鼓励、培育、扶持、壮大会展企业，使专业会展公司尤其是一些民营展览公司成为会展市场的主流力量。

（4）品牌立本

培育品牌化的展会已成为会展经济发展的一项重要内容。从当前我国会展经济发展的形势看，为避免城市之间的恶性竞争，各城市要考虑自身的特点，突出特色，发挥和挖掘本地的资源优势、产业优势，培育以本地主导产业和特色产业为基础的专业特色展、名牌展，依托城市产业特色培育有地区特色的品牌展会。

6.3 会展产业结构的影响因素

6.3.1 会展产业发展的影响因素

从会展业发展的生产要素来看，人力、资本资源是影响其发展和产生的重要原因；从会展业的发展动力来看，会展业的发展要有相应的需求，经济发展水平、居民消费水平及对外贸易水平都会产生对会展业的需求；从会展业与相关产业的关系来看，会展业是一个关联度相当高的产业，相关产业的支持会影响会展业的发展水平；从会展业的微观主体——会展企业来看，会展企业的竞争是提升地区会展业发展水平的重要动因。除此之外，机会和政府这两个因素也会对会展业的发展产生影响。

1）生产要素对会展业发展的影响

现代西方经济学认为生产要素包括劳动力、土地、资本、企业家4种，随着科技的发展和知识产权制度的建立,技术、信息也作为相对独立的要素投入生产。这些生产要素进行市场交换,形成各种各样的生产要素价格及体系。生产要素具体来讲,包括人力资源、天然资源、知识资源、资本资源和基础设施。下面主要从对会展业影响较大的人力资源及资本资源进行分析。

(1)会展业的快速发展需要专业性人才进行支撑

会展业是一个新兴的行业,它的发展需要高素质、高水平的专业性人才作为支撑。随着会展业的迅猛发展,近年来会展人力需求旺盛与人才供给不足的矛盾日益突出,已引起了业内外人士的重视,成为摆在会展业面前的一个亟待解决的课题。在会展行业内部纷纷举办各种培训班的同时,全国各地的一些高等院校和职业技术学院办起了形形色色的会展管理专业、会展经济系,以满足会展业不断增长的人才需求。

(2)会展业的快速发展需要足够丰富的资本资源

资本资源是一个经济体为了生产其他的物品而生产出来的耐用品。资本资源包括机器、道路、计算机、铁锤、卡车、铁厂、汽车、洗衣机和建筑物等。

会展业作为一个新兴的服务行业,其发展也需要有丰富的资本资源进行支撑。城市的交通状况及会展场馆是会展业发展必需的资本资源,这些资本资源建设优劣对于城市会展业的发展具有重要的影响,也是各地政府非常关注的问题。城市交通即城市道路系统关系到公众出行和客货输送。城市交通条件的优劣直接映射出城市的会展业发展水平,交通条件好,会展业发展水平就高;反之,会展业发展水平就低。会展活动在运营过程中需要良好的交通作为支撑,从前期的展品运输,到后期的人流聚集,都离不开城市交通。从促进会展业的角度出发,各地政府也非常重视城市交通(包括航空、铁路、地铁、公交、高架等)的建设。这些交通条件建设得越成熟,对于城市会展业的发展就越有利。可以说,城市良好的交通运输条件是会展活动成功运行的先决条件。

会展场馆对城市会展业的发展具有重要的影响,一个城市如果没有比较大型的会展场馆,大型的、国际化的会展活动便无法在该城市举办。因此,想要发展城市会展业,必须建成大型的、国际化的会展场馆。

2)会展业发展受其需求条件的影响

市场需求是一个产业发展的动力,就会展业而言,通常认为影响地区会展业需求的因素主要有经济发展水平、市场需求、对外贸易水平及科技文化发展水平等。

(1)经济发展水平决定会展业的发展

经济发展水平是指一个国家经济发展的规模、速度和所达到的水准。反映一个国家经济发展水平的常用指标有国民生产总值、国民收入、人均国民收入、经济发展速度、经济增长速度等。

会展业的发展需要依托产业发展,产业发展状况可以通过经济发展水平进行体现。近年来,我国会展业发展迅速,产业规模不断扩大,经济效益逐年攀升,这都是在我国经济发展状况良好的情况下发生的。地区经济发展水平也直接决定着当地会展业发展水平。

（2）城市产业发展为会展业发展提供基础和动力

会展业对城市及周边的产业依赖性非常强，它必须以相关产业发展作为基础，并对产业产品进行集中的展示。特别是专业性展会，完全依赖于相关产业群、产业链和产业体系的支撑，如果没有产业的发展作基石，要运作专业性会展几乎是不可能的。

城市会展的市场需求是大量的企业，特别是中小企业。城市或周边地区的产业规模和经济发展水平往往是会展市场发展的首要因素。一般来说，大量生产企业和商业机构聚集于城市及其周边地区，形成完善的产业链和商品供应链，为了使商品交易的各方能够交流和共享市场信息资源，降低交易成本，获得尽可能多的收益，就必然会在一些产业较为发达的城市特别是区域性的中心城市，提出对会展市场的需求，催生会展业的发展并促使其走向繁荣。

3）会展业发展需要相关产业的支持

会展业的健康发展需要相关产业的支持，会展业的关联产业主要包括旅游业、住宿和餐饮业、交通运输业、广告业等行业。一方面，会展业的发展离不开相关产业的支持；另一方面，会展业发展可以带动相关产业的发展。因此，相关产业的发展会阻碍或促进会展业的发展。

（1）会展业与旅游业关系密切，互动发展

首先，会展业对旅游业有促进作用。会展举办地可以发展成为旅游目的地。从国内外的会展发展历程来看，高知名度的国际性会展能够大大提升目的地形象，增强知名度，使会展举办地吸引众多人群的注意力，发展成为旅游胜地。如海南博鳌，原本是一个名不见经传的小渔村，由于博鳌亚洲论坛召开，迅速成为举世闻名的旅游胜地。其次，旅游业为会展业提供了坚实的基础和保障。旅游业较发达的城市常常成为会展的举办地。会展的举办或会议的召开，一般会选择旅游业较发达的旅游目的地。

（2）会展业对城市餐饮、住宿业依赖性强

会展活动是人流的大量聚集，很多的参展商和客商均来自外地，吃、住问题是外地参展商及客商参展之前考虑的重要问题。因此，很多会展场馆在选址和规划的过程中，都会考虑周边餐饮、住宿的情况。餐饮、住宿资源的状况也直接反映城市会展服务的整体水平。同时，会展业为城市餐饮、住宿业带来的收益非常突出。会展活动期间，大量的参展商和参展观众的涌入对举办城市的餐饮、住宿行业形成巨大的需求，为这些行业的发展创造了机遇。在美国，其饭店客人的33.8%均来自国际会议及奖励旅游；在中国香港，酒店房间供应也同步增长。截至2016年1月，中国香港共有254家酒店，可提供74 290个不同级别的房间。酒店和房间数目分别较2009年增加52%及25%。2016—2017财政年度，中国香港计划新增3块酒店用地，约将增加2 100个房间。

4）企业竞争对会展业的影响

企业竞争即市场竞争，在市场经济条件下，企业从各自的利益出发，为取得较好的产销条件、获得更多的市场资源而竞争。通过竞争,实现企业的优胜劣汰,进而实现生产要素的优化配置。会展企业是会展产品及服务的主要提供者,是会展业的微观主体,会展企业的发展规模和竞争状况直接影响着会展业的发展水平。企业竞争越激烈就越会刺激会展企业提高其服务水平,完善其管理,从而推动会展业的整体发展。

2013年《会展经济蓝皮书》指出,随着中国会展业逐步迈向规范化和国际化,会展企业的竞争日趋激烈,两极分化初见端倪,主要表现在以下方面:一是不少品牌展会面临被"山寨展会"傍展的困扰。比如,享有"亚洲第一美容展"美名的第32届广州国际美博会在中国进出口商品交易会琶洲展馆举办,然而200多家并无参展资格的化妆品企业就在离会展中心很近的香格里拉大酒店办起"小展馆",实行全天24小时交易。这种现象值得深思和研究。二是由于缺乏有效的宏观调控和行业自律,多次出现举办主题雷同的展会现象。比如,在短短不到两周的时间内,第十二届东莞国际模具及金属加工展暨东莞国际橡塑胶、包装、压铸及铸造展和2010中国(东莞)国际塑料橡胶工业展览会以及中国(长安)国际机械五金模具展览会等3个类似的展会竞相在厚街、长安等地举办。如此众多相似行业的展会几乎同时进行,精力有限的参展商和参观者普遍感觉疲于奔命。

展会竞争是有效市场的特征之一,同类展会只要按照会展经济规律,有序竞争、优胜劣汰,就对会展经济的健康发展有利。如何发挥展会专业化特色,提高专业化服务水平,是展会组织者和活动策划者思考的大问题。

5)政府对会展业发展的影响

政府是会展经济的一个关键因素,在会展的经营和管理过程中发挥着重要作用。在发达国家,政府对会展业提供必要的支持,同时也给会展业一定的发展空间,如场馆建设投入、组织企业出国参展等,但政府不直接参与会展业的组织和管理。

会展业的运营需要大量资源的投入,政府可以从宏观调控的角度合理调配资源,缓解企业的压力。政府的投入主要分为政策投入和经济投入,政策投入主要是在税收、土地以及招商引资等方面对会展业给予优惠政策,扩大会展业市场的吸引力;经济投入主要指大型会展场馆的建设投资、土地投入等。在会展业发达的国家,几乎所有的展馆都是由政府投资建造的,政府能够节约社会资源,协调会展业的竞争。政府的出资往往以政府股份和政府委托企业的股份参与到场馆的建设中,目的在于减轻投资商的投资压力。在德国,两个大型的展览中心——汉诺威展览中心和法兰克福展览中心,政府都注资并占有大量股份,其中的法兰克福展览中心政府所占股份高达60%。值得注意的是,政府虽然对展览中心拥有所有权,却不干预它的经营,会展的经营工作都由会展公司负责。

政府还对会展业的国际化进程起到锦上添花的作用。发达国家的政府经常为企业提供出国参展的经费支持,或间接组织本国企业出国参展,以此促进本国企业的发展。在德国,联邦政府每年通过特定的组织或机构,包括联邦经济科技部、联邦食品、农业与林业部等部门组织本国企业赴外参加展览会达180~200个,参展企业达4 500多家。这种支持既帮助部分企业或会展公司解决了出国办展财力不足的困难,又减少了由于分散参展造成的资源浪费,更对会展业的国际化发展起到了积极的促进作用。

6.3.2　会展产业结构的影响因素

会展产业结构的形成尽管短期内会受到外来因素的干扰,但最终决定因素还是其内在驱动因素。这些因素主要包括以下几方面。

1)多要素集聚的指向性

会展产业结构的形成和发展过程,就是要素向以会展产业为中心的产业群不断积聚和重新配置的过程。如果会展产业内部要素的收益高于会展产业外部,则要素向会展产业集聚以获得较高收益,如果会展产业内部要素的收益低于外部,则要素从会展内部向外部流动。因此,会展产业形成和发展过程,就是一个要素不断向会展经济集聚的过程。反之,如果多要素集聚的方向改变,则必然会引起会展产业走向衰落。设要素 F_i 在会展经济内部与外部的收益水平分别为 R_a、R_b,则当 $R_a > R_b$ 时,F_i 集聚指向会展经济;当 $R_a < R_b$ 时,F_i 集聚指向会展产业外部;当 $R_a = R_b$ 时,F_i 处于相对稳定状态,如图 6-2 所示。

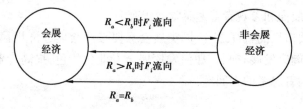

图 6-2　要素集聚的指向性

因此,在会展产业运行过程中,多要素集聚指向性是市场经济发展的要求。如果非市场力量过度干预,则必然引起要素集聚指向性混乱和无序,不利于会展产业发展。

2)多产业融合规模经济效应

会展不能脱离其他产业而独立存在。会展融合的产业类型越多,规模越大,则说明会展产业的整体产出水平越高,竞争力越强,抗风险能力也越强。

会展运行中的多产业融合,有利于形成规模经济效益,降低会展活动中的交易费用和生产经营成本。然而,并不是融合的产业越多越好,关键在于能否达到最佳规模经济效益。如果产业融合能带来整体交易费用和生产经营成本的持续下降,则有进一步扩大产业融合范围的可能,但是有一定限度,超过这个限度,交易费用和生产经营费用不仅不会下降,还有可能上升,走向规模经济效益的反面。设以 Y(代表成本)为竖轴,X(代表产业融合规模)为横轴,可用图 6-3 表示如下。

因此,会展经济产业融合规模有一定的限度,在图 6-3 中的 X_o 处达到最佳。会展涉及较为广阔的产业领域,但并不是越广越好,总有一定的限度,成为最佳产业融合规模效益点。

3)区域依托和空间扩展

会展产业具有区域依托性,它不可能离开特定的区域、空间而独立存在。因为会展活动

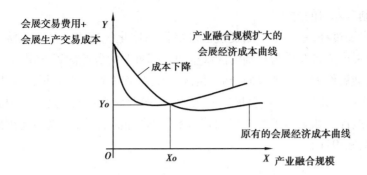

图 6-3　会展产业融合规模与(交易费用+成本)之间的关系

必须以一定的地理位置为依托,受区域经济发展的影响。同时,它具有空间扩张性。

区域和空间属同一概念,但区域偏重于广度和范围,而空间偏重于容量和丰度。会展的空间扩展性是指在会展产业的形成和发展过程中总是由一个区域向另一个区域,由微观区域向中观区域、宏观区域、跨国区域曼延,由分散空间向集中空间发展。会展的这种空间扩展性与其内在要素集中性、大范围配置功能密切相关。

会展的空间扩张,可分为两个不同方面:一是会展产业量的空间扩张,即规模经济的扩张。规模经济是指劳动者、劳动工具和劳动对象在各种经济实体中的数量集中程度,具体表现为要素集中度的提高和要素来源广阔。二是会展产业质的空间扩张,即会展与其他经济实体之间经营联系和比例关系所构成的规模结构的完善和提升,具体表现为经济效益和效率的提高。

会展经济空间扩张性可以用图 6-4 加以说明。

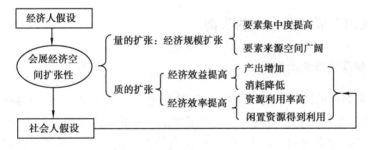

图 6-4　会展产业空间扩张性

会展产业空间扩张性是会展运行过程中的重要特征,也是人们进行会展运行的重要依据。不了解这一特点,就难以理解会展产业的开放性与综合性。会展产业空间扩张性主要包括以下几个方面的内容。

①会展发展过程中总是存在着吸纳更多要素,不断提高要素集中度的内在动因。造成这一现象的真正原因在于追求最大化的市场利润和要素配置效率。

②会展产业以提高经济效益和经济效率为主要运行目标。经济效益改善和经济效率提高,能改善整个经济体系的运行质量,形成效益改进与效率提高的空间传递与扩散。

③会展是一个开放的经济系统,存在于任何区域空间的资源、要素都有进入该系统的机会,但必须消除要素流入会展经济体系的各种障碍。会展的发展过程,是一个不断消除要素

流入制度与非制度障碍的过程。

④会展的发展过程,是一个不断促进区域经济一体化的过程。区域经济一体化程度的加深,预示着会展产业将在更为广阔的区域空间发挥重要的资源配置作用。

总而言之,会展作为一种新兴的产业,是区域经济、产业经济在发展过程中相互融合、相互补充的必然产物。如果不了解会展的多要素、多产业融合特性,就不能理解会展的综合性、多元性与适应性。如果不了解会展的跨区域、多产业融合特性,就不能理解会展管理的复杂性与决策的知识性。

6.4　会展产业结构优化

会展产业是现代经济发展中的一个新兴产业,被看作经济领域中一个对外开放的窗口以及经济发展的"助推器"。目前我国的会展业发展迅速,很多城市都把会展业作为带动当地经济发展的重点产业来扶持。然而,在繁荣表象的背后,有很多不容忽视的弊端限制了会展业的健康有序发展,尤其是在产业布局上存在严重的失衡。现代会展业的发展布局对空间具有很强的选择性,不是任何地方都可以同步发展现代会展产业,而且不同地域其特定的资源和各种软硬环境所适应的会展活动的规模和类型也有所区别,只有当会展业对会展城市的特殊要求与特定空间所提供的软硬环境相协调时,其会展布局才能达到最理想的状态。

6.4.1　我国会展产业布局的失衡

1)区域布局及收益结构失衡

目前国内会展业的区域布局失衡突出表现在两个方面:一是区域会展业发展水平不平衡,各省市的会展业发展水平差距明显。很多城市不能客观注重自身的区位、资源条件及市场环境,不能达到"重点突出、合理分散",综合竞争力不强。二是国家对会展场馆建设的控制力度不够。因为缺乏科学的总体规划,尽管每年对会展场馆的投资额巨大,会展场馆数量也迅速增加,但仍不能满足会展市场的需求,从而使会展业发展陷入了"规模不经济"的怪圈。在空间布局上表现出"天女散花"的特点,不能充分利用地域资源优势、突出地方特色。另外,绝大部分会展活动在举办之初没有与旅游等相关行业结合起来,在整体促销、配套服务等方面存在脱节问题,引起会展活动收益结构的不平衡。

2)展馆规模结构失衡

展馆是会展活动的物质载体,在会展产业链中具有举足轻重的地位。由于会展经济的辐射与带动作用,近年来各地政府投资兴建了大量的会展中心。但在规划与建设中由于空间布局和档次结构不合理,场馆的规模相对于当地会展水平而言存在严重失衡。据统计,到 2015 年年底,上海市可供展览的总面积已超过 100 万平方米,成为世界上展览面积最大的城市。由于会展业的发展需要以所在地区经济发展为依托,展览中心是否要建,建多大规模,应完全取决于当地的产业结构、资源优势和区位特点。如果不考虑当地和周边城市展览市场的需求,盲目地兴建场馆,会造成政府大量固定资产投资的搁置与浪费。在目前全国大部分展览中心展馆使用率不足 30% 的情况下,未来展览中心供过于求的状况不难想象。

3)结构失衡的原因

由于我国展览业起步较晚,开放程度不高,会展理论和实践又很薄弱,致使对展馆的建设和规划缺乏科学的认知而导致盲目性。造成结构失衡的原因主要有以下几方面:

①缺乏市场调研和准确的规模定位。按照市场需求理论,展馆的建设规模,应取决于当地经济发展的需要及其地理位置,需要进行认真的市场调研和科学论证。而一些城市在建展览中心时,仓促上阵,不考虑当地和周边城市会展市场的需求,规划制定带有很大的盲目性。最终的结果,要么规模过大,展馆空置率很高;要么规模过小,无法承担大型会议或展览,造成国家资金和土地资源的极大浪费。

②展馆建设具有一定公益性,需要大量资金投入,且回收周期长、投资风险大。由于会展业对城市和区域经济强劲的拉动效应,我国的会展展馆基本由政府投资兴建,展馆建设和资源配置的缺失,致使一些地方在展馆规划建设方面投入大量国有资本而不能提供有效供给。而会展市场的供求均衡是会展业发展的核心和灵魂及运行主体,没有市场结构的供求均衡及优化就不存在会展业的健康发展。

6.4.2　会展产业布局的优化构建

1)会展业布局的指导思想——区位论

最早在经济学领域里建立区位论的是德国古典经济学家杜能(J.H.von Thünen)和韦伯(A.Weber)。其后,法国经济学家佩鲁(F.Perroux)提出以"后起国"为出发点的产业布局理论。区位论布局思想中对会展业布局有指导意义的是成本最低和中心地选择思想。

(1)成本最低布局思想

成本最低布局思想是传统企业布局的基本原则,其核心是追求企业的最低成本。这一最佳区位通过运输距离、劳动力费用、原材料、生产成本比重和运费之间的聚合得出,在研究中摒弃了社会、经济、环境等对产业布局的影响。该思想也是今天产业布局的指导思想之一,后经过艾萨德(W.Isard)、博芬特尔(E.V.Boventer)等人的补充日趋完善。

(2)中心地选择及发展思想

以廖什和克里斯泰勒为代表的中心地学说是现代区域城镇体系建立和完善的重要基础理论,也是产业带内各中心相互联系与合作的理论前提。这一思想以城市和市场为研究对象,提出"需求门槛"和"服务范围"概念,对中心性商品与服务依其特性划分等级,以此为根据将城镇划分为若干层次,各种层次不同的城镇组合成一定的等级体系。这一思想对会展产业发展布局具有重要的借鉴意义。

2) 会展业布局的选择标准

由于不同规模和等级的会展中心的组织功能不同,其布局的选择主要是依从行政区划,对于地区级以上会展业布局的选择分为两个层次,一是宏观区位选择,即哪些城市适宜建造哪个级别的会展中心;二是微观区位选择,即在既定的会展中心城市内,会展中心区位选择的标准。

(1)会展业的宏观布局特点

对于特大型的会展中心而言,客源来源广泛,产品交易规模大,会展类型丰富,拥有强大的人流、物流、信息流以及资金流。因此特大型会展中心所在的城市应具备较强的依托条件、完善的交通和通信等会展载体,满足程度越高,该地区发展会展业的潜力就越大。而对于小规模的会展来说,由于客源范围及产品交易规模较小,会展类型单一,区位选择限制条件相对较少,只要可达性好,物流通畅,具备一定的餐饮与娱乐设施,就可以满足小规模会展的要求。

(2)会展中心微观布局特点

会展中心微观区位特点是指会展中心在城市内的分布及空间特点。发达国家的会展中心一般拥有独立的建筑用地,在城市区划中占有独立的功能区,围绕会展中心有配套的酒店、旅行社、写字楼、国际商务信息传播中心、银行、商业服务等设施,以满足参展商及观众的商务及生活需要。

(3)会展的空间竞争作用

依据德国经济学家杜能的区位理论可知,由于会展中心的等级性、专业性及其对经济发展的依赖性,使得会展业发达的城市对相邻次一级城市会展业有抑制作用。如北京作为国际级会展中心对天津、石家庄等其他城市会展业有一定抑制作用。在发达会展城市的抑制作用下,受抑制的会展城市会围绕中心城市形成会展中心城市"杜能环",以核心会展城市为圆心向外,会展的级别越来越低、规模越来越小。

3) 影响会展产业布局的新因素

(1)传统因素的影响力下降

自然条件和资源等自然因素曾经是影响会展产业布局最重要的外部因素之一,也曾经影响甚至很大程度上决定了我国区域发展和会展业的基本格局。但是,随着生产力和信息技术的发展,自然因素对产业布局的影响正在逐步弱化。从国际经验来看,资源作为影响产业布局的因素已经在很大程度上改变。经济全球化、技术以及先进的管理和服务理念已经成为影响会展业布局的重要因素。

(2)信息化发展促使我国不同地区会展业发展的差距加大

随着信息产业的发展,信息技术已经成为国家(地区)经济实力的象征。信息资源比较优势在会展业发展中的地位越来越重要,会展企业信息处理效率成为其参与竞争的基础和条件,信息基础设施的发达程度和信息产业的规模比重极大地影响了会展业在地区经济中的竞争实力和竞争地位。这种情况也使欠发达城市或地区原来具有的自然资源和廉价劳动力的比较优势减弱,而发达城市或地区几乎控制和垄断着信息资源。因此,随着信息资源重要性日益增强,发达城市和欠发达城市之间,信息化的差异会对会展业的发展布局产生很大影响。

(3)科学技术和创新能力成为极其重要的发展因素

随着会展产业的日益全球化,会展技术成为影响会展布局的关键因素。将技术的开发和更新与会展产业的发展目标及地区发展目标结合起来,将会展技术的发展纳入产业发展和地区发展的大框架下,并在此基础上形成一种互为因果、相互促进的良性关系。

会展业的发展布局与一个城市的区位优势、开放程度、市场化规模、基础设施建设以及服务贸易发达程度等因素密切相关。在我国,正是由于各城市和地区的地理位置、开放程度等存在很大差异,形成了多层次、多方位的会展产业布局。

4)会展产业空间布局的指向

所谓产业布局的区位指向是经济活动在选择区位时所表现出的尽量趋近于特定区位的取向。从韦伯的区位集聚论,到熊彼特的创新产业集聚论,到胡佛产业集聚最佳规模论,再到迈克尔·波特提出了"产业群"概念,可以看出,产业集聚实际上就是一种空间布局。在布局过程中,各产业都会受到不同因素的影响从而做出不同的选择,在选择过程中各产业部门都有向能满足它主要要求的地区接近或靠近的倾向,反映在布局因素上这些倾向就是影响布局的最主要、最关键的因素。

产业布局指向可归纳为资源指向、原料指向、消费市场指向、劳动力指向、高科技指向、交通枢纽指向、无指向产业等几大类。现在很难从生产要素集约的角度来划分会展产业到底属于劳动密集型产业、资本密集型产业还是技术密集型产业,由于会展产业的特殊性和先进技术的广泛应用,也不能笼统地说会展产业布局属于劳动力指向、高科技指向、交通枢纽指向或是其他方面的布局指向。从上文中可以知道,影响会展产业布局的因素很多,而且这些因素中社会因素和经济因素占有至关重要的位置,经过分析比较后认为现代会展产业在布局过程中的指向性主要集中体现在产业指向、行政指向和需求指向这3个方面。

(1)产业指向

会展最初是作为工业生产的附庸而出现的,即便在作为独立产业登上历史舞台的今天,会展的本质也只是一种营销手段,其目的还是促进举办会展的相关产业行业能够更好地实现产品服务的宣传和信息技术交流。会展产业虽然对于一般的布局指向不太明显,但其本身的这样一个本质就说明,布局具有较强的产业指向,即会展活动和产业的布局大多有向某产业发展成熟的地区靠近的倾向。虽然产业的发展和一个地区的经济发展密不可分,但经济发达只是会展产业布局选择的前提条件,而真正在布局过程中起指向作用的是产业。

产业体系的成熟和良好发展既为会展产业创造有效供给，又带来了有效需求。世界各国会展产业发展过程中，其布局体现产业指向的情况随处可见，德国的会展业布局就是最典型的例子。众所周知，德国有着许多国际著名的会展城市，如汉诺威、科隆、法兰克福、柏林、慕尼黑、杜塞尔多夫、莱比锡等，其中杜塞尔多夫、埃森和科隆地处德国"工业心脏"——鲁尔工业区，其会展业发展明显以工业发展为依托，杜塞尔多夫的国际熟料、橡胶展览会、国际包装机械展览会和科隆的国际五金工具展览会都跻身欧洲20大专业贸易博览会；汉诺威以工业博览会著称；旅游城市纽伦堡的玩具展享誉海内外。实际上，我国现阶段会展城市布局中也体现了产业指向的特征，深圳"高交会"品牌的影响和高科技展会的聚集很大程度上与当地高科技产业的发展密不可分。

（2）行政指向

政治因素在实际生活中左右着会展业的布局。如果将指向中的倾向进一步细分的话，那么这里所说的行政指向就应该包括主动靠近和被动接受引导两层含义，而行政指向发挥效力时，这两方面的因素一般都起作用，但政府的引导作用更为突出。

一国的经济管理体制、国内外政治环境等方面在短期内是很难改变的，因此行政指向性集中体现在国家、地区的相关发展规划和产业政策上。首先，任何国家或地区都有其产业发展的规划，涉及产业发展重点、布局、结构调整各个方面，这样的产业规划必将引导会展产业按照既定的规划实现布局。其次，会展产业可以为城市带来显著的经济效益，本身具有巨大的诱惑力，因此出于经济利益的驱动，当地政府往往利用大量优惠政策招徕会展企业，在本地大力推动会展经济发展，以优惠政策吸引产业布局和集聚，实现会展产业的主动靠近。最后，对于某些经济发达的地区而言，会展不但是产品和服务的营销工具，而且是树立和宣传地区形象、国家形象，提升知名度的良好契机，如今世界各国都在用各种方式申办奥运会、世博会这样的大型会展活动就说明：国家和地区的行政力量在诸如此类的会展活动中起至关重要的作用。

（3）需求指向

需求是市场因素中的重要组成部分，尽管会展产业提供的产品有很强的特殊性，但其良好的市场需求在其布局和发展过程中还是起到了决定作用。发达的经济基础，如便利的交通、优美的环境、先进的场馆等虽然是会展业布局、会展活动选址的必要条件，但绝非充分条件，只有在经济基础和市场需求同时达到要求时才有可能实现会展业的最终布局。因此，对于经济发展水平相当的地区来说，良好的需求具有明显的指向性。德国、美国、日本均是经济发达国家，但德国、美国因其经济发达，具有巨大的本土市场及重视会展等因素，是名副其实的会展业发达国家。而日本由于政府不重视，对会展业发展限制较多，同时本土企业也并不青睐于会展这种产品营销方式，使得市场需求明显不足，从而影响到整个产业发展。

5）会展产业空间布局呈现的规律

会展产业空间布局既包括具体会展活动和微观会展主体的区位选择，又包括会展产业在整个区域经济发展过程中的空间布局,而且上述布局影响因素和布局指向实际上也是同时作用于微观会展活动、会展经济主体和宏观会展产业。因此,在分析会展业空间布局规律时将从会展基础设施、会展活动、会展产业 3 个不同的层次加以论述。

(1)会展基础设施空间布局的规律

场馆等会展相关基础设施具有投资大、周期长的特点,无论是国外还是国内,运作这样的大型项目政府都发挥着主要作用,或是政府单独出资,或是政府和民间机构共同出资,在建成运营过程中各国的模式也多种多样。这种情况下具体场馆在区域或城区的选址布局很大程度上要受到政府规划和地区经济水平的影响,场馆的位置、占地面积、场馆规模等方面一要受到地质条件限制,二要受到地区空间因素的限制,三要受到政府规划中总体定位的限制。而且在实际发展过程中,会展行业对会展场馆设施的建设布局一般都有一些标准,因此在政府规划和行业标准的共同作用下,会展基础设施的空间布局呈现出影响因素相对单一和标准的特点及规律。

(2)现代会展活动空间布局的规律

有了会展场馆,会展活动的开展可谓水到渠成,但无论是单个的会展活动还是参与会展活动的企业,都是以微观经济主体的身份参与会展经济并获得经济效益的,所以在这个过程中,某一具体会展活动如何选址,会展企业又如何根据市场情况实现选址和聚集实际上大部分决定于某一地区能带来多少价值,此时市场的发展状况、需求、价格、产业体系等就显得至关重要。同时会展经济属于事件经济,会展活动具有流动性、柔性、暂时性等特点,要想吸引流动性的会展活动,良好的基础设施、便利的交通条件、优惠的发展政策等都有可能成为出奇制胜的法宝,所以说现代会展活动的空间布局呈现出影响因素众多、作用机制复杂的特点和规律。

(3)会展产业空间布局的规律

现代会展产业的发展过程中,一定是有了会展活动的载体——场馆之后才有可能开展各项展览会议,有了会展活动的开展才出现了相关企业的聚集,有了大批企业集聚,才有可能促进规模经济的实现,从而推动整个行业和产业的发展、调整、再发展,而后又会促进会展设施的进一步完善,如此循环最终实现空间布局的不断优化和提升,实现从动态到静态的转变,如图 6-5 所示。实际上其布局是在多种因素的影响下,在微观场馆设施和会展活动及企业的布局基础之上而实现的,这个过程呈现的规律也是上两者规律与行政因素共同作用的结果。

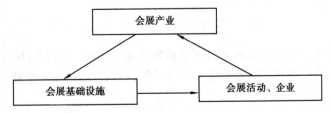

图 6-5　会展产业,会展基础设施,会展活动、企业三者之间的关系

6）不平衡发展模式的构建

产业不平衡发展战略是基于平衡是有条件的、相对的和暂时的,而地区之间经济发展的不平衡是客观的、绝对的和永恒的。任何一个国家都会有相对富裕的地区,这些地区会比其他地区发展得更快。不平衡发展模式即基于此,主张将有限的资源有选择性地集中配置在某些地域资源丰富的地区使之得到发展,然后通过投资的诱导机制和地区间的联系效应与驱动效应,带动其他部门和地区的发展。长期的实践经验表明,通过不平衡发展可以最终达到平衡发展的目的,在不平衡发展模式中,平衡的力度会发生以下作用:

（1）要素的流动均衡

在市场经济条件下,资金、劳动力及技术等生产要素的自由流动将导致整个会展区域发展趋于平衡。如果不均衡,资金和劳动力必然会发生流动,使供应和需求达到新的平衡。

（2）经济扩散推动地区平衡

在经济增长过程中同时存在聚集与扩散两种作用,会展业向发达地区聚集,促进了发达地区的经济增长。但当达到一定限度后又必然使会展经济由点到面扩散,由少数发达地区向多数相对落后的不发达地区扩散,使地区差距缩小。

（3）区域开发过程的交替促进地区平衡

随着经济的发展,不发达地区劳动力迁移的选择性会逐渐消失,发达地区投资回报率下降又会使资金回流到不发达地区,乘数效应也会逐渐涉及不发达地区。

一般而言,经济是需要平衡、协调发展的。从长期看,经济的协调和全面均衡发展应作为一个目标,而不平衡发展则是实现会展业最终全面发展的一种经济手段。

6.4.3　会展产业发展布局的模式创新

1）会展中心城市的选择

会展产业布局的优化创新,可以通过选取主要的会展中心城市来大致确立全国会展业的总体布局。因此,会展中心城市的选取成为关键。借用城镇体系规划的相关技术,引入城市会展业发展潜力综合评价指标体系（见表6-1）,并提出了相应的数学模型。

城市会展业发展潜力综合评价值计算公式为:

$$D_i = \sum_{i=1}^{m} W_j S_{ij} (i = 1, 2, 3, \cdots, n) \tag{6-1}$$

式中,i表示第i个城市;j表示城市评价指标体系中的第j个因子;D_i表示第i个城市的会展业发展潜力综合评价值;W_j表示第j个因子的权重;S_{ij}表示第i个城市中第j个因子的标准值。

表 6-1　城市会展业发展潜力综合评价指标体系

类　别	指　标	参考权重	类　别	指　标	参考权重
A_1	经济发展水平	1.8	B_1	国内生产总值	0.7
			B_2	工业生产总值	0.7
			B_3	财政总收入	0.4
A_2	贸易发展水平	1.2	B_4	社会商品零售额	1.2
A_3	会展场馆设施	2.5	B_5	集贸市场成交额	1.5
A_4	社会事业发展水平	1.3	B_6	展览总面积	0.3
			B_7	场馆集中度	1.0
A_5	区域交通条件	1.2	B_8	现代化程度	0.5
		1.0	B_9	科技水平	0.7
A_6	地理区位条件	1.0	B_{10}	专业人才	1.0
A_7	旅游业接待能力	1.0	B_{11}	酒店收入	0.4
			B_{12}	旅游收入	0.6

　　根据上述发展潜力综合评价指标体系所涉及的因子以及相应的权重,通过数学模型计算得出综合评价值,以这个综合评价值作为会展中心城市决策的参考与借鉴。当然,通过评价指标体系和数学模型计算得出的结果只能作为会展布局选择的一个重要参考指标,而不是决定因素。一个城市能不能作为会展中心城市来发展还取决于其他诸多因素的融合,如城市发展的长远规划、城市物流的专业化程度等。

2）会展中心城市的战略定位

　　我国城市会展产业发展布局的定位在于加快产业结构的调整,使具有举办全国性乃至国际性展会优势的城市,担负起会展支柱城市的使命;其他城市中具有举办面向省、市乃至周边一定区域会展能力和影响的城市,承担起区域性展览任务;不能成为区域性会展城市的,应逐步转向,淡出会展市场,从而逐步形成有序竞争、各具特色、互为补充、协调发展的格局。

　　由此就为各地会展业的发展提供了两种选择:要么成为全国性的会展中心城市或区域性的会展中心城市,要么逐渐淡出。洞察中国会展业发展格局和趋势,认清本地的优劣势和可能性,准确地进行定位,并调整自己的发展战略,是发展会展业所必须关注的问题。全国性会展中心的城市应重点开辟和拓展有助于促进经济高速发展和产业升级的大规模、国际性的交易会和博览会,突出产业权威性,不与中小型会展城市争夺资源。区域性会展中心城市则应把自己的工作重心放在为区域特色经济服务和为消费者服务上,应在专业性和市场细分上下功夫,利用自然资源优势,办好区域性专业展会。

3)会展场馆规模结构优化

这里的场馆规模结构是针对单个城市而言的,因为在总体布局合理的前提下,只要各会展城市的场馆规模结构优化了,全国会展业的场馆规模结构自然就有了竞争力。

（1）与城市经济规模相结合

会展业的发展以举办地的经济基础、经济存量为前提,会展场馆过多或过少均不利于会展业的发展。在会展业的布局上,各会展城市要从实际情况出发,因地制宜,在市场调查和预测的基础上,合理规划场馆的布局,不能一哄而起,搞形式主义,否则会造成社会资源的大量浪费。

（2）与市场需求总量相结合

会展场馆建设应以市场需求为导向,不能盲目地求大求全,必须遵循经济规律。在场馆建设方面,是市场规律决定场馆,而非场馆创造市场。一个交通条件落后的城市即使建有全国最大规模甚至最现代化的展馆,也不能吸引以追求商机为主要目的的参展商。

通过分析会展业的布局失衡,指出优化会展产业布局可以促进会展产业的持续发展,文中提出的不平衡会展发展模式,经过国内一系列城市的验证,得出该模式是能够有效促进会展产业布局最终均衡的一种有效手段。无论未来我国城市会展业发展呈现何种格局和趋势,在发展会展业时要使整体经济与产业布局相适应,在选择重点会展城市的同时跨区域、多方位扩展。

案例分析:小中见大的"华夏第一市"

义乌人自古就重商业、善经营,民间素有"肩挑货郎担,手摇拨浪鼓,走村串巷,用鸡毛换糖以博微利"的经商传统,并历经数百年而不衰。改革开放的春风,激活了义乌人的经商传统,激发了义乌人的创业热情。他们重操旧业,以小商品为产业来发展经济并渐具规模。初有成效的小商品产业其最终目的是让更多的人来到义乌,让更多的国际性财团来了解并熟悉中国的小商品市场,并借此机缘使义乌小商品"走出去"。从1995年起,义乌市政府开始举办每年一届的中国小商品博览会。2005年10月国际商贸城二期全面开业,义乌市场总面积达到了260万平方米,营业铺位达5.8万个,市场内展销的商品包容43个行业、1 900个大类、32万种小商品,国内10万个总经销构成了庞大的卖家群体,商品辐射206个国家和地区,市场外向销售达55%以上。义乌用32万种小商品、年成交额近400亿元的力度打造了一个"世界超市",成为"小商品的海洋,购物者的天堂"。从这个意义上讲,义乌小商品博览会拥有全国会展业的4个之最:面积最大、展品最多、交易时间最长、人气最旺,是当之无愧

的"华夏第一市"。那么,一个小小的县级城市的博览会,为什么会有如此大的影响力?究其原因主要有以下几点:

1)能小中见大的优势

小商品大市场是义乌小商品城发展的特色。在义乌人的眼中,商品再小,集聚多了,自然就能成为大市场。一粒纽扣、一条领带、一双袜子、一个打火机,剥去各种成本,经营者所能获得的利润只有微乎其微的几分钱。许多人往往瞧不起这低微的利润,但独具慧眼的义乌人却能从这些小商品中发现大商机,经过持久不懈的努力,把七零八碎的毫不起眼的小商品,发展成了在国内外市场具有很强辐射力的大产业。这样义乌人不但发展了他们的优势产业,而且逐步构筑起了"小商品、大产业,小企业、大集群"的工业产业发展格局,形成了与市场联系紧密、独具特色的小商品块状经济。

2)性价比优势和物流便捷的优势

义乌人的中国小商品城有一个明显的优势就是小商品的价廉物美、流通便捷。在义乌参加"义博会"的企业,99%都是制造商。因此,义博会的采购都是源头采购,成本低廉,差价很大,获利极高,这对买家具有很大的吸引力,对境外客商也具有极强的诱惑力。另外,义乌拥有自己的民航机场和浙赣线上二等大站的火车站,这使得义乌的物流业非常发达。据统计,义乌每天出口的商品达800个集装箱,每年40万个集装箱把30多万种商品运往212个国家和地区。这是义乌小商品城能够抓住客户的"秘诀"。

3)商品门类齐全而专业性强的优势

义乌中国小商品城的另一个优势便是商品的种类繁多、款式新颖,可以满足不同消费者的需求。在义乌小商品货摊上,可以很容易发现欧美最流行的各种玩具、手提包、钥匙串的款式。

4)信守低成本竞争战略的优势

义乌不但小商品的价格低廉,而且市场的摊位租金也很低廉,这让全国乃至全球的商人源源不断涌向义乌,不知不觉中积累了更多市场腾飞的要素。而低成本竞争战略曾被全球竞争力研究领域的权威迈克尔·波特视为企业成功的三大基本战略之首。

首开国内以市场办展会的先河

如何把义乌的小商品市场做大做强,成为吸引全球采购商眼球的世界超市,是义乌市场亟待解决的问题。于是义乌萌发了搞"会展"的念头,目的是要进一步拓展国内市场、优化市场结构、提高参展商的层次等,然而,首次小商品展览会却获得"意想不到"的成功。这让义乌人找到了办会展的感觉,也看到了义乌会展业发展的潜力。义乌开了国内依托市场办展会的先河,并以此为开端,不断发展壮大。

义乌作为一个地处内陆的县级市,发展会展业的先天条件并非得天独厚,然而这个县级小市却走上了发展会展业的道路,并且很快在国内会展业界崭露头角。那么,它能够办会展的条件是什么?雄厚的产业实力是举办展会的最佳优势,而小商品正是支撑义乌经济发展的特色产业。

①规模优势。这是义乌小商品市场最大的特色和优势,依托市场培育会展经济,是义乌得天独厚的条件。

②商业网络优势。义乌在全国20多个省市建立了30多个分市场;在南非、乌克兰等国家设立了5个分市场;12万义乌经商大军广泛分布在国内外市场,使商业信息传播快,商品供应流通快,产品开发速度快。

③管理优势。经过20多年的实践,市场形成了一整套规范的管理体系,营造了公平竞争、守法经营、秩序井然的经商环境。

④产业集群支撑优势。义乌相关产业集群的发展,如饰品、拉链、服装、玩具、文具、五金等众多的优势产业群也能在会展发展过程中产生重要的支撑作用。

⑤蓬勃发展的民营企业。义乌企业99%为非公有制企业。民营经济活跃,中小企业数量众多,对会展业有着强烈的市场需求。在此独特而雄厚的产业基础上和浓厚的商业氛围烘托下,义乌的会展业应运而生,顺势起步,于1995年在中国小商品城举办了名优新产品展示会,也就是第一届"义博会"。

向著名国际性会展城市迈进

义乌会展业的发展对于义乌向国际性会展城市迈进具有明显的推动作用:第一,提高城市的知名度和美誉度。会展活动期间来自世界各地的客商光临义乌,产品荟萃,信息集中,使得义乌这座城市更具国际性、开放性和多元性。第二,推动城市发展。完善的配套服务体系是会展业顺利发展的重要保障,而传递迅速、快速反应的会展业信息化系统,是与国际接轨的一个重要标志。第三,提升服务水准。展览会期间,来自世界各地的客商都集中于义乌,这是对义乌服务环境和服务水平的考验,同时也加快了义乌服务行业与国际接轨的步伐,使得城市承载功能不断拓宽,服务业得到了有力提升。第四,促进相关产业升级。随着义乌举办会展的次数和时间的增加,义乌的其他相关产业也得到了快速健康发展,如旅游业、服务业等。

现在,义乌这个朝着国际性商贸城市目标全速迈进的新型城市,会展业已经成为其新的发展源泉。目前,义乌会展业已经规划了走向国际化、专业化的宏伟目标:首先,要依托义乌小商品市场集聚辐射的优势,坚持自我壮大与多元合作相结合。其次,围绕小商品市场的需求,经常性地举办各类特色专业展会,以推动相关产业快速、健康地发展。最后,塑造义乌国际性商贸城市全新的形象与品牌,以"义博会"为龙头,打造国际会展品牌。一个昔日贫困的浙中小城正在向著名的国际性会展城市迈进,义乌书写着中国会展业的新篇章。

(资料来源:马克斌.会展典型案例精析[M].重庆:重庆大学出版社,2007)

讨论题:

1.分析案例,义乌是如何从一座贫困的小城发展成为一座国际性新兴会展城市的。

2.结合实际,分析影响义乌会展产业发展的因素有哪些。

【专业词汇】

产业结构　产业链　空间布局

【思考与练习】

1.请谈谈你对会展产业及其构成、特点的理解。

2.请结合具体会展实例,谈谈会展产业结构是如何演进的。

3.会展产业结构的影响因素有哪些? 你还可以列举一二吗?

4.结合实际情况,谈谈如何优化会展产业结构。

第7章
会展产业关联效应

【教学目标与要求】

掌握:会展产业关联、会展产业链

了解:会展产业投入产出法

【知识体系】

会展产业关联效应 ｛ 基本原理
会展产业链
关联效应
投入产出法的应用

【本章导读】

本章主要阐述了会展产业关联的基本原理、会展产业链、会展产业的关联效应和会展业投入产出法的应用,共分为4节:第一节主要介绍会展产业关联的基本原理;第二节主要介绍会展产业链;第三节主要介绍会展产业的关联效应;第四节主要介绍会展业投入产出法的应用。

7.1 会展产业关联的基本原理

会展产业关联是理解会展经济问题的起点,许多区域会展问题的解决,如区域会展拉动效应、会展产业集聚、区域会展发展模式、区域会展合作和区域会展发展政策等与如何认识区域会展产业关联密切相关。

随着社会分工的不断细化,社会化大生产使得国民经济中各产业间的发展存在着相互制约、相互促进的关系。在一般的经济活动过程中,各产业之间在一定程度上都存在着直接或间接的关联关系。产业间的关联关系主要表现为投入产出关系,即在社会分工的链条上,每个产业都同时具有生产者和消费者的双重身份:各产业都需要其他产业为自己提供各种产出,以作为自己的要素供给;同时,又把自己的产业作为一种市场需求提供给其他产业进行消费。正是这种息息相关的需求与供给关系,各产业才能在经济活动中正常发展;反之,若某产业得不到其他产业的支持与服务,或其产出不能满足其他产业的需求,那么该产业必将在经济生产过程中被淘汰出局。这就是产业间以各种投入品和产出品为连接纽带的技术经济联系。各种产业间的制约和促进关系取决于产业关联度的大小。关联度越大,产业之间的制约牵制、促进作用就越强;反之,关联度越小,产业之间的影响力就会越弱。

美国经济学家赫希曼在《经济发展战略》中提出了产业关联效应理论。这一理论是指某一产业的经济活动能够通过产业之间相互关联的活动效应影响其他产业的经济活动。关联效应较高的产业能够对其他产业和部门产生很强的前向关联、后向关联和旁侧关联,并依次通过扩散影响和梯度转移形成波及效应而促进当地经济和区域经济的发展。

产业关联效应并非是无条件发挥作用的,关联效应发挥的程度、覆盖的范围都与一定的经济环境和社会环境相关联。如果认为只要发展会展业,就可以实现1:9的经济产出,显然这种认识是有失偏颇的。

赫希曼认为,区域内主导产业只有与其他产业具有广泛密切的技术经济联系,才有可能通过聚集经济与乘数效应的作用带动区域内相关产业的发展,进而带动整个区域经济的发展。产业关联效应越强,表明其对外服务功能与辐射能力越强,从而在区域经济磁场中的极化作用就越强。

关联效应发生的条件源于经济系统内部的联系和关联。如果是毫无联系的两个产业部门或经济体,要使其产生关联效应显然是不可能的。研究表明,作为主要体现生产性服务业的会展业来说,与第三产业相关性最强,关联效应最容易发挥,带动作用也最大。

影响力系数是指国民经济某一个产品部门增加一个单位最终产品时,对国民经济各部门所产生的生产需求波及程度。影响力系数越大,该部门对其他部门的拉动作用也越大。

会展业直接影响力系数为会展业间接收入与会展业直接收入之比。会展业直接收入包括专业会展公司收入、场馆收入和观众门票收入;会展业间接收入包括物流收入、搭建收入、广告收入、大型活动收入、宴请收入、餐饮收入、住宿收入、交通收入、旅游收入、娱乐收入和购物收入等。

会展业全部收入,包括会展业的直接收入和间接收入。会展业间接影响力系数为会展业对国民经济各产业部门全部的影响收入:会展业全部收入。

$$会展业全部影响力系数 = \frac{会展业对国民经济各产业部门全部的影响收入}{会展业直接收入}$$

会展业影响力系数越大,则表示会展业对其他产业的影响程度越高,对其他部门的拉动作用越大。

会展业对经济的影响,并不仅仅是会展业对与会展业相关行业的影响,也就是通常被认为的1:6至1:9,而是应该把包括第一、第二和第三产业在内的次要关联效应也考虑进去。

7.2　会展产业链

7.2.1　产业链和会展产业链

产业链是指生产相同或相近产品的企业,由于分工不同,在上中下游企业之间形成经济、技术关联,从而集合所在产业为单位形成的价值链。它是承担着不同的价值创造职能的相互联系的产业围绕核心产业,以产品为纽带,以满足消费者的某种需要为目标,通过资源和价值从上游向下游的不断转移,所形成的功能链结构模式。

产业链将相关产业联系在一起,表现的是不同业态之间的关系。产业链是建立在产业内部分工和供需关系基础上的产业生态图谱,产业链可分为垂直的供需链和横向的协作链。从垂直的分工角度来看,产业链是指在一种最终产品的生产加工过程中——从最初的矿产资源或原材料一直到最终产品到达消费者手中——所包含的各个环节构成的整个纵向链条。在一个产业链中,每个环节都是一个相对的产业,因此,产业链也就是一个由多个相互链接的产业所构成的完整的链条。对于服务业来说,厂商提供服务的过程中所需的各种投入品之间存在着互补情况。会展业属于服务业,提供会展服务所涉及的各个产业之间具有横向关系或协作关系。通过资源整合组展商、会展场馆、住宿业、餐饮业、旅游业、交通运输业、通信业等众多产业的产品,最后提供给参展商和观众一个交流的平台。

运用产业链一般概念在会展产品上的简单套用,会展产业链是围绕会展活动,由会展提供商以及为会展活动提供服务的相关产业,在一定区域内,以更好地促进会展活动的发展,满足会展消费者的需求,并由此获得各自最大的利益的价值链条。会展产业链是为会展活动提供服务的相关产业在追求各自利益最大化的过程中将关联度高、支持性强的企业纳入会展活动中来,彼此之间逐步形成的一种相互依托的长期战略合作关系。

会展产业链的上下游关系相对简单。以展览会产品为例,展览会产品策划是上游阶段;然后是展览会的组织、协调、招展、营销和寻找供应商的过程,即中游阶段;最后在展览会举办期间,组展商、供应商通力合作为参展商提供住宿、餐饮、交通、搭建、拆卸、现场管理、旅游、娱乐、购物等全方位的服务,即下游阶段。

从某种程度上说,产业链的实质就是产业关联,而产业关联的实质就是各产业之间的供给与需求、投入与产出的关系。会展产业链中各个产业之间关联密切,使得这个产业链具有较强的前向推动、旁向溢出以及后向拉动的辐射效应。

7.2.2　产业链的特征

产业链具有以下基本特征:

1)各环节相互依存

产业链是一项系统工程,产业链条中的核心企业和相关支持企业构成了复杂有序的网络关系,在一体化的物流延伸过程中,原料、半成品和成品的生产、供应、销售直到最终的消费,环环相扣,除了产业链上各环节的功能需要充分体现,其整体的功能也需要正常合理地发挥,才能实现最终价值传递的目标。

2)价值的体现是一个整体

产业链的商业价值是产业各环节共同创造的,它强调上、中、下游企业中核心企业与相关支持企业的协作关系,体现产业链创造价值的整体能力。如果产业链条中的上、中、下游企业任何一方出现问题,形成瓶颈,将会制约其他环节的正常运转,降低产业链的整体价值。管理学中的"木桶原理"可以形象地说明产业链的整体性:一条完整的产业链就像一个木桶,链条中的每一环就如同木桶中的每一块木板,链条中的要素流、资金流、人才流、信息流就如同将木板固定在一起的黏结剂,而产业链所要产生的价值就是桶里面盛的水,价值的多少取决于构成木桶中最短一块木板的高度,只有最短的木板高度增加了,产业链的整体价值才能得以提高。这说明了作为系统性的产业链保持整体的发展是十分重要和必要的。

3)效益由规模经济体现

规模经济是指随着生产和经营规模的扩大而出现的成本下降、收益递增的现象。如果规模经济存在于企业外部而内化于产业内部时,产业内部的企业尤其是构成产业链的企业产生的溢出效益则会作用于其他企业,当这种规模经济所带来的收益大于产业链之间的组织费用和企业之间的交易费用时,产业链中的企业利润就会增加,并享受到信息共享、技术互补、管理互利所带来的一系列好处。但正如科斯所述,企业的规模不可能无限扩大,其规模取决于企业内部的管理费用等于市场上的交易费用。因此,产业链也不能不考虑费用之间的比例而任意拉长变宽,在追求产业规模时,应将规模经济的正效应放在首位,在需要的时候,允许产业链内企业之间的兼并,以降低市场的交易费用,获得规模经济效益。

7.2.3　会展产业链的完善

从产业链构成来看,会展产业链的上、中、下游的关系相对清晰,但在下游阶段的会展服务企业的横向协作关系相对复杂。与一般制造业产品不同的是,会展产品的提供是所有相关企业在同一时间(会展举办期间)提供的,消费者的满意度与链条中的所有企业都相关,任一服务环节出现问题都会影响消费者的满意度。这种横向协作链的特点使会展产品质量很难控制,因此会展企业应该特别重视对供应商的管理。

目前,产业链的发展程度即产业的配套性,已经成为影响投资环境最重要的因素。产业配套性包含配套能力规模、配套水平、质量等,对于会展这样一个需要众多产业配合的产业来说,研究产业配套性对于提高会展产业竞争力来说意义重大。如果提供会展产品所涉及的某种投入品无法在本地获得,会展产业链就有可能出现中断,则说明本地配套性差,那么就必须通过扩大产业配套半径,在全国甚至全球范围内购买。

对于会展产业来说,一旦会展举办地确定,某些产业就必须要在当地具有完善的配套性,如会展场馆、住宿、餐饮、旅游景区、交通运输、邮电通信,因此衡量一个地区是否具有发展会展产业能力的一个主要标准就是考察这些产业是否发达。而且即使是在一个城市内，这些相关产业也应该相对集中，尤其是会展场馆、住宿和餐饮产业，这就需要城市在发展会展产业时应该注重形成以会展场馆为中心的配套商圈。目前，会展场馆场址选择不当以及场馆周边配套产业的不完善一直是制约会展产业发展的重要因素，产业链配套性差，配套半径过大，不能把有限的配套资源限定在一个合适的空间范围内，从而降低了会展服务质量和效率。

而其他产业，如会展策划、会展咨询、广告代理商等则完全不必在会展举办地采购。组展商可根据会展规模、会展服务质量要求以及服务分工程度在更大的地理范围内（国内或全球）选择这些产业供应商。目前由于我国展览规模整体偏小，大多数组展商的服务分工还不够细化，导致组展商不提供某些服务，或者即使提供这些服务，也都是由组展商自己承担，降低了服务质量和效率。另一方面，由于成本的限制，组展商即使是细化了服务分工，一般也只能在较小的半径范围内选择配套服务商，从而限制了选择服务产品的范围，降低了资源配置和整合效率。

7.3 会展产业的关联效应

会展活动尤其是大型的会展活动对区域经济有很大的带动性。会展业带动系数为 $1:5$ 至 $1:9$，即表明如果会展业的收益为 1 个单位，则能带动相关产业 5~9 个单位的收益。因为"所有的收入都来自所有的支出"，所以乘数效应通常是通过参观者的支出和参展商的支出来计算的。参展商的支出包括：场地租金、展位建造、人员成本（会展活动的人员开支间接地影响员工的消费开支）、交通通信开支、广告开支、商业娱乐开支、其他开支等；参观者的开支包括住宿、旅游、宴会、休闲活动、购物、门票、其他费用等。

这种带动性在经济学上表现为会展业的乘数效益，会展业的乘数效益主要体现为会展活动在拉动投资需求和消费需求上产生的带动效益、对产业结构优化调整等方面。会展业的带动效应无论是在业内还是在业外，在理论界还是产业界，在政府机关还是在工商企业，都已经达成共识。

7.3.1 会展业的投资带动效应

投资乘数理论认为，当总投资增加时，收入的增量将是投资增量的若干倍，因为增加了投资，就要增加投资所需的生产要素的生产，从而使投资以工资、利息、利润和租金形式流入企业和劳动者手中，增加企业和劳动者的收入；企业和劳动者把这一收入再用于生产和生活消费，又转化为另外一些企业和劳动者的收入，如此循环往复，投资的增加可以导致收入的成倍增加，刺激了生产，增加了就业，促进了经济增长。这种带动效益和乘数效益主要体现在以下两个方面：

①会展业自身的投资带动。它是指会展业的直接经济效益，也就是会展本身获得的收入，如会议费用、场地租金、门票收入等。会展经济由于其具有直接性、自由性、集中性和经

济性的优势,它能为参展商和观展商之间的贸易带来更便利、更直接和更可靠的环境,有利于达成交易,带来可观的经济效益。会展投资的高回报性,一方面会引起会展产业新投资净额的增加,另一方面也会促进消费需求的增长,消费和投资的增加影响投资乘数,形成乘数效益。

②会展业对基础设施的投资带动。举办会展活动,需要一定的会展场所,要求对场馆和相关配套设施和配套环境进行投资建设。对这些基础设施的新建、改建有利于区域整体环境的改善和提升。例如,1999 年昆明世界园艺博览会,218 公顷的场馆群及相关投资总计超过 216 亿元,使昆明的市政建设提前了 10 年。

上海市在实现"国际性会议展览中心"这一城市建设战略目标的过程中,先后建成了上海国际展览中心、上海世贸商城、上海农展中心、上海光大会展中心等一批城市标志性建筑,加快了上海城市建设的步伐。通过筹备 APEC 会议,上海旅游、商业、交通等硬件设施得到了飞速发展,所有的四星级酒店全部消除移动通信盲点,300 多名中外记者可以同时上网,借 APEC 东风,上海市政府进行了长远规划,开展了中华人民共和国成立以来规模最大的一次"城市整容"活动,各景观道路建筑整容面积达 300 多万平方米,对 100 多条道路进行了专项整治,使上海路面的平整度达到历史最好状态,有力地提升了上海的城市形象。

2000 年的德国汉诺威世博会给下萨克森州陆续带来近 50 亿欧元的投资,不仅使州内的交通通信设施得到了极大的改善,更值得一提的是使旅游基本设施得到极大提升。这主要包括"城市花园"项目的配套设施、"世界博览会动物园展示"项目、"海洋世博会"项目、"石上世博会"项目和"于尔岑火车站"项目等,其中的"世界博览会动物园展示"项目使汉诺威动物园改造成"难忘之园",到 2003 年为止已接待了 105 万次参观者,成为德国最成功的动物园之一。这些项目不仅极大提升了汉诺威城市的整体形象,拉动了投资需求,更为重要的是,它们为汉诺威旅游业的可持续发展留下了一笔丰厚的遗产。

7.3.2 会展业对产业发展的带动作用

会展业对区域经济的贡献,不仅在于其自身能够创造相当可观的投资乘数效益,更主要的表现为对会展相关产业的带动作用。会展活动尤其是专业行业的会展活动,比如一些机械展、家具展、服装展等,对区域的优势产业有着极大的带动和培育作用。审视国际上声名远播的会展中心城市,不难发现,它们大都从本国、本区域的产业比较优势乃至产业的市场竞争优势着手,向全球受众通过会展的形式展出自己的经营理念、创新路径、产品性价比、交易对象等。美国休斯敦的航天器材展、芝加哥的硬质合金材料展、亚特兰大的 IT 展,意大利米兰的时装展,德国慕尼黑的建筑机械与建筑材料展,日本东京筑波科技发明展,巴黎的时装展、化妆品展、航空展等都是这方面的典型范例。在国内,多数稍有名气的会展,比如义乌的小商品博览会、大连时装展、广州商品交易会、昆明花卉展、成都糖酒会、珠海航空展等,基本上都是与区域经济的产业优势紧密相连。通过会展业的长足发展带动区域优势产业和整个区域发展的案例颇为丰富。

会展产业链可以调整和带动第三产业内部的经济结构的发展。第一,会展活动的场所选在一些旅游景点,具有很大的优势。一方面,能够使人们劳逸结合,更具有吸引力,使客户愿意停留的时间更久,增大团队的规模;另一方面,在提高会展效益与效率的同时,也给当地的旅游行业带来了巨大的发展机遇,使更多的人了解当地文化,从而形成了旅游行业促进会展行业、会展行业带动旅游行业的一个最佳发展模式。第二,在会展活动期间,由于大量企业和参展者的到来,对于住宿、餐饮以及购物的需求将会大大增加,尤其是在会展中心的周边地区,食宿和购物消费的需求量将比平常高出两到三倍。同理,人流和物流的增加也对交通物流和通信行业提出了新的要求,也成为其快速发展的动力。比如有利于促进物流行业不断改善其设施设备、技术和管理模式,提高物流效率和服务水平。第三,在会展活动中不得不考虑人员的人身安全问题、知识产权的保护问题以及各种展览物品的储存安全问题,这就需要保险业的加入和支持,从而也带动了保险行业的发展。第四,会展的广告宣传能够提高会展的知名度,招揽足够的参展企业和观众,是提高会展活动效果必不可少的环节。因此,大量宣传手册和海报的制作又对印刷和广告行业的发展起到了一定的带动作用。

会展业通过关联效应和扩散效应,带动建筑、旅游、餐饮、金融保险等其他产业发展,使产业结构顺着第一、第二、第三产业优势地位顺向递进的方向演进;顺着劳动密集型产业、资本密集型产业、技术(知识)密集型产业分别占优势地位的方向演进,使区域的产业结构向着更加合理化和高度化的方向发展,最终推动区域经济增长。

根据上海市统计局公布的 2010 年国民经济运行统计情况,统计显示 2010 年上海世博会的举办直接带动了批发零售、住宿餐饮和交通运输等服务行业快速增长。2010 年全年批发和零售业实现增加值 2 512.89 亿元,比上年增长 13.1%。商品销售总额为 37 383.25 亿元,增长 24.2%,增幅同比提高 4.9 个百分点。其中,世博特许商品累计实现销售额 309.58 亿元,世博园区商业实现零售额 45.07 亿元。全年住宿和餐饮业实现增加值 266.45 亿元,国际旅游入境人数达到 851.12 万人次。

正是由于会展产业的这种关联带动性,许多国际上的发达地区和城市都将会展业作为支柱产业或主导产业来发展,如德国的汉诺威、慕尼黑、杜塞尔多夫,美国的芝加哥,法国的巴黎,英国的伦敦,意大利的米兰,中国的香港等城市。

7.3.3 会展业对社会就业的带动

据资料统计,每增加 1 000 平方米的展览面积,就可创造近百个就业机会。2000 年在德国汉诺威举办的世界博览会,创造了超过 100 000 人/年的就业效益,在中国香港,一年的会展活动大约可为香港居民提供 9 000 多个就业机会。社会的就业人数增多,就会促进社会的消费需求和投资需求的增加,刺激供给,进一步创造更多的就业机会。因此,对人口众多的中国而言,发展会展经济是增加就业的一条有效的渠道。

7.4 会展业投入产出法的应用

业界在分析会展业对相关产业的带动效应时,通常是将会展业列入服务业即第三产业的。然而,会展业既有消费性服务业特征,又具有生产性服务业特征,展会的部分内容是为第一、第二和第三产业服务的,展出内容也涉及第一、第二和第三产业的所有方面,并对农业、工业和建筑业以及服务业产生巨大的促进作用。因此,会展业对国民经济的关联效应,需要运用投入—产出的方法进行分析。

投入—产出分析方法是研究经济系统各个部分之间表现为投入和产出的相互依存关系的经济数量分析方法,由美国经济学家瓦西里里昂惕夫提出。投入—产出分析的理论基础是一般均衡理论,它从一般均衡理论中吸收了有关经济活动的相互依存性的观点,并用代数联立方程体系来描述这种相互依存关系,投入—产出分析方法的特点:在考察部门间错综复杂的投入产出关系时,能够发现任何局部的最初变化对经济体系各个部分的影响,可以通过投入—产出模型来计算会展业所有间接效应的发生。

世博会对各行各业生产和就业的激励效应远比其直接开支来得广泛。世博会直接开支也许仅流向一些比较集中的经济领域,但由这些开支促进生产发展和推动就业中产生的效应所涉及的行业范围要广泛得多。

近 20 年来,国际上大型活动经济影响评估从研究方法、抽样技术、评估模型和评估过程都有较大进步,特别是经济影响分析法的应用较为普遍。经济影响分析法是基于经济增长范式的影响分析,具体做法是在测量游客消费的直接经济效应后,主要运用 I-O 模型(input-output,投入—产出模型)或 CGE 模型(Computable General Equilibrium,可计算的一般均衡模型)计算间接效应和引致效应。其中,I-O 模型得到了普遍认可和运用,国际上有一批学者运用 I-O 模型进行了大型活动经济影响的分析,丰富了这一领域的理论和实证研究成果。

尽管 I-O 模型具有过程清晰、操作简单等优点,但也存在明显的局限,如 I-O 模型假设主要经济变量之间是线性关系,不能全面反映供给短缺或规模经济等现象,从而有可能得出一些带有误导性的结论;忽略了经济过程中的供给、政府预算、贸易支付差额等约束,容易导致对间接效益评估的夸大;无法模拟所有的经济波动,增加了经济影响估计中分离本地消费的难度等。需要指出的是,与各地方政府激励争夺大型活动举办权不同,学术界对大型活动的经济影响一直存在争议。如有些学者质疑现有研究从比较大的地域范围来评价事件活动的经济影响,高估了经济效益,低估了机会成本以及漏损,为了迎合政治的需要也有高估的倾向,另外一些学者认为举办耗资巨大、带有政治色彩的事件对当地经济、文化与环境带来一些负面效应,短期经济效益不足以说明全部问题。

研究现状表明,基于区域间投入—产出模型(interregional input-output model, IRIO)可以解决大型事件经济影响的区域传导问题,全面体现大型事件的扩散效应与整体效应。这是因为 IRIO 模型克服了单一 I-O 模型只限于一个地区内产业间、本地生产与需求之间经济关系分析的不足,能够更系统、更全面地反映不同区域、不同产业间的贸易情况,是进行区域经济差异、区域间产业相互关联与影响、资源在不同区域间配置等区域经济分析的有效工具。

在 IRIO 模型的应用上,张亚雄和赵坤在对 549 家国家重点企业和企业集团进行生产投入结构和产品流向调查的基础上,成功研制了包括 17 个产业部门和 3 个区域层次的 IRIO 模型,据此测算北京奥运会投资对北京、周边地区和我国其他区域的拉动效应。研究结果显示,奥运会投资拉动北京经济(2002—2007)年均多增长约 2 个百分点;同时,奥运会投资具有较强的溢出效应,带动北京之外地区经济发展的作用大于对北京经济的贡献。这是迄今为止,我国最早采用 IRIO 模型研究会展活动的研究成果,其创新价值令人印象深刻。

罗秋菊等采用问卷调查及深度访谈法,通过对第 104 届和第 105 届广交会所有参与者消费支出与结构的估算,获得了广交会直接经济影响为 55.26 亿元的数据,并运用广东省投入产出表(2002)评估了广交会对广州市的间接经济影响,得出的结论是一届广交会对广州市的直接与间接效益合计 163.24 亿元,占广州市全年(2008)地区生产总值的 1.98%,其中间接经济效益为 107.98 亿元,直接与间接效益之比为 1:1.95。该研究综合运用市场调查和地区 I-O 模型方法研究会展消费活动,是我国会展活动经济影响研究的重要成果之一。由于该研究以广东省投入产出表代替广州市投入产出表进行测算,其结果应理解为广交会对广东省的间接经济影响似乎更合理,而广交会对全国的间接经济影响并未涉及,需要进一步探讨。

目前,我国会展业经济影响研究多数停留在直接带动效应研究,所采用的方法多为现场调查,如北京展览业的直接带动系数约为 1:9,上海展览业的平均带动系数为 1:8.4 等。应用 IRIO 模型测算会展业间接经济影响和引致经济影响的研究成果较为少见。究其原因,一是会展业并不是投入产出表中独立的产业部门,如何界定与会展业相关部门是一个首先需要解决的问题;二是与会展业相关的产业部门大多为服务业,而服务业部门在以往的 IRIO 模型中划分不够细致,提供的信息量不足;三是会展业的经济影响在市域和省域范围内最为显著,而以往 IRIO 模型的地域划分大多未细化到省区,使省区间的产业比较研究受到限制。

李铁成、刘力首次运用区域间 IRIO 模型,通过将波及的 12 个产业部门进行归并,计算了我国 30 个省区会展产业的区域及区域间影响力,并以广交会为例,进行了会展间接经济影响的实证分析。研究结果显示:我国会展业对国民经济具有较强的拉动作用,而且几乎所有的省区都会产生相互间的波及效应;在总产出层面,会展产业的影响力在东部沿海和中西部地区表现出较为明显的差异性;我国会展业还有一定的发展空间。案例研究表明,第 104 届广交会的间接经济影响约为 162.43 亿元(其中广东占比最高,为 35.09%),直接与间接效益之比为 1:2.94;批发和零售贸易业等 5 个产业部门受广交会影响较大,合计占比为 77%。

案例分析一:会展业统计到底该怎么做?

什么是会展业的直接收入?

据《2012 北京统计年鉴》(北京市统计局发布),2012 年北京市规模以上会展单位实现直接会展收入 250.7 亿元,比上年增长 12.4%。其中,会议、展览和奖励旅游收入分别为 137.8亿元、95.9 亿元和 16.9 亿元,分别同比增长 9.9%、15.2%和 18.6%。

这是我所看到的一个城市会展业最为具体的统计,但我的问题也随之而来:

（一）会展业的直接收入、营业收入与增加值的关系

我认为，北京市统计局提供的会展业直接收入，就是会展主办方、服务方的营业收入。

但为何不叫营业收入，而称之为直接收入？难道会展主办方、服务方还有什么间接收入吗？

如果直接收入是会展业者年营业收入的总计，以北京市为例，那2012年展览业95.9亿元的收入中就难免重复统计，因为展馆服务方的租金收入来自展览主办方。这个问题在会议业统计中同样存在。

此外，展示工程是会展业的组成部分，其营业收入巨大（不亚于展馆租金收入），不知道北京市的统计是否包括？

无论叫直接收入，还是叫营业收入，会展业的这种收入都不能够计入GDP的增加值。以我分析，会展业的增加值能够占到营业收入的30%（行业平均值）就很不错了。

北京市2012年地区生产总值为17 801亿元，服务业为13 592亿元，250.7亿元的会展业直接收入分别占1.4%和1.8%；如以30%比例计算北京市会展业的增加值，2012年为75.21亿元，其在全市地区生产总值及服务业地区生产总值的比例仅为0.42%和0.55%。这一比例（无论是直接收入占比，还是推算的增加值占比）远低于教科书中会展业发达城市所谓占比2%~4%的水平。

无怪乎，许多地方政府喜欢将直接收入乘9放大（根据是讹传的1:9拉动系数），以支撑发展会展业的政绩，这种政绩"注水"的玩法，似乎只流行于中国的会展业。

（二）规模以上的会展单位的标准

在国内，所有行业的统计都是针对规模以上单位的。如工业统计，规模以上单位的标准是年主营收入超过2 000万元。

北京市统计局统计会展业的标准，是年营业收入在100万元以上的单位（这也佐证了直接收入就是营业收入）。

查阅国家统计局文件（国统字〔2015〕75号），会展业所属的商务服务业，文件没有列明大、中、小、微型企业营收规模的划分标准，而只列有资产总额规模的划分标准。其中，资产总额小于100万元的属于微型企业。

由此可见，会展业年营业收入在100万元以上的单位为规模以上单位，应该是北京市自定的标准。

会展业是小微企业众多的行业。在中国，年营收规模过千万元、上亿元的会展企业并不多，年营收规模数百万元的企业居多，年营收在百万元以下的企业也不少。从地域分布看，会展业的小微企业多聚集在二、三线城市，尤其是中西部地区。

虽然将统计门槛定为年营收规模在百万元以上的单位有一定道理，但这个标准适合会展业比较发达的北京，未见得适用全国。

（三）会议业统计的难点

在旅游、文化、政治资源丰富的大型会展城市，会议业的营收高于展览业，北京市就是如此。但会议业的统计比展览业麻烦多了，主要有三个原因：

一是，会议数量太大，如北京市统计局公布的2012年全市会议的数量就有27.7万个。

二是，统计范围是否包括官方会议，这在国际上的认识是有分歧的。

三是，会议业营业收入数据的提供单位，多是会议场所的收费收入。而会议主办方的收入数据难以获得。

国务院15号文件要求加强会展业统计，希望分管展览业的商务部与国家统计局就此作出安排。会议业管理归口复杂，统计工作规范化可能需要更长时间。

会展业统计到底该怎么做？

国家统计局《国民经济行业分类》(GB/T 4754—2011)虽然把会展业列入统计范围(会议服务，代码741501；展览服务，代码741502)，但其至今尚未发布全国性的统计数据。

目前，省一级统计局发布会展业数据的，我只看到北京市和上海市的。北京市的统计数据包括会议、展览、会奖旅游三个方面，而且有营业收入这样的数据。上海市的统计，只有展会个数和展览面积。

在统计局系统以外，从事全国会展业统计的有六家，一是中国会展经济研究会(接受商务部委托，开展展览业统计工作)；二是中国贸促会(每年公布展览业统计)；三是《中国会展》杂志(每年公布展览业统计)；四是社会科学文献出版社出版的会展经济蓝皮书(包含展览业统计，近两年没有出版)；五是中国酒店业协会(公布会议业统计)；六是《会议》杂志(每年公布会议业统计)。

公布地方性会展业统计的，多是城市的会展办或会展协会，但数量不超过十个城市，而且基本是提供展览业数据。新成立的广东省会展组展企业协会，撰写的《2014年广东省展览业发展白皮书》，首次披露广东省展览业组展机构统计数据。

此外，国际展览业协会(UFI)、国际大会及会议协会(ICCA)、国际展览或项目协会(IAEE)也公布中国会展业数据。但其提供的数据只是加入协会的中国会员的统计，如(ICCA)每年公布的中国城市国际会议的统计及其排名。

以上会展业数据的统计，主要存在三方面的问题：

一是缺乏全国性的统计数据。如中国会展经济研究会对于展览业的统计，应该是国内会展业统计中涵盖面最宽的，但2014年最新的数据也只涉及全国不到300个城市。再如，中国酒店业协会发布的会议数据，只有数十个城市四星级以上酒店的会议数量统计，而且对会议类型的细分也不够专业。

二是数据质量不高。全国性的统计数据多由各地会展办、协会、贸促分会、展馆提供，口径不一，逻辑性差(如相邻年份数据矛盾明显)，难以用于统计分析。而一些会展(主要是政府展)公布的现场交易额或合同金额，成百上千亿元年年攀高，不可思议！

三是衡量行业发展水平的经济性数据缺乏。与计算GDP有关的经济数据，如营业收入、净产值很少看到，但常见的所谓展览业直接收入，往往是在组展机构销售收入数据上乘9而得来的。这种以讹传讹的展览业1∶9的拉动系数作为统计依据，在国际上仅流行于中国。

全国"十三五"规划的编研工作，即将全面展开。任何规划的编研都离不开科学的统计数据。目前会展业统计数据的现状，基本不能满足"十三五"规划编研的需要。

为此,提出以下三方面看法,旨在建言会展业统计工作。

统计什么?

展览业和会议业的统计内容是不一样的。

会展业的统计应该包括哪些内容,需要国家统计局出台标准,统一规范。

我个人建议如下:

(一)展览业的统计内容

①展览场馆数量(统计单位为个);

②展览场馆可供展览面积(统计单位为平方米);

③展览场馆为展览会提供租赁场地及其配套服务的收入(统计单位为人民币);

④展览场馆年利用率(统计单位为%);

⑤年展览企业/单位数量,包括展览场馆经营机构、组展公司/单位、展览工程公司(统计单位为个);

⑥年展览会数量,其中,分别统计专业展览会数量和非专业展览会(消费类展览会)数量(统计单位为个);

⑦年展览会面积,包括展览会毛面积和展览会净面积(统计单位为平方米);

⑧年展览会销售收入,包括展位销售收入、广告销售收入和其他销售收入(统计单位为人民币);

⑨年专业展览会专业观众现场登记参观人数(统计单位为人次)。

其中,主要是1、2、3、5、6、8项。

(二)会议业的统计内容

①可以接待会议的酒店、会议中心的数量,其中,按100人、300人、500人、1 000人、3 000人接待规模分类(统计单位为个);同时,按会议在举办城市逗留的天数(即3天、5天、7天及以上)分类统计会议数量;

②年接待会议的数量,按国际会议/专业会议、公司商务会议分类(统计单位为个);

③年与会人员的数量,其中,包括海外与会人员数量(统计单位为人);

④会议人员在酒店、会议中心住宿、租用会议室、餐饮等费用(统计单位为人民币);

⑤承接会议服务的公司/机构数量(统计单位为个)。

还可以根据需要增加统计内容。我读过美国一个专业机构发布的制造业展览会的统计数据,其中许多是在基本统计数据基础上的分析数据,如近三年展览面积增长比较、每平方米展览面积的观众密度等。

谁来统计?

会展业的统计机构一般有三类,即官方、半官方和民间的机构。

官方机构是国家统计部门或各地会展办公室。如将会展业统计列入国家统计计划,各展览城市的统计局将委托统计局下属的调查队负责。

半官方机构是各地会展业协会、酒店业协会。

民间机构是从事学术或咨询服务的机构,一般为大专院校或专业调查公司。

国外会展业统计多由行业协会承担。协会囿于人手不足,一般聘请有经验的专业机构负责。

其他政府部门因行政工作职能,也可介入会展业统计。中国香港经常发布来港参加会议的人数,我估计是海关提供的数据。许多地方政府出台的会展业享受政府补贴的操作细则,规定申请补贴的组展机构必须上报财务数据和填报统计表格。

如何统计?

首先要解决认识问题。

对于热衷发展会展业的城市政府而言,其在缺乏科学的统计数据的情况下编制"十三五"规划就是"盲人骑瞎马"。因此,应把建立统计制度、完善统计规范作为发展会展业的基础工作来抓,领导要重视,要舍得下力气、花投入。

其次要解决方法问题。

会展业的统计即便是统计局来做,通常采用抽样调查结合经验数据推算的方法形成行业数据,而后按年调整;也包括同类型城市会展业统计数据的比较。这与餐饮业、旅游业的统计类同,但数据质量相对粗糙。

如果是会展办或协会来做,提供数据的展览场馆、展览公司/机构较为明确,数据的准确性也较高。但统计范围一般难以全覆盖,因为许多公司/机构并不完全听从会展办或协会的指令。

如果是民间专业机构来做,其方法与统计局调查队相同,也许会因有偿服务而注意统计对象的宽泛性和准确度,数据质量会好些。

但无论是谁来做,都需要调查者懂行,即了解会展业又熟悉统计专业。

(案例来源:微信公众号"张凡的会展洞察",2015-09-21、2015-09-29)

案例分析二:上海世博会后效应预判与应变之策

世界上能够生存发展至今的高能级城市,没有一个是仅仅依靠内生性因素完成的。就一个城市的长远发展来说,它的历史是由各个时期中一些关键性事件构成的,这些重要的事件提升了城市的能级,完成了城市的转型,提高了城市在地区中的级别。围绕重大事件之前、之中的讨论很多,不过,举办重大事件的机会与风险并存,重大事件之后如何延伸其积极效应、减少其负面效应也有着重要的探讨价值。

城市重大事件在城市发展中的作用

一个城市的发展由内生的动力和外部的流动要素驱动:城市的内生性扩展要素构成的是城市发展持久稳固的内因,而来自外部的流动要素成为一个个间发性的动力要素。前者即城市内部的经济、政治以及文化职能等的发展要求,其效果是持续稳定发展;后者则是由外部突发性动力,即城市以外的经济、政策、环境的条件变化作用于该城市,其特征是构成阶段性跨越提升。正是城市发展本身的内部动力和外部间发性事件的刺激,构成了城市发展的综合动力。这两者之间就是城市发展的"底"和"波"的关系,共同合成了城市发展长河中间的一个能级、一个能级的发展阶段的提升。

不过,从全球化来看,城市发展的重大事件与城市发展有一个相对关系。对一个小城市来说,落户第一笔外资可能已经构成了一个城镇的能级提升,而对于北京、上海等这些城市来说,奥运会和世博会才是提升其国际化能级的重大事件。

城市重大事件对于中国城市的可能影响

在理论上,城市重大事件可以在许多领域上对中国城市产生影响,这些可能的积极影响是:改善城市局部地段的形象和景观;拉开城市整体框架结构与功能布局;改进城市贫困地区和困难居民就业条件;争取上级政府乃至国家政府特别政策;积聚城市发展阶段性外来建设资金;提升整个城市的基础设施水平,尤其是地铁、高速公路等重大交通设施;促进城市文化建设;快速提升整个城市在地区、国家、国际上的知名度和影响力;当经济处于大转折期,世博会对于国民经济和区域经济的整体效应,等等。

我们看到这些影响普遍带有很强的外部性,基本属于公共产品或准公共产品范畴,经营的主体一般是政府而不是企业,但不少企业(特别是交通、旅游、商业等目的地接待行业)与当地居民肯定因此而得益。

上海世博会的主题——城市,让生活更美好,就反馈了通过城市重大事件影响城市的美好期望。而且以上海世博会为契机,长江三角洲地区加强了综合交通网络的建设,如杭州湾大桥、高速公路网、沪杭高速铁路等。长江三角洲城市群初步实现了3小时经济圈,使得城市之间的交往更为便捷,进而为产业和资源优化配置提供了有利条件。上海、杭州、苏州、宁波和南京等城市将脱颖而出。举办世博会,客观上促进了长江三角洲城市群的崛起,使其成为全球六大城市群之一。

重大事件后效应:国外经验

以汉诺威世博会为例,2000年10月31日,汉诺威世博会落下帷幕。虽然在153天里,博览会只吸引游客1 800万人,远远低于德国世博会组织预先估计的4 000万人,整个世博会的项目赤字高达24亿马克(约11亿美元)。但是汽车道路质量提高了,铁路线增多增快了,城市和区域的基础设施建设大发展为汉诺威的未来打下了良好基础。

面对巨额的赤字,德国联邦议会议长蒂尔泽在闭幕式上如是说:"我们不能把世博会等同于以赚钱为目的的企业,而应全面衡量。人们不能否认本届世博会是一个巨大的成功,它不仅缩短了不同文化之间的距离,更重要的是改善了德国的国际形象。汉诺威让世界看到了轻松、欢乐和宽容的德国。这些证明德国已经彻底告别极右的、种族主义的历史,以新的形象展现在世人面前。世界博览会的这个成就是'无价之宝'。"对于汉诺威乃至整个德国来说,世博会项目的财政赤字其实是一种对未来的投资。

世博会对宏观经济(如就业和 GDP)增长的拉动作用已经被历史上多届世博会所验证。1982 年诺克斯威尔世博会在 3 年时间里大约创造了 12 000 个工作岗位,使田纳西州的失业率降低了 3~4 个百分点。日本 1985 年筑波世博会创造了 46 万个就业机会,占该年日本全部就业人数的 0.8%。而创造就业机会最多的五大产业则为服务业、商业和贸易、基础设施、金融和房地产、房屋建设(魏家雨,2003)。

在对 GDP 增长的拉动方面,1993 年韩国大田世博会使得韩国的 GDP 在 1993—1995 年也保持了 6%~9.5% 的高增长,尤其在 1994 年韩国 GDP 增速得到显著提升。德国在 2000 年世博会召开当年 GDP 增速由 1.9% 显著提升至 3.5%。大阪世博会在整个日本产出的派生生产收入为 15 600 亿日元,日本 1970 年的 GDP 为 73.3 万亿日元,世博会对日本 GDP 的拉动效应约 2.1% 左右(杨丽霞,2009)。

上海世博会后效应预判与应对之策

伴随着上海世博会成功举办带来的重大影响,上海世博会之后产生的效应可能有正、负两方面。上文提及的积极影响是世博会带来的物质和精神财富,也是世博会之后的正效应,在后世博时期,将有效促进上海社会经济、长江三角洲城市群持续健康发展。负效应表现在:城市影响力相对下降、财力透支(甚至亏欠过多,影响其他大型建设项目的开展)、世博场馆保留难题等方面。

综合考虑,世博会后给上海增加了两类核心资源:一是以世博会场馆为代表的城市新面貌,此为刚性资源;二是世博会期间建立起来的人脉和形象,这也是不可忽视的柔性资源。这两类核心资源独一无二、相辅相成,是合理分析上海世博会后效应并加以科学运用的前提和基础。据此提出建议如下:

1.旅游业继续跟进、顺利对接并锦上添花

世博会本是休闲性质,是极佳的事件旅游吸引物。一般来说,世博会的成功与否可以根据参观者人数来衡量,旅游业是获益最大的行业。1992 年西班牙塞维利亚世博会是十分成功的世博会之一,投资 100 亿美元兴建交通、通信等基础设施,新机场客流接待能力从原 100 万人上升到 400 万人,酒店床位从 8 000 个增加到 22 000 个,其旅游业成为获益最大的行业(孙元欣,2009)。

上海世博会给上海旅游业提供了千载难逢的发展机遇。世博会举办后,上海作为旅游目的地除了增添类似世博场馆的新旅游景点,其营销还应利用重大事件对目的地整体旅游形象的再造作用,向目标顾客推出全新的或改进的旅游营销战略,以吸引更多的旅游者。

城市重大事件一般带来"峰聚效应",即重大事件的举办吸引了大量的旅游者,旅游住宿、旅游交通需求呈现集中性增长。一般而言,重大事件的举办会引起目的地餐饮、住宿、交通等价格的上涨,直接影响了部分价格敏感旅游者的旅游决策。因此世博会之后旅游产品应回归合适价位重新赢得更多旅游者的青睐。

促成区域旅游合作,拓展旅游发展空间。重大事件的举办同时也为区域内的旅游合作提供了巨大的发展空间,打造出以事件举办地为核心的区域旅游圈。2010 年上海世博会将促成江、浙、沪旅游圈的形成。

2.商贸会展"被挤出"后重新延伸城市事件的影响力

就一个城市的本身发展而言,应该在城市各个发展阶段剖析来自城市内部发展的内生性因素如何与作为外生性因素的事件结合互动。上海的发展重心是现代服务业,商贸会展作为新兴的现代服务业代表,其形形色色的各类事件活动是促进城市内部各行业发展的重要"润滑剂"。因"挤出效应"正常的商贸会展活动(或事件)在上海世博会期间短期内受到较大限制,在世博会后蓄势重来。这样,商贸会展和其他的一些节事活动可以延伸城市事件的影响力,从而起到弥补世博会后城市影响力相对下降的作用。

3.企业从"被收益"到成为引领城市投资的主体

我们知道世博会的举办需要大量的财政投入。大阪世博会的举办使得当地的财政支出增长了数倍,这一方面,对政府和纳税人是一个巨大的负担;另一方面,世博会的投资必然会对其他的投资产生一定的"挤出效应"。韩国在世博会前期建设阶段的宏观经济处在快速上升阶段,而在世博会结束后的1~2年宏观经济逐渐下滑。因此世博会期间的投资一定程度上是将以后年度的投资提前进行。科学的规划、建设有助于将宏观经济的这种波动熨平,鉴于诸多企业在世博会中因"搭便车"而"被收益",会后城市的投资应发挥市场主体的积极性并相应增加其投资比重。

4.保留的世博场馆适合公私合营

上海世博园区的建筑分为永久性和临时性建筑。根据国际展览局和世博会的惯例,世博会结束后世博园区的永久性建筑会保留,而多数临时性建筑则要拆除。按照我们世博园区规划,多数场馆是保留的。那么,场馆保存带来土地、税收、知识产权保护、后续运营管理等一系列的问题。

问题的关键之一取决于世博场馆采取何种机制来运营。借鉴类似背景的成功模式是:政府不适合成为市场经营的主体,企业也没有这个财力来购买完整的世博场馆,结合了二者长处的科学模式是公私合营——政府负责总体规划、宏观调控;企业在这个大前提下承担微观运营,参与市场竞争。

问题的关键之二在于这些场馆资源的功能取向。上海世博园区的建筑大多是增量资源,如果这些资源与上海内部发展的内生性因素结合得不好,与上海的产业结构调整要求和市场需求结合得不好,后续利用差,势必衍生出经营难题并最终沦落为财政大包袱。借鉴德国汉诺威世博会的成功经验,主要转向如下:法国馆在世博会后将成为法国体育用品商的窗口,中国馆则成为集医疗、交流、语言学校和餐厅等为一体的多功能中心,芬兰馆被三家企业联合购买下来,墨西哥馆则通过"搬家"成为一个图书馆。可见,这些场馆资源并非只有旅游和娱乐功能取向。

国外经验表明,世博会对经济发展、就业增长的带动作用通常要经历一个先扬后抑的阶段(胡彬,2009)。只有当世博会围绕城市的内生性成长因素,逐渐建立起区域联动的发展机制,世博会结束后的增长回落现象和经济波动才不至于太明显,并有可能引领城市和区域发展步入一个新的增长周期,世博会的长远效应正在于此。

(资料来源:王云龙.上海世博会后效应预判与应变之策[J].中国发展观察,2010(10):16-18)

讨论题：

1.会展业统计需要哪些基本数据？会展业统计有哪些难度？

2.结合案例，谈谈你对上海世博会效应的评估。

【专业词汇】

会展产业关联　会展产业链　会展产业投入产出法

【思考与练习】

1.结合实际，谈谈你对会展产业链的理解。

2.结合实际，谈谈你对会展产业关联效应的理解。

第8章
会展产业影响

【教学目标与要求】

掌握:会展影响因素、会展直接影响、会展间接影响

了解:会展效益评估法

【知识体系】

会展产业影响 ⎰ 影响因素
　　　　　　 ⎱ 直接影响
　　　　　　 　 间接因素
　　　　　　 　 效益评估

【本章导读】

本章主要阐述会展产业的影响因素、影响效果和会展产业效益的评价。共分为4节:第一节主要介绍会展产业的宏观影响因素和微观影响因素;第二节和第三节分别主要介绍会展产业的直接影响和间接影响;第四节主要介绍会展产业效益的评价。

8.1　会展产业的影响因素

8.1.1　宏观影响因素

1)经济发展

经济发展对会展的影响主要体现在以下4方面:①国家的宏观经济运行状况会影响会展供求的均衡。当国民经济稳定增长时,会展的供给和需求都会相应地增长;而经济增长缓慢甚至萧条时,会展的供给和需求都会降低直至达到新均衡点。②一国或地区会展发展以及会展市场状况,与该国家或地区的经济发展水平息息相关。这种内在的关系表现在两个方面:一方面,会展的活跃可以对地方经济形成极强的带动作用,拉动相关行业的快速发展,促进地区经济的增长;另一方面,如果一个地区的经济发展态势良好,地区经济交流活动频繁,也有利于会展供给水平的提高和会展供给结构的合理化,而经济相对落后的国家或地区,会展市场供给状况也必然受其影响。③经济发展水平的高低决定了对会展基础设施投入的大小,如会展场馆、交通设施等。④经济发展水平、相关行业的发展以及会展行业的发展、会展供给等变量之间是正相关的,即经济发展水平越高,会展相关行业发展良好,配套条件比较成熟,会展行业发展的环境就更为优越,会展供给和需求就更旺盛。

2)社会体系

会展是商业活动高度发达、对外开放达到一定水平后的产物。任何一个封闭的社会经济体系,都会严重影响会展的形成和发展,影响会展的总量和结构。一般而言,对外开放程度高、商业发达的国家或地区,会展才能迅速发展,会展体系才能更加完善,会展才会更快更好地满足会展市场的需求。

3)宏观调控

政府的宏观调控可以刺激或抑制该国家或地区的会展发展,具体表现在:一是政府利用税收政策来调节会展市场的供求数量;二是政府利用价格政策来调节会展市场的供求量;三是政府可以通过中央银行调整投资项目的贷款利率,相对提高或降低贷款利率可以抑制投资或刺激投资;四是政府可以利用土地政策来协调会展的供求;五是政府通过对会展的宏观调控,可以确保参展者的利益,力求会展供求的均衡。比如,德国联邦食品部、农业部以及林业部等各部门都对部门内的各种专业性展览会提供出国参展的经费支持。

4)行业发展

行业的发展也会影响到会展。行业主管部门对会展业的发展缺少总体规划,对其结构、数量、分布没有明确认识且没有专门的行业信息披露部门,使各投资主体的投资行为具有盲目性。会展市场上的供求平衡是有条件的、暂时的,而失衡却是绝对的、无条件的。因此,会展供求双方的矛盾运动中,新的平衡不断地被打破转化为新的不平衡。会展行业协会是会展产业中各个微观主体与政府宏观监管部门之间的联系纽带,会展行业协会的建立与成熟对会展活动的总量、结构、质量等都有着直接的影响。纵观发达国家会展产业的发展历程,可以发现会展产业的发展不能完全靠市场机制运作,必须要有行业规范,要有行业干预和协调机制。德国展览协会(AUMA)是闻名全球展览界的展览协会,它与德国政府经济部门、经济各行业都保持着密切关系,并在展览业内开展积极的指导、协调工作,德国展览项目的培育和发展、德国展览行业的正常运行在很大程度上都要归功于它。

5)供需关系

会展的供需关系表现为:首先,会展供需的结构矛盾表现为会展供给的档次和级别与会展需求不相适应。这是由于一定时期内市场提供的会展产品水平是相对稳定的,而会展需求却是复杂的、多样的,造成了现实中会展热点地区供不应求,偏僻地区则供过于求的现象。其次,会展供给的空间矛盾表现为会展供求在地域分布上的失衡。比如,有些大城市,由于区位条件优越,其提供的会展在类型、数量、质量方面都具有竞争优势,该地区会展供给能力自然就强;反之,有的偏僻地区即使存在会展需求,但由于会展所需各项设施不具备,而无法实现会展供给。最后,会展供需的时间矛盾表现为会展需求往往与参展者产品的生产周期(如新产品投放期)、会展周期(如世博会)等时间因素有着密切的联系,而有些会展供给尤其是展馆的供给在一年之中是稳定的,因而经常会出现旺季需求过剩、供给不足,而淡季则需求不足、供给过剩的矛盾局面。

6)安全因素

会展活动的重要特征是高密度、大流量的人口集中与流动,这是由会展活动的固定性、即时性以及会展规模越来越大等因素造成的。会展活动的这种特征可能成为各种会展危机的隐患和来源,如公共卫生、人身安全等。这些危机一旦爆发,对于会展行业的影响将是全面的。例如,中国 2003 年爆发的 SARS 危机,曾经给中国的会展业带来沉重打击。据统计,从 2003 年 4 月到 6 月近 100 天内,上海、北京、广州等地全年会展的 30%广告延期或停办,产业损失约 40 亿人民币,占全年生产总值的 50%。2001 年美国发生"9·11"恐怖袭击事件以后,美国会展业也大受影响,各协会的与会人数下降了 37%,而 2000 年度预测的数字只有 9%。这次事件对两方其他相关国家同样产生了影响,根据《英国会议市场调查 2002》,英国的会议组织中公司类会议有 1/4 被迫中止或延期,协会类会议也有 12%出现同样的情况。

7)地理位置

地理位置和交通信息等条件制约着会展发展的全过程。早期的会展往往都是在地理位置、交通和信息条件优越的地区首先形成的,距离主要航线或主要交通轴线的远近,成为影响会展形成和发展的重要因素,而主要交通枢纽在形成会展过程中发挥着重要的集聚作用。优越的地理位置、交通信息条件是一大社会经济资源,会展就是在此基础下形成发展起来的。

8.1.2　微观影响因素

1)会展微观主体

公司、团体、企业、组织、协会等会展市场微观主体在规模、管理方式、资源状况、组织生命周期等方面表现出来的特征和行为方式是影响会展最重要的因素之一。一般来说,行业内企业数量越多、组织规模越大,则组织与组织之间、企业与消费者之间以及组织内部间的交流与交易活动就越频繁,各种会议、展览、活动的组织和举办就越积极和踊跃。从组织管理方式的角度来说,那些组织结构扁平化,鼓励跨部门、跨组织交流,组织管理更为灵活、组织文化更加开放的企业和机构,更容易提高会展市场供给;而组织结构比较僵硬、组织层级更加鲜明、组织文化更加封闭的组织和机构,则对于会展活动的需求较弱,进而影响会展市场。

2）会展消费认知

由于相对而言,会展活动更强调顾客的直接感受,因而更符合顾客体验经济的趋势。在会展活动中,消费者与企业、产品进行面对面的交流,从中获取的信息更加丰富、专业性更强、更具有针对性,这些产品和信息不仅代表了会展行业的先进水平和发展方向,而且便于顾客进行同行比较。因此,会展活动对那些素质高、专业知识丰富、崇尚体验的消费者来说,具有更大的吸引力;同时,大量专业会展消费者踊跃地参展和积极地互动,也可以提高参展商的参展热情,便于参展商及时了解市场行情,改进产品和服务,因此,在消费者与参展商的互动过程中,会展消费者的知识结构、对会展的认知、对参展企业的兴趣等,都必然影响会展市场。

3）会展感知差异

这主要表现为实际会展与消费者的心理预期之间的落差。会展的供给者主要提供的是展馆环境、传达的信息及无形的服务,因此,会展供给质量的高低主要取决于会展参展者的主观感受及所给予的评价。而会展参展者对会展产品的心理预期通常会与实际的会展供给产生一定的差距。这种差距小的话,就说明会展参展者认为会展产品供给的质量高,相反则认为质量低,因此,会展经营者在提供会展产品时,一定要充分考虑不同参展者的心理特征和行为方式,了解他们的特殊需要,开展有针对性的个性化服务,提高服务水平,加快会展场馆等的建设与更新,尽量缓解会展供需在质量方面的矛盾。

4）会展人力资源

会展活动的举办是集全局性、专业性、操作性和政策性于一身的系统工程,从筹办到招展、展出,在项目流程、人力资源、空间设计和物流安排等方面都需要通盘运筹,涉及信息学、管理学、经济学、旅游学、建筑学、运输学、美学等多种学科。因此,会展活动的策划、举办都要有高素质的人力资源作为保障。通过培训和培养,大大降低了会展人力资源对会展供给的制约,更好地满足会展市场近期、中期和远期的增长需求。比如,美德等会展发达国家的会展教育培训主要就是由产业团体、公司企业、行业商协会和具有大学程度的州立学校合作,不同机构根据自身特色和研究实力,提供从职业培训到学士、硕士教育的会展多层次教育体系。此外,还通过专业研讨会、书刊、磁带、VCD 等信息途径,为其他社会公众提供继续学习的机会。在实践方面,美国的会展管理教育经常采取建立模拟客房、邀请业界人士为学生做报告、让学生义务参加会展活动、要求学生为学校的体育赛事寻求赞助商等多种方式,提高学生在会展管理方面的实际操作能力。

5）会展科学技术

日益进步的科学技术在会展活动中的应用是会展现代化趋势的重要体现。随着各种技术开发与应用上的日新月异,今日的会展活动与过去相比更加丰富多彩,网络会议技术、同声传译技术、会展场馆智能化管理技术、三维视觉技术等已经广泛应用。正是由于高新技术为会展活动提供了越来越强的观赏性、体验性,才吸引了更多观众和媒体的关注和参与。会展活动的良好运行,需要强大的科技体系作支撑。科技环境关系到参展和组展的效果,是影响会展供给的重要因素。对于很多特殊行业的展示和管理,如瓷器展览会、摄像器材博览会等,没有专业的知识和技术就更难保证其成功。

6) 会展行业壁垒

首先,会展行业进入壁垒低。会展业和其他行业相比,其进入壁垒相对较低。就资金壁垒来讲,会展业相对于传统的制造业或高科技产业来讲,尽管展馆建设的初期投入量较大,但后续资金需求较小,尤其是对于会展公司的投入资金需求量不大;就技术壁垒来讲,会展业属于劳动密集型产业,对技术的要求较低。因此,这一行业的供给容易膨胀。其次,会展行业退出壁垒高。由于会展业自身的特殊性,导致其转换成本过大,供给方的会展产品供给缺乏弹性,有的甚至在短期内无弹性。

7) 会展产业链评估

会展产业链的上游、中游、下游3个环节和对会展活动结果的评估构成了会展业的主要活动内容,展示了会展活动从启动阶段的策划、宣传到实施阶段的计划、组织、协调和招徕到控制阶段的评估与反馈的主要流程,如图8-1所示。在会展产业链中心是会展产业链的核心环节,并与DMC形成了专业化的分工,作为DMC主要代表的场馆,是会展活动开展的平台,产业链内的会展企业和相关支持企业围绕场馆在一定区域内相互邻近,方便了参加者(参展商和专业观众)和普通观众的出行,增加了企业的外溢效应,降低了信息的搜寻成本、传递成本和市场的交易成本,加之会展活动结束之后的信息反馈,将有助于主、承办机构利用产业连接效用打造会展品牌,推动会展不断壮大。

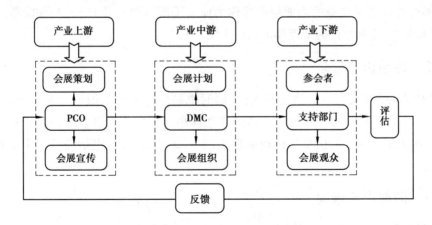

图 8-1 会展产业链评估的流程示意图

会展的这些宏观和微观影响因素不是一成不变的,可以不断变化和更新,如图 8-2所示。

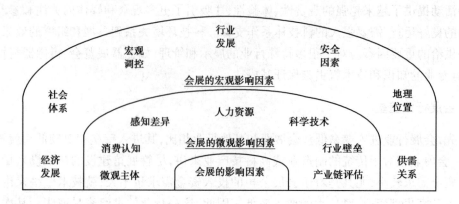

图 8-2　会展的影响因素示意图

8.2　会展产业的直接影响

8.2.1　促进商品流通

会展活动在一定的时间内将大量的供求厂商与消费者集中在一起,通过面对面的直接交流,不但使买主了解更多的产品,通过比较选择自己需求的产品,也使参展商准确地了解买方的需求,引导其根据市场需求进行生产,从而创造供给。会展这种经济交换形式,在流通中发挥着重要的作用,对商业的发展产生了巨大的推动作用。据报道,美国 2/3 以上的制造、运输等行业以及批发业的企业将展览作为流通手段,1/3 以上的金融、保险等公司通过展示资料和图片,将展览作为交流和流通的手段。

8.2.2　传递相关信息

会展不仅能够聚集大量的物流和人流,同时也是信息流的集散地。通过产品陈列、展示、交流,人们在会展中,可获得比从广告或其他商品宣传形式中更多的、大量的商品信息。不仅如此,从会展上获得的信息往往是最新的、丰富而准确的,这也是许多企业参展的主要原因。

8.2.3　调整产业结构

会展调整产业结构的功能主要体现在:一方面,对举办会展的行业的影响。会展活动通过聚集大量的商品、资金、技术和信息,有利于促进技术的引进,为产业充分有效地利用各种资源提供良好的外部条件,从而有利于产业机构的优化和升级;另一方面,对为其服务的相关产业结构的影响,强有力地带动交通、通信、餐饮、住宿、旅游、购物、广告、装饰、印刷等相关行业的发展,能够促进会展举办地区第三产业,特别是服务业的快速发展。会展可以加快区域产业结构调整,从而有利于促进区域经济一体化乃至经济全球化进程。

8.2.4　提高经济效益

成功的会展可以使主办城市在酒店、旅游、餐饮、交通、装饰、通信、零售、广告、印刷、物流货运等行业都受益匪浅,大幅度增加经济收入,增加相关就业机会,大力促进当地产品的销售和输出,由于对举办地整个城市建设、经济发展、科技进步等的全方位带动都很显著,是集商贸、交通、运输、宾馆、餐饮、购物、旅游、通信等为一体的经济消费链,因而会展经济常被称为"城市面包"。如被誉为"国际会议之都"的巴黎,每年承办的国际会议多达 300 个,仅会议一项所创造的收入就达 7 亿美元;法国会展每年营业额达 85 亿法郎,展商的交易额高达 1 500 亿法郎;美国每年举办的 200 多个商业会展所带来的经济收入超过 38 亿美元;中国香港的会展业每年为其带来大约 330 亿港元的出口订单和相关的经济收入。

8.2.5　促进产业综合

会展经济包括会展业、为会展提供服务的相关行业,以及参与会展活动的参展商和参展观众等参与主体。会展业是会展经济的中心和支撑点,与其他服务的相关行业是相互作用的关系,会展业可以带动相关行业的快速发展,但同时也需要这些行业的支持。会展业与为其服务的相关行业的共同发展,以及参展商与参展观众的参展活动,就构成了蔚为壮观的会展经济,如图 8-3 所示。

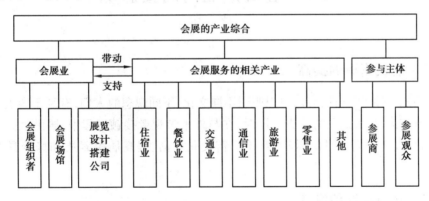

图 8-3　会展的产业综合特征

8.2.6　产生乘数效应

国际上一般认为会展的乘数效应为 1∶5 至 1∶9,即如果会展业的收益为 1 个单位,则能带动相关产业产生 5~9 个单位的收益。会展与其他产业的关联性较强,它涉及服务、交通、餐饮、旅游、广告、装饰、边检、海关以及通信等诸多部门,会展经济的发展不仅可以培育新兴产业群,而且可以直接或间接带动系列相关产业的发展。因此,会展活动对投资需求和消费需求产生了乘数效应。其中,投资需求是指举办会展活动产生的对场馆及相关配套设施建设的建筑材料、劳动力、资金、设备等的需求;消费需求是指参展者对会展业本身以及旅游餐饮、通信交通、商贸金融等相关行业产品和服务的需求。会展乘数效应主要体现在投资乘数、就业乘数、消费乘数等方面。

8.2.7　创造市场供需

会展的发展所体现出的功能不但可以创造需求和供给,而且可以调节经济中的供需平衡。需求的增加特别是有效需求的增加一般会促进经济的增长,从而拉动整个国民经济的快速发展。会展创造供给的机能主要是指提高供给的能力,供给能力的提高说明会展企业提升了自身的实力和竞争力,这自然有利于国民经济的进一步发展。调节会展的供需平衡显然有助于会展的良性、健康、协调发展。

8.2.8　加快设施建设

会展是一种大型的群众活动,它要求有符合条件的展览场所,有一定接待能力和高中低档相配合的旅行社、宾馆、酒店,便捷的交通、通信和安全保障体系,优美的旅游景点等。为获得大型会议、展览的举办权,各地方政府都会积极、主动地进行综合性、全方位的城市建设,如铺设交通、通信网络,兴建现代化的大型会展中心、宾馆和酒店,加快环境保护工作等,加强对整个区域的基础设施建设。

8.3　会展产业的间接影响

8.3.1　居民素质的提高

大型的地区性、国际性会展,可以吸引不同文化、不同观念的人们,有利于会展举办地居民与之进行交流,扩大居民的视野。同时,在与外来参观者接触过程中,居民也会学到一些先进的观念,改变他们一贯的做法,对于丰富文化生活、提高居民素质和修养具有重要的意义。

8.3.2　城市功能的发挥

一个城市发展会议和展览,必须具备一流的会议、展览设施,发达的交通、通信设施以及特色的风景等良好的基础条件,为争取获得大型会展的举办权,各地也需积极进行综合性、全方位的城市建设,从而使城市功能得以充分发挥。以德国重要的经济文化中心、下萨克森州首府汉诺威市为例,全世界最大的工业博览会在该市举行,那里的100多万平方米展览中心面积居世界博览业之首,其中各自独立的26个展厅和一个宽阔的露天场地在国际展览业中达到最高水平。在那里,每年举办的大约60个博览会和展览会吸引着世界各地100多个国家的3万个参展商、230万观众和16万名新闻界人士,使得这个只有50万人口的小城市汉诺威蜚声全球,获得了"展览王国"的称号。其展览会设施和其他相应的基础设施的建设,都大大地加速了城市建设功能的发展。

8.3.3　城市声誉的提升

国际性会展活动的举办会使会展举办地声名鹊起,知名度大幅提高,成为加速区域发展的巨大无形资产。良好的旅游环境会给参展商和参观者留下良好的印象,通过这些人的口碑,对会展举办城市起到广告宣传的作用,会迅速提高会展举办城市的国际知名度。比如,法国首都巴黎,由于平均每年承办 300 多个国际大型会议,因此享有"国际会议之都"的美誉。

8.3.4　国际进程的推动

会展活动的举办,有助于加深政府、国内外团体和商界彼此之间的了解和交流,推动国际间人员的互访和文化的交流,加强各国政府和组织的协作,有利于突破经济一体化的各种制度和非制度的障碍因素,为完整的市场体系形成提供条件,推动会展举办城市的经济发展与国际接轨和全球经济的一体化进程。通过发展会展,使会展举办城市吸引大量具有创新思维和战略眼光的知名专家、学者、企业家,不仅会带来信息化革新,而且也便于这些外界人士更好地了解城市各方面的发展状况,有利于吸引投资,为会展举办城市创造更多投资机会,从而推动城市经济发展与国际接轨。

8.3.5　城市优势的挖掘

会展的发展除应具备良好的城市硬件基础设施、便利的城市交通环境和政府在政策法规等方面给予支持外,还应该具备良好的城市经济环境、城市社会环境和城市文化环境,拥有较高的城市开放度,相对发达的城市第三产业,较为丰富的城市旅游资源等,城市具有发展会展经济的优势。会展总是在那些经济发达的城市优先发展起来,如德国的汉诺威、法国的巴黎、英国的伦敦、中国的香港和上海等城市。

8.3.6　外贸发展的促进

从对外贸易方式看,会展本身就是一种重要的国际贸易方式,它为买卖双方了解市场,建立和发展贸易、技术、经济合作关系,促进文化交流、增进友谊提供了条件。它有利于国内企业将自己的优势产品、技术出口,或购买先进的生产技术、设备等,从而能够直接增加外贸进出口额,推动对外贸易的快速发展。如法国博览会和其他专业展览会每年展商的交易额高达 1 500 亿法郎。

8.3.7　技术创新的引导

会展活动能够在一定的时期将众多高新技术领域的专业人士聚集在一起,使其动用所有的感官,接触、比较、了解新技术、新发明,并通过相互交流,获得有关技术的性能、功效等各方面的信息,不仅对先进技术成果起到了展示、传播和推广的作用,而且对引导新技术的研发、跟踪技术发展动向,鼓励企业不断进行技术创新具有重要的意义。

8.3.8 竞争能力的提高

一方面,会展扩大了企业的市场范围。会展活动特别是大型的跨国界的会展活动,有利于打破不同国家间、区域间、民族间的封锁和垄断,促进资金、技术、商品的跨区域流动,从而有利于竞争力强的企业抓住新的市场机会,采用先进的生产技术,改革管理方式,充分利用资源,提高在市场上的竞争力。另一方面,也使企业置身于更开放的市场环境中,增强企业的危机感。竞争对手的存在迫使企业不断降低成本,改进产品和服务,提高竞争力。

8.3.9 区域物流的加速

会展活动期间,在会展举办区域内汇集了大量的参展商品,由此导致会展区域频繁的物流活动。会展前后参展商品的运输、包装、储存、装卸、搬运,会展活动期间向参展商和参展观众分发的食品,以及其他与会展相配套的设施,都会增加会展区域对物流服务的需求。更重要的是,相对于一般的货物运输而言,展品对物流服务有着更高的要求。这就要求物流活动组织者必须不断采用先进技术、设备、管理方法,来提高物流服务的水平,满足会展对物流服务的要求。因此,会展产业的发展将加速会展区域的物流活动。

8.3.10 产业关联的扩散

会展通过关联效应的扩散,带动建筑、旅游、餐饮、金融保险等其他产业发展,使产业结构顺着第一、第二、第三产业优势地位顺向递进的方向演进,顺着劳动密集型产业、资本密集型产业、技术(知识)密集型产业分别占优势地位的方向演进,使区域的产业结构向着更加合理化和高度化的方向发展,最终推动区域经济增长,如图 8-4 所示。

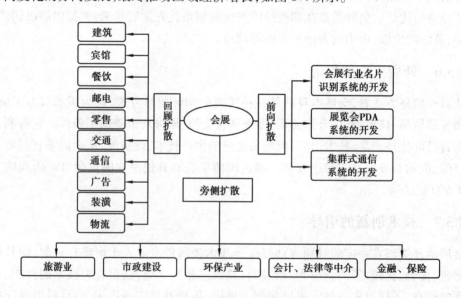

图 8-4 会展产业关联效应的扩散

8.4　会展产业效益的评价

会展经济效益是指在某一区域内,社会对会展的总投入与社会因会展活动所得到的总收益的比较。会展产业综合经济效益包括可以用价值形式表示的会展直接经济效益和间接经济效益。

对会展进行评价,宏观上,能够优化资源配置,实现效益最优化,实现产业均衡和地区均衡,有利于国民经济整体水平的提高;中观上,对会展产业的综合评价可以优化会展产业结构,使会展产业处于长期的、动态的结构均衡;微观上,追求利润最大化是企业永恒的目标,经济效益评价可以促使会展企业降低生产经营成本,提高劳动生产率和企业管理水平,使企业获得最大化的利润。

8.4.1　会展产业效益评价指标体系设计原则

会展经济效益评价指标体系的建立应该遵循以下主要原则。

1)全面性原则

评价指标的建立既要反映个体会展企业的管理水平和经营能力,又要反映整个会展行业的盈利水平、发展能力和可持续发展潜力,以及对整个社会进步的贡献力量。

2)系统性原则

对会展经济效益功能的评价是一个复杂的系统工程,其指标体系是由若干指标(要素与子系统)有机结合而成的,在构建指标体系时,应重视各指标之间的联系,真正使评价做到全面、系统。

3)科学性原则

指标的设置既要考虑指标自身的科学合理性,又要结合会展业的行业特点,遵循客观规律;既要有动态指标,又要有静态指标;既要有定性指标,又要有定量指标。

4)导向性原则

通过指标体系的建立,有助于会展企业按市场需求组织生产和经营,加强管理和降低成本费用水平,把工作重点引导到提高经济效益上来,并对会展企业的非正常化行为起约束和规范的作用。

8.4.2 会展产业效益评价指标的评价方向及组成

1)经济总量

总量指标是反映会展产业总产业、总就业和总固定资产存量规模的总体指标。该指标的重要作用主要表现在两个方面:首先该指标反映了会展产业发展在人、财、物方面的最基本概况,其次该指标是构成大多数其他评价指标的基础。在指标体系中,除作为核心总量指标的增加值外,还包括总成本、总产值、从业人员、会展产业总收入等指标。

①会展产业总产值:指一定时期内会展产业单位全部生产活动的总成果或总规模的货币表现。它既包括转移价值,又包括新增价值。在计算会展产业总产值时,事业单位和企业单位应分别采用不同方法计算,然后汇总。

②会展产业增加值:指一区域在一定时期内(通常为一年)会展产业单位向社会提供产品或服务而增加的价值总和。该指标反映会展产业部门为社会提供的全部最终成果。该指标在统计时可能因会展产业统计范围不同而造成不同时期(或不同地域)的口径不一致,所以在具体运用时应加以说明和调整。

③会展产业总成本:指在一定时期内,会展产业单位为生产会展产品和开展会展活动而发生的各种消耗和支出的总和。

④会展从业人员数:指在会展产业单位工作或非会展产业单位中直接从事会展活动、并取得劳动报酬的全部人员数。

⑤会展产业总收入:会展企业和事业单位本年收入合计,该指标包括财政补助收入、上级补助收入、事业收入、经营收入、附属单位上缴收入和其他收入等六部分。其中,事业收入指事业单位在专业业务活动及其辅助活动之外开展非独立核算经营活动取得的收入。

2)直接经济效益

直接经济效益指标是反映会展产业生存、发展状态的关键指标。反映产业经济效益的指标有很多,根据会展产业的特点,从中选取 3 个指标。这 3 个指标都是定量指标,且都以单位时间内的数值计算(通常为 1 年)。

①资产报酬率=净利润/平均资产总额。其中,平均资产总额为期初期末资产之和的算术平均值。这个指标反映了会展产业单位的获利能力。

②劳动生产率=会展总收入/会展从业人员数。它反映会展产业单位人力资源管理水平。

③资产有效利用率=实际使用资产/资产总额。它反映会展产业单位自然资源营运能力。

3)发展能力

发展能力是反映会展产业获得持续经济效益的能力。对会展产业经济效益的综合评价,不能只看会展产业或会展企业当前的经济效益指标,还要看到会展产业的发展前景。只有对会展产业的现状与未来综合评判,才能得出客观、全面的评价结果。主要有以下 4 种指标。

①年增长率=(年末总资产额−年初总资产额)/年初总资产额。从一个产业的年增长率可以直接看出该产业的发展水平及趋势。

②技术创新投入率=技术创新投入总额/净利润,其中技术创新总额=新产品开发费+设备更新改造费+从业人员培训教育费。现代市场经济中的竞争,是科技与人才的竞争,技术创新投入也是表现会展产业和会展企业发展水平的方面。

③从业人员构成率=会展产业从业人员/第三产业从业人员。

④增加值构成率=会展产业增加值/第三产业增加值。由于会展产业的主体行业包含在第三产业内,因此,评价会展产业人员与增加值在第三产业中的构成情况也是了解会展产业发展水平的重要方面。

4)对国民经济的贡献

该指标反映会展产业对国民经济的直接贡献水平。就一般意义而言,部分会展产业已成为最具经济活力的产业部门,为客观、真实地反映会展产业在国民经济体系中的地位,选择以下 5 个指标。

①国民经济贡献率=会展产业的增长量/国内生产总值同期增长量。该指标直接反映了会展产业增长规模对整个国民经济的影响程度,是评价其对国民经济贡献的核心指标。

②国民经济支持率=会展产业增长速度/国内生产总值同期增长速度,其中会展产业增长速度以增加值计算。该指标反映了会展产业增长速度对国内生产总值增长速度的相对支持程度。

③第三产业就业贡献率=会展产业从业人员增长量/第三产业从业人员增长量。该指标直接反映会展产业在就业方面对第三产业发展做出的贡献。

④社会贡献率=会展产业社会贡献总额/平均资产总额。它是衡量会展产业单位运用全部资产为国家或社会创造或支付价值的能力。会展产业社会贡献总额是指会展产业单位为国家或社会创造或支付的价值总额,包括工资(含奖金、津贴等工资性收入)、劳保退休统筹及其他社会福利支出、利息支出净额、应交增值税、应交产品销售税金及附加、应交所得税、其他税收、净利润等。

⑤社会积累率=上交国家财政总额/企业社会贡献总额。它是衡量会展产业单位社会贡献总额中多少用于上交国家财政。上交国家财政总额包括应交增值税、应交产品销售税金及附加、应交所得税、其他税收等。

5)乘数效应

乘数(Multiplier)指某一经济量与由其引起的其他经济量变化的最终量之间的关系。会展乘数效应指会展产业的一笔投资或收入不仅能增加会展行业的收入,而且在国民经济中起到连锁反应,最终会带来数倍于这笔投资的国民收入增加量。乘数包括收入乘数和就业乘数。收入乘数=由会展引起其他产业的收入增加量/会展产业收入增加量;就业乘数=由会展直接或间接引起就业人数增加量/会展产业收入增加量。

案例分析:会展效益案例

鸟巢空置每年浪费 2 亿?

为北京奥运会修建的鸟巢体育场长期空置,每年花掉 2 亿维护费? 这种流传已久的说法近日又被媒体挖了出来,但很快遭到官方辟谣。

国家体育场公司总经理助理李质群日前表示,"空置"一说绝对是空穴来风。他表示,2016 年度鸟巢已经安排了国际足球邀请赛、田径挑战赛、马术大师赛、大型演唱会、驻场秀、冰雪活动等各类活动 40 余场次,其中主场利用率达到 80% 以上,有些赛事演出活动甚至预订到了 2018 年。鸟巢目前实现年均营业收入约 2 亿元,实现了现金流财务平衡并已经盈利。

据《北京青年报》报道,李质群表示,奥运场馆赛后运营是公认的世界性难题。为破解鸟巢赛后利用难题,国家体育场通过市场化方式开展了大量运营探索和模式创新,自 2008 年 10 月北京奥运会后开放运营至 2015 年底,国家体育场(鸟巢)累计接待中外游客超过 2 600 万人次,完成了 5A 级景区创建工作,实现年均营业收入约 2 亿元。

同时,鸟巢内部商业空间已全面规划开发,利用鸟巢知识产权开发特许产品 20 个大类 700 余个品种。鸟巢旅游服务、大型活动、商业开发在经营总收入中所占比重已形成 3:4:3 的产业格局。

鸟巢运营现状究竟如何? 未来场馆建设又该偏重何方?

众所周知,鸟巢首要满足的是 2008 年北京奥运会时展示国家整体风貌的需要,因此在外观上其宏大新奇的风格给人们留下了深刻的印象,作为结果,其在运营效率上可能会略有妥协。

我们可以发现,与传统的体育场馆相比,鸟巢的一个特点就在于其鲜明的景点属性,同时它也是北京最为知名的城市地标之一。虽然近些年旅游收入在其运营占比中呈现持续下降趋势,但总体而言,游客给鸟巢带来的总收入依然较为可观。

这点不妨参考一下鸟巢的邻居水立方。奥运会后,水立方成为一个向社会公众开放旅游观光的景点,并组织举办了一系列精彩纷呈的体育赛事和文艺演出等大型活动。在最初,旅游收入占了水立方场馆收入的 70%,而 2012 年前后则为 30%,其年均观光人次为 200 万。

"要是没有前几年的门票效益,我们的奥运场馆赛后运营也会跟国外场馆一样陷入困境。通过这几年的储备,无论人才结构、运营管理都做得更好了。"国家体育场有限责任公司常务副总经理相军曾如此表示。然而这样的运营特色并不能广泛适用于中国的多数场馆上,这也说明了以鸟巢、水立方为代表的奥运场馆有着其自身的特殊性。

鸟巢的特殊性还体现在场馆冠名上。我们都知道在另一家奥运场馆五棵松的运营模式中,冠名收入占的比重可以说是很大的,从万事达到乐视体育,五棵松场馆群正是依靠着冠名权的售卖才得以实现盈利状况的蒸蒸日上。

关于鸟巢这样的国家体育馆出售场馆冠名权是否合适一直是人们热议的话题。从运营的层面考虑,一旦鸟巢能将冠名权进行出售,那么在目前门票收入、大型活动收入、市场开发收入占比为3:4:3的情况下,鸟巢的收入渠道将得到进一步补充,其运营环境也将得到持续改善。

据悉,起初北京市政府和鸟巢运营方都曾考虑过鸟巢整体冠名,但是北京奥运结束之后,鸟巢整体冠名权问题激起舆论广泛讨论,公众意见存在明显分歧,质疑者众。北京市国有资产经营有限责任公司董事长李爱庆之前表示,考虑到群众的心理无法接受,鸟巢、水立方将放弃很大一部分商业运作手段,因此暂时不考虑让鸟巢、水立方用企业冠名。然而去年,我们得知鸟巢正在进行整体冠名权的市场调研,如若最终成行,赞助商预计将带给鸟巢每年7 000万元左右的收入。

虽然鸟巢整体冠名之路尚未开通,但对于局部冠名权,比如包厢冠名事宜等,鸟巢方面则一直在努力。目前,鸟巢赞助体系开发分为"战略合作伙伴""合作伙伴""独家供应商""供应商""包厢冠名商"等多个层次,推出场地广告等多种权益。此外,鸟巢还将在商业面积、商业广告、无形资产、鸟巢文化中心、鸟巢票务、鸟巢卡以及"冰雪季"等活动项目方面开展对外合作。

活动对场馆运营的重要性自然也是不言而喻的。就2016年的赛事安排来讲,鸟巢将会拥有青少年棒球赛、国际田联世界田径挑战赛、国际足球邀请赛、国际马术大师赛、鸟巢国际半程马拉松赛、沸雪北京世界单板滑雪赛、空中技巧世界杯滑雪锦标赛等国际体育赛事。

而在演出活动方面,星际梦秀、田径活动基地、"鸟巢·吸引"水立方版演出、五月天鸟巢演唱会、心时记·大型国风主题演唱会——鸟巢站、中国新歌声总决赛、"大爱无国界"国际义卖、陈奕迅鸟巢演唱会、第八届鸟巢欢乐冰雪季等活动将在鸟巢上演。

在文体娱乐活动之外,鸟巢在会展方面也挖掘了金色大厅、新闻发布厅、南广场、文化中心等场地资源,举办各类新闻发布会、论坛、展览展示等活动。根据相关负责人的介绍,2016

年度鸟巢已经在主场、附场以及南广场等主要活动场地安排各类活动40余场次，其中主场利用率（含搭建筹备期和撤场恢复期）达到80%以上。由此看来，关于鸟巢在奥运会后处于闲置的状态的说法是很不负责的，当然，在活动数量上，鸟巢还拥有着一定的上升空间。

无论是鸟巢、水立方还是五棵松，它们的运营模式在复制推广上都存在着一定的难度，原因当然还是在于我们之前介绍的特殊性所在。根据禹唐的了解，在中国为数众多的综合性场馆的确面临着运营上的困境。

如今，传统的综合性场馆的主要收入除了比赛、演唱会等活动之外，就只能靠一些广告以及散客来维系运营。这样的模式导致场地利用率不高，许多时间段场地空置等问题。如若场馆级别不高，则更容易导致赛事与活动这一块收入无从谈起，从而导致广告收入也大幅下降，只靠散客的收入来维系其运营支出，谈何容易？更不用说中国许多场馆如今的自主运营权也并不充分。换句话说，许多决定与改革必须请示政府，整体运营上也并非完全实现了市场化。

禹唐曾与阿里体育副总裁、场馆事业总经理韩立锋先生探讨过二、三线城市的场馆运营问题。在韩立锋看来，如何通过制度架构设计以保证其员工创新拼搏动力并提高其工作效率，如何提升相关场馆管理人员的服务与经营意识，如何保证员工的自律能力这三点对场馆运营方而言都是很重要的问题。

事实上部分场馆从最初设计建造而言就缺乏专业性，决定了其无法承担各种大型活动。因此比起建造占地更大、可以承担大型活动的综合性场馆，或许可以更多地放眼于建设真正有利于全民健身的社区型场馆。

对社区型场馆而言，其可以在有限的空间中更合理地利用空间，将所有的空间都作为运动场地来进行使用，创造条件使更多的普通人得以更多地投入运动中来，同时通过赞助商的支持以实现全民健身场馆中自我造血功能与社会责任承担的兼顾。

场馆在整个体育产业链条中既不是IP，也不是中间，它是一个终端。虽然这个终端很容易被多数人所忽视，但场馆也确实是行业中最基础和重要的问题之一。作为赛事遗产的场馆究竟可以如何实现更高效的运营，而科技又可以带给城市地标场馆哪些改变呢？让我们来一起听听国际体育产业前沿的声音。

（资料来源："禹唐体育"微信公众号）

以什么标准来评定政府展的举办效果？

近年来，关于会展市场化的呼声越来越高。而与市场化相对应的则是政府主导型展会的创新发展问题，大有凡涉政府展，必有市场化话题，似乎两者之间成为相关的线性关系，加上"八项规定"和商务部对政府展的规范，使得政府展成为会展发展负能量的表现之一。然而，大数据时代，单一线性思维受到了颠覆，非线性关系成为思考问题的又一途径。

八年前，笔者曾参与了一个由当时国家七部委和地方政府主办的有关展会如何改革创新的商洽会（之所以用"商洽"一词，是因为当时执行单位有意将该展会推向市场，但又不愿放弃自身由此既得的资源），笔者提出专业化应先于市场化的观点。专业化和市场化的现实意义在于运作模式和程度不同，而政府展的专业化更多体现在目标定位方面。通俗地讲，以什么标准来评定其举办效果?既不能用社会效益来涵盖经济效益,又不能用行业展的经济绩效来否定政府展的公共目标。需要厘清的关键是,为什么政府要出巨资举办这些展会?如果仅仅为了体现公共政策的导向性,那么举办一些专题会议和论坛,通过媒体加大宣传报道也未尝不可,为何要如此"劳民伤财",让众多参展企业疲于奔命?因而可以说,目标性成为专业化界定的重要标准,同时也是决定选择展会这一载体的重要依据。

展会作为载体,其强大的影响力和综合性功能为公共需求的推广所青睐。笔者此前曾提出,展会在满足国家和区域战略发展目标的推广方面发挥了其他媒介所无法充分满足的作用。广交会、厦洽会、亚欧博览会、东盟博览会、东北亚博览会、中博会、高交会等,其影响力和公共目标性大家耳熟能详。而与此同时,我们的参展企业得到了什么?除广交会之外,目前此类展会的运作模式,大都是依托本地优势产业,按照展会规划,通过行政手段组织各地优质企业参展;通过"路演"方式,进行国际国内招展招商,相互参阅、各显神通,"殊途同归"。

多年来,业内越来越明晰了一条"定律":未招展先招商。而这只是在展会运作模式的层面上作了突破。展会传统理念对"招商"的理解很直接:专业观众或曰"买家"。招徕买家则为了扩大出口或销售,获取订单和产品市场占有率。这或许是参展企业的最大诉求。通过政府搭台,受惠的企业越来越多,我们身边不乏类似的案例,媒体报道也多从正面给予点墨。

随着多年来深入参与一些政府展的运作,笔者对其目标性和"买家"的概念理解不断得以深化:投资、贸易、文化全方位合作,丰富了展会"买家"和"招商"的概念。

以广东海博会为例。为响应国家"一带一路"建设,构建新常态下广东对外开放新格局,广东省去年首开先河,举办了"广东省21世纪海上丝绸之路国际博览会"(简称广东海博会),今年为第二届。本届广东海博会主题充分体现岭南文化的务实特点:"做生意、谈合作、来广东"。组委会发动各对口地市一起,先后对柬埔寨、印度尼西亚、马来西亚、埃塞俄比亚、坦桑尼亚、南非、斯里兰卡、老挝、泰国、印度、新加坡、菲律宾等10多个国家和地区开展推介,组织举办了100多场针对海博会的专业推介活动,拜访了境外重要华商协会和企业,得到了当地政府、华商协会、华人华侨组织的大力支持和热烈响应,取得了良好效果。

目前,今年广东海博会共收到来自印度、马尔代夫、阿联酋、新西兰、泰国、柬埔寨、塔桑尼亚、马来西亚等30多个海上丝绸之路沿线国家的企业的参展申请,海外企业参展数量超过六成。特别值得一提的是,泰国、新加坡、印度尼西亚、新西兰等20多个国家已确定设立国家展馆。在对华贸易方面,这些国家和企业既是卖家又是买家,为了全面展开投资吸引和贸易合作,海博会成为其招商引资的推介平台。从广东商业联合会掌握的数据来看,该机构已初步收集了11个与"一带一路"国家有关的重点合作项目,合作金额达到700亿元。

从国内合作情况来看,传统丝绸之路的概念将得以新的诠释。为推动茶产业转型升级,促进茶叶国内外贸易,推广中国茶文化的国际传播,本届广东海博会首辟"国际茶展",内设5大展区、6类配套活动来丰富内容。策展内容从文化到商业、从传统到创意、从产地到茶品、从标准研讨到对工匠精神的关注,一应俱全。以海博会为契机、以茶为主题,在此连接海上丝绸之路的新概念,突出平台的权威性和有效性,并以此为起点,重现"千年茶路的历史荣光",推动中国茶重回世界茶的标准与文化之巅。

此外,通过一些高端对口活动和微观研讨会,探讨有关行业性和技术性问题。如由商务部投资促进局承办的"走出去服务中国行"、港口城市发展合作高端论坛、港口城市发展合作市长对话会、丝绸和内衣行业交流会等,无不在公共需求层面充实展会的目标性内容,成为展会专业化的重要考量指标。

如此,从投资、贸易、文化合作的角度让我们对政府展有了一个新的认识。

(资料来源:中国贸易报,2016-01-09)

讨论题:

1.文中对场馆运营问题的整体理解是否片面,你有何建设性的意见?

2.鸟巢的运营现状究竟是怎样的? 我国未来的场馆建设又该偏重何方?

3.以什么标准来评定政府展的举办效果?

【专业词汇】

会展影响因素 会展影响 会展直接经济效益 会展间接经济效益 会展社会效益

【思考与练习】

1.会展产业的影响因素有哪些?

2.会展产业效益如何评估?

第9章
会展经济与城市经济

【教学目标与要求】

掌握:会展经济与城市经济的关系,会展经济与城市经济的区别与相互影响

了解:会展经济如何提升城市的知名度,会展经济给城市国际化进程带来哪些影响

【知识体系】

```
                    ┌城市助推器 ┌直接经济效益
                    │          └带动相关产业
  会                │          ┌依托城市功能
  展  经            │拉动基础设施┤推动城市建设
  济  与  城 市  经 │          └会展与城市相互促进
  济                │提升城市知名度┌打造城市品牌
                    │            └塑造城市形象
                    │          ┌推广功能
                    └推动城市国际化┤
                               └国际品牌功能
```

【本章导读】

　　本章主要阐述会展经济与城市经济发展之间的关系,共分为四节:第一节主要介绍会展经济是城市经济的助推器,会展为城市带来直接经济效益,会展带动城市产业的发展;第二节主要介绍会展经济拉动城市基础设施建设的作用,从会展依托于城市功能,会展经济推动城市建设,会展经济与城市建设相互影响方面展开介绍;第三节主要介绍会展经济提高城市知名度的理念;第四节介绍会展经济推动城市国际化的功能。

　　本章我们要把会展经济和城市经济发展战略密切相结合;将会展经济与城市结构功能的完善相结合;将会展经济与城市的社会、文化、旅游等方面的发展相结合;城市政府要做会展经济宏观战略调控者,而不是主导者;将会展经济与城市对外开放相结合,走品牌化、国际化的道路。本章将具体阐述会展经济与城市经济的相互关系。

　　会展业主要指的是会议业和展览业,即通过举办各种形式的展览和会议,包括大型国际博览会、展览会、运动会、交易会、招商会等,能带来直接或间接的经济效益、社会效益的一种行业。这两个行业的经济活动以及由此所产生的一系列经济现象,之所以被称为"会展经济",是因为会展业对城市经济发展带来越来越大的推动作用。城市作为一个经济实体,与农村经济、国民经济的运行相比,具有自身的特征。从表象上看,城市经济具有互补性、系统性、外部性、区位性等重要特征。

　　会展经济与城市经济发展是相辅相成的关系,所以城市与会展也必将继续保持着这种高度互动的关系。没有城市,会展业无以立足;没有会展,现代城市将大为失色。会展经济与城市发展要相互协调、共同促进、相映生辉。城市的发展水平是会展经济的基础,会展经济是城市发展腾飞的有力后盾。

　　因此要把会展业的发展和城市经济发展战略相结合;将会展经济与城市结构功能的完善相结合;将会展经济与城市的社会、文化、旅游等方面的发展相结合;城市相关政府要做会展经济宏观战略调控者,而不是主导者;将会展经济与城市对外开放相结合,走品牌化、国际化的道路。接下来,本章将具体阐述会展经济与城市经济的相互关系。

9.1　会展经济是城市经济的助推器

9.1.1　会展为城市带来直接经济效益

　　一直以来,会展被称为"城市建设的加速器"。会展作为一个城市的窗口行业,对发展社会经济、优化城市社会资源具有明显的促进作用。会展经济是城市经济的重要组成部分,会展经济的发展对城市形象的树立、城市知名度的提高、城市经济的快速发展有着非常积极的意义。

　　一般来说,城市发展会展业都会带来良好的经济效益。会展业将是今后城市经济发展的一个新的增长点。会展经济被认为是绿色朝阳产业,即是高收入、高盈利、低成本的行业,其利润率在20%~25%,这正是会展经济迅速发展的直接推动力。从国际上看,在瑞士日内瓦,德国汉诺威、慕尼黑,法国巴黎,英国伦敦,美国纽约,新加坡和我国香港等这些世界著名的"展览城",会展业都为其带来了直接的收益和经济的繁荣。我国北京、上海、广州、深圳等地每年也通过举办各种大型展览和会议获得可观的收益。这种直接的经济效益所产生的吸引力,使得会展经济在我国迅速发展起来。会展业在企业全球化和经济一体化的进程中获得了众多美称,尤其以其对经济的乘数效应和对社会的杰出贡献受到了各国政府及城市越来越多的重视。

　　就会展对举办地的无形作用而言,一方面,会展的发展增加了对相应的专业会展组织、会展中心和会展服务机构的需求,有助于形成合理分工的社会化经营和服务体系,增加大量的就业机会;另一方面,可促进地方基础设施建设,提升举办地的知名度和美誉度。国际上有许多以展览著称的城市,尤以德国为最,像汉诺威、慕尼黑、杜塞尔多夫、莱比锡等均是世界知名的展览之都,德国被誉为"世界展览王国",法国首都巴黎也赢得了"国际会议之都"的称号。

9.1.2　会展带动城市产业发展

会展业作为朝阳产业和绿色产业,具有极强的产业带动效应。会展经济,通过其强大的带动效应促进了城市内多种相关产业的发展。会展经济不仅可以培育新兴产业群,还给交通、餐饮、广告、金融、旅游等带来巨大商机,并带动第一、第二产业发展。据有关文献资料显示,国际上展览业的产业带动系数大约为1∶9(许多发达国家已经达到1∶10)。1∶9,即展览场馆的收入如果是1,相关的社会收入为9。虽然我国会展业起步较晚,但通过调查发现我国国内这一比例目前也达到了1∶6。但是,在使用上述有关结论时,必须保持必要的小心和谨慎,因为会展整体性作用的发挥不仅取决于会展自身,而且取决于整个会展产业链条的完善和传递效率。恰当评估会展业在产业发展中的作用,有利于会展业的发展,片面、过分推崇会展业,简单地认为会展业是万能的,只要极力推动,自然就会产生会展经济的观点不仅给人一种错觉,而且会对会展业的发展产生强烈的误导。

事实上,会展的经济影响必须以产业为基础,会展只是产业链中的一个环节而已。仅就会展平台而言,一方面,在市场竞争日益激烈的情况下,会展为企业开展营销活动提供了一个很好的场所,企业通过参加会议和展览,可以及时、准确、低成本地获取各种有效的信息,根据这些信息,实施恰当的市场营销组合策略,并且企业在会展上通过产品尤其是新产品展示,可以诱导甚至创造消费者的需求。另一方面,会展汇聚了巨大的信息流、技术流、商品流和人才流,有利于企业获得优质资源,在产品、技术、生产、营销等诸方面获取比较优势,优化配置资源,增强综合竞争力。此外,会展也提升了对其他产业的支持力度,促进各产业的发展,特别是制造业的生存和提升,需要相关服务行业的协作,也离不开会展业的支持和助力。

会展经济不仅是一个带动旅游、物流、商业、通信、住宿、餐饮等多方受益的产业,同时会展也能够发展成为带动区域产业聚集的"动力引擎",提升区域产业的品牌价值。近年来,会展经济被看好的重要原因是其产业关联系数高,从而使得会展业能全面带动城市资源运行。会展业推动城市产业结构优化模式如图9-1所示。

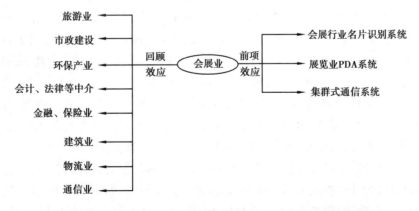

图9-1　会展业的产业结构优化模式

会展经济发挥产业关联作用,往往又很快形成集聚效应,进一步拓展了城市的经济地域范围,大大加快了城市化的进程。会展业通过关联效应、扩散效应和集聚效应,带动建筑、旅游、餐饮、金融保险等其他产业的发展,使产业结构的发展顺着第一、第二、第三产业优势地位顺向递进的方向演进;顺着劳动密集型产业、资本密集型产业、技术(知识)密集型产业分别占优势地位的方向演进,使城市的产业结构向着更加合理化和高度化的方向发展。会展业是第三产业发展到一定程度,成熟后的产物。会展经济作为一种新的经济形态,已经成为世界上的一些国家和地区新的经济增长点。发展会展业的城市通过举办各类展览、会议等获取经济收益的同时,也会带动城市的一些相关产业的联动发展,对促进城市经济、社会的全面发展具有重要的推动作用。当会展业发展到一定水平后,就会形成以举办城市的相关产业为依托、以会展业为中心的跨地区的经贸往来,会展活动在举办过程中,举办城市要进行一系列跨时空的宣传、组织工作,开展多层次、宽领域的合作,从而形成了以会展活动为核心的"同心圆"式的经济圈。也就是说,会展产业的变化会沿着不同的产业关联方式,引起与其直接相关的产业部门变化,并且这些相关部门的变化又会导致与其直接相关的其他产业部门的变化,影响了又一次传递。

国际会展是高收入、高盈利的产业,利润率大都在 25% 以上,而且除了它自身的巨大收益外,还有极强的经济联动性。比如,美国一位市长感叹:"如果在一个城市举办国际会议,就好像一架飞机在我们头上撒美元。"从这句略带夸张的话中,可以真切地感受到会展为当地的经济发展所带来的效益。一般而言,会展具有信息传播、人文关怀、文化教育、经济辐射等功能,其中,会展的经济辐射功能主要表现在联系和交易、整合营销、调节供需、技术扩散、产业联动和促进经济一体化等方面。在会展的产业联动方面,不仅会展本身能够创造巨大的经济效益,而且可以直接或间接地带动交通、旅游、餐饮、住宿、通信、广告等一系列相关产业的发展,产生强大的互动共赢效应。比如,2010 年为期 184 天的世博会落下帷幕后,来自世博局的统计数据显示,总计 7 308.44 万人次参观了世博园,其中海外游客超过 350 万人次。据统计计算,世博会对上海地区生产总值的贡献值达 5%,受其影响第三产业在上海的地区生产总值比重上升到 60%,创下新高,而世博会对上海及周边城市的旅游、房产、广告、交通等行业的带动效应将更加惊人。

以法国为例,法国企业每年大约花费 75 亿法郎(约 13 亿美元)用于参加各种博览会和展览会,各项开支占广告业产值(包括所有媒介)的 5%。其中,参展商直接用于展会的花费占了 2/3,约 56 亿法郎,其他包括展品的运输费以及参展人员的住宿费、餐费、交通费等未计算在内。参展商每花费 1 法郎,平均可能带来 40 法郎的合同。法国国内企业(占参展商的60%)因参展而带来的合同营业额可能达 1 500 亿法郎,这意味着创造了约 20 万个就业岗位。除了直接经济效益以外,也为展会所在城市引来大量的国内外参观者和参展商,从而为当地的餐饮业、零售业、旅馆业、公共交通、出租汽车业带来收益。

前面已经分析过,会展业的发展能带动大量相关产业的发展,由于其具有很强的行业相关性,会展业可以为社会提供大量的就业机会。作为一种新兴的第三产业,从会展行业自身需要的设计、策划、建造、服务人员,直至接待大量国内外客商所需要的酒店、交通、翻译等从业人员。据国际展览联合会的测算,会展场馆每增加 1 000 平方米,就给社会带来近百个就业机会。会展业是服务业的重要组成部分,是劳动密集型产业,与现代化的工业企业相比,会展业的发展可提供更多的就业机会。2012 年伦敦奥运会虽然早已结束,但其带来的经济效益还在继续,有相关学者认为"伦敦奥运会的遗产非常惊人,并且会继续成为英国体育经济发展的主要动力"。牛津经济研究院估计,到 2017 年,该届奥运会将为国内生产总值贡献 165 亿英镑。其报告声称,在其鼎盛时期,该赛事以及其遗产会为英国创造 6.2 万个工作机会。2014 年,根据中国会展经济研究会调查统计,全国共举办展览 8 009 场,展览面积 10 276 万平方米,会展经济直接产值可达 4 183.5 亿人民币,带动全国就业人数可达 2 905 万人。

因此,在会展业发展十分发达的欧洲城市流行着这样一句话:"会展是城市的面包。"这种多米诺骨牌似的连锁效应,用一句话来概括就是"一方会展,八方受益"。

9.2   会展经济拉动城市基础设施建设

9.2.1   会展依托于城市功能

城市功能是指城市这种特定的组织形式对社会经济发展的影响及发挥的作用。现代城市的功能是综合性、多元化的。一个城市可以同时具有作为工业中心的生产功能,作为科教基地的文化功能,作为贸易中心的商业功能以及作为信息中心的服务、管理功能等。但城市的各种功能并不是等量齐观、平分秋色的,而是存在着主导功能与辅助功能之分、内部功能与外部功能之别。从城市发展史的角度看,城市的主导功能经历了从单纯的消费功能向生产功能,再向服务功能、管理功能和创新功能转变。

会展业的发展必须建立在城市功能的基础之上,特别是城市的产业基础、地理位置、服务基础,只有在充分考虑城市自身条件的前提下,会展才能够在城市经济发展过程中恰当、适时地得到进一步的发展。客观上说,会展业与其他产业一样,有自身的产业运行规律和条件限制,对举办地有一定的硬性要求。换句话说,一个城市能否适合发展,能否成为会展中心,必须具备一定的条件,主要包括以下几点:

1) 良好的气候条件、独特的资源环境

一般会展城市都拥有良好的文化环境和自然环境,或气候宜人、风景秀丽,或人文气息浓郁、文化底蕴丰厚,具有可观赏性。一般来说,著名的旅游城市必然能够吸引更多的客商,比如,像北京、上海和香港三地都具有会展中心和旅游城市的双重功能,本身就具有较强的吸引力。

2) 交通便捷、地理位置优越

会展是商品、技术、资金等物流和信息流的集聚与交换,涉及客商、参展商品以及观众的运送和传输,因此会展举办城市的交通状况和地理位置至关重要。有些国家或地区虽地域

面积狭小,但在其交通、通信和对外开放度方面具有较大的优势,也可以把会展业作为经济发展的首选。以新加坡为例,新加坡虽然地域面积狭小,但因其本身具有发达的交通、通信等基础设施,较高的国际开放度以及较高的英语普及率,较高的服务业水准,2000 年被评为世界第五大会展城市,并连续 17 年成为亚洲首选会展举办城市,每年举办的展览会和会议等大型活动达 3 200 多个。

3)市场条件好,拥有优势产业,开放度高

产业发展水平和市场规模,是会展经济发展的前提和基础,同时也是构成会展城市的两个要素。城市产业的优势越明显,品牌效应越大,展会也越容易吸引参展企业和客户,从而赢得声誉,扩大城市影响力。一个城市,要发展城市会展业,还必须具有较高的开放程度,纵观全球,国际上会展业发达的城市,一般都是开放程度较高的国际大都市。

4)优良的配套设施,完备的展览场馆

会展需展示、推介产品,洽谈业务,且参展客商多,因此,一个城市是否拥有设施完备、服务优良的展览场馆是发展会展业的首要条件。同时也需要交通、通信方面的设施以及城市的住宿、餐饮方面的接待能力的保障。

5)完善的服务功能

首先,城市要具备服务于区域和全国的能力,才能办好区域性及全国性的展览,比如北京、上海、广州这类大都市,它们的区位条件、接待能力、社会环境、文化氛围等基本上是国际化的,能够较好承担国家级的博览会;其次,中等城市主要发展专业性、区域性的会展;最后是群众性、本地性的展览,具有强烈的本地针对性,如吴桥的杂技艺术节(展览)等。

9.2.2 会展经济推动城市建设

会展经济是城市发展到一定阶段的产物,一个城市会展和城市优势产业互动发展,对城市优势产业发展、城市总体经济实力的提高具有十分重要的作用。会展活动是集信息及经验交流、发展成果展示、先进技术传播、创新集成等功能于一体的复杂经济活动,通过会展活动自身的关联带动性促进产业结构优化升级,会展经济对产业结构优化升级,对城市功能优化更为重要。城市内部各功能的协调常常因城市内部不同主体之间缺乏沟通合作而受到阻碍,而举办会展往往成为城市的凝聚核心,共同筹备会展活动,有助于加强各方的沟通,消除制约城市内部各功能统筹协调的阻碍。

会展业是一种集聚性很强的产业,往往能够为城市带来大量的物流、人流、信息流和资金流,但会展也对一个城市公共服务容量和水平提出了要求。会展业的蓬勃发展需要城市基础设施系统、城市公共卫生系统、城市公共管理系统等按照一定的规则、容量来分布,从而提升城市公共服务能力,提高社会运行的效率,从而做到有力保持会展业和城市发展的双赢格局。除此之外,由于会展业吸聚的往往是非本地的资源,大量的外地客商的涌入乃至常驻,将对城市服务业的质量品质、位置与融通流通能力的大小都提出更高的要求。会展业是流量经济的媒介与载体,城市会展业越发达,则其汇集技术流、人才流、信息流、商品流、融通的功能就越强,就越能提升该城市在全球城市分工网络中的地位。

大型国际会议对举办城市的基础设施建设水平、综合服务功能要求极高。会展的举办是一项庞大的社会工程,在场馆建设、环境保护、市政建设、文化宣传等方面都需大量投入。在会展筹备过程中,举办城市和周边地区的城市规划和建设水平将进一步提升,城市重大基础设施升级换代将得以加快,城市承载力和服务功能将进一步增强。为更好地满足会展正常举办的需求,需要建设低碳、节能、循环、绿色的场馆,将拉动举办地城市的重大项目工程作为重点建设。同时,将高精先进的工程理念与技术带到城市并将为重大项目工程提供充足的资金支持和畅通的技术交流渠道。城市道路设施、城市间交通设施、市政公用设施、信息基础设施、电力设施、环保设施、防灾减灾设施等也将因此得以提升。在提升城市形象、提高政府公共服务水平、环境综合治理等方面,举办城市和城市周边的管理水平也将得到极大的提高。

有专家认为,1 美元的场馆建设投资,将拉动 5 到 10 美元的城市基础设施配套建设。2010 年上海世博会带动了近千亿元资金用于城市基础设施建设。而最典型的案例莫过于博鳌亚洲论坛对当地城市建设以及城市品位提升的推动作用,博鳌从一个普通的海滨小镇发展成为现代化的"会议小镇"。

会展经济的发展能直接促成城市基础设施建设,推动举办地经济的发展。会展业是一项极为复杂的系统工程,受制因素很多,从制订计划、市场调研、展位选择、展品收集、报关运输、客户邀请、展台布置、广告宣传、组织成交到展品回运,形成了一个相互影响、互相制约的有机整体,任何一个环节的失误,都会直接影响展览活动的效果。

举办会展尤其是大型的国际会展,如奥运会、世界杯足球赛等,对于举办城市的经济实力、环境、交通和服务设施都是一个很大的挑战。举办者在取得了会展的举办权之后,会投入大量资金进行市政建设,这就为城市建设带来了巨大的发展契机。

2016 年巴西奥运会,巴西政府用于改进交通、环境等永久性基础设施的投入约 246 亿雷亚尔(75.71 亿美元)。为了确保奥运会的成功举办,里约热内卢对 8 个体育场馆进行改造,新建 9 个永久性的体育场馆和 6 个临时体育场馆。里约热内卢奥运会的运动员村则由 32 栋 12 层的公寓组成,拥有 17 700 个床位,距竞赛场馆只有 10 分钟的路程。里约热内卢奥运会体育场馆距市中心的伊帕内玛和科巴卡纳旅馆区大约 35 千米,里约热内卢建设了一条 70 千米的双向公共汽车专用线,将 300 千米长的交通线路改造成为奥运会专用通道,另外,还修建了一条环城公路以及扩建地铁线路和机场等。

9.2.3　会展与城市建设相互影响

从客观意义上讲,会展是一种典型的都市型产业,需要城市内部各方面因素的支持,如交通、餐饮、宾馆、环境、广告、信息、人流、旅游、服务等基础性条件,而这些因素的完善和提高又能够反过来推动会展业的发展。以上因素是一个城市发展的必然条件,所以会展业与城市发展是互相促进发展的。会展业需要城市提供产业和服务的支撑,同时城市又从会展业的发展当中获得极大的实惠。中国拥有直辖市 4 个,地级市近 700 个,县级城市的数量超过2 000个,城市总数达3 000个左右。中国目前有34个城市提出要"将会展业发展成为支柱产业"。不同的城市,由于其所拥有的区位、资源状况、经济发展水平的不同,其产业形成动因和发展模式是不一样的,并非所有的城市都需要或适合发展会展业。会展对不同的城市建设的影响,有不同的发展模式,以下将介绍几个典型的会展兴城的发展模式。

1)南宁:"中国—东盟"会展之都

中国—东盟博览会(CHINA-ASEAN Exposition, CAEXPO)是由温家宝同志倡议,由中国和东盟10国经贸主管部门及东盟秘书处共同主办,广西壮族自治区人民政府承办的国家级、国际性经贸交流盛会,每年在广西壮族自治区的首府南宁举办。中国—东盟博览会是中国境内唯一由多国政府共办且长期在一地举办的展会。以展览为中心,同时开展多领域、多层次的交流活动,搭建了中国与东盟交流合作的平台。2004年11月3日,首届中国—东盟博览会、中国—东盟投资与商务峰会的成功举办,不仅成为促进中国与东盟国家之间政治、外交、经贸、文化等各领域交往的重要场所,加快了区域经济一体化进程,也推动了承办方和举办地——广西的经济社会良性发展,受益最为直接的是广西的会展产业,博览会成为广西会展经济的巨大牵引力,南宁有望成为中国—东盟会展之都。

(1)博览会为广西会展业注入了东盟主题

除了中国—东盟博览会,由政府主导的中国—东南亚农业博览会、南宁国际民歌节、南宁国际学生用品交易会,每年定期举办,现已成为南宁会展品牌。2004年首届博览会举办,为广西引来大批会议展览。由政府部门、行业协会牵头主办的中国—东盟国际旅游合作论坛,中国—东盟青年企业家见面会,中国—东盟自由贸易区法律事务论坛,中国—东盟商务理事会,中国国际(东南亚)粮农发展论坛,中国—东盟标准研讨会,中—越国际电力电工电气自动化产品展览会,东南亚食品与生产、包装机械交易会,东南亚水产畜牧国际博览会,东南亚国际妇幼保健和计生用品展览会,越南—中国经贸论坛、中—越企业论坛、中国—东盟当代舞蹈文化发展国际研讨会,中国—东南亚京剧爱好者国际演唱会,中国—东盟国际汽车场地越野赛南宁分站赛以及城市可持续发展南宁国际会议等一系列会展先后进驻南宁。

(2)博览会催化了广西会展产业市场的成长

在博览会成功举办的集聚效应下,广西会展业迅速形成,会展经济得以快速成长。2005年8月,广西会展行业协会成立,首批会员32家,涉及与会展业相关的众多企事业单位,将着力培育广西的会展市场,树立广西会展业的良好形象,建立诚信、高效、优质的服务规范,打造品牌,提高竞争力。博览会引起广西对会展配套软硬件设施建设的重视和加强,因此南宁市建设了四大会展场馆,室内展览面积达7.45万平方米,可搭建国际标准展位4 900个,可以满足不同规模的展会需要。桂林国际会展中心、东兴国际会展中心等大型场馆也相继落成并投入使用。据南宁贸促会统计,2004年南宁共举办各类展览43场,参展商有8 300多家,其中境外参展商达660家左右,观众人数达100万左右。仅2005年上半年,南宁就举办各类展览38场,参展商达5 600多家,观众人数达65万左右。紧接着2006年,南宁又承办了首届中国—东盟国际汽车拉力赛、中国—东南亚农业生产资料(广西)交易会等一大批大型会展,南宁正在向全国优秀展会城市、东南亚重要博览会城市的方向迈进。中国—东盟博览会作为一个盛大的国际展会,显示了它对广西南宁物流、旅游、餐饮、商业等相关行业的巨大拉动功能。据统计,在 2005 年 10 月 12—18 日第二届博览会期间,进入南宁市的国内外宾客日均约 5.45 万人,平均每日出入南宁市的货物量达到 9.75 万吨,共接待境内外宾客 11.13 万人次,比首届增长 14%,宾馆、酒店的入住率迅速上升,大型餐饮企业收入比平时增长约 34.7%;南宁市梦之岛等 10 家大型商场的销售总额达到 5 401.84 万元。交通、餐饮等行业的营业收入也大幅增长。2005 年,南宁市共接待境外旅游者 83 317 人次,比上年增长 27.02%;广西接待入境旅游者人数达 147 万人,旅游总收入达到了 307 亿元,创历史新高,南宁以及广西的会展旅游得到强劲发展,见表 9-1。

表 9-1 历届中国—东盟博览会经贸成效统计

项 目	总展位数/个	东盟展位数/个	参展企业总数/家	参展参会客商人数/人
第 1 届	2 506	626	1 505	18 000
第 2 届	3 300	696	2 000	25 000
第 3 届	3 350	837	2 000	30 000
第 4 届	3 400	1 126	1 908	33 480
第 5 届	3 400	1 154	2 100	36 538
第 6 届	4 000	1 168	2 450	48 619
第 7 届	4 600	1 178	2 200	49 125
第 8 届	4 700	1 161	2 300	50 600
第 9 届	4 600	1 264	2 280	52 000
第 10 届	4 600	1 294	2 300	55 000
第 11 届	4 600	1 223	2 330	55 700
第 12 届	4 600	1 247	2 207	65 000
合计	47 656	12 974	25 580	519 062

数据来源:中国—东盟博览会官网。

截至 2016 年,在南宁的历届中国—东盟博览会都吸引国内外企业踊跃参会,参展参会企业及客商人数稳步增长,贸易成交额和经济合作项目签约额逐年提高,东盟国家参展参会的积极性不断增强,展会专业性明显提升,取得了显著的经贸成效。中国—东盟博览会的定期举办极大地推动了广西南宁的城市建设。

2)宁波:产业导向、创新制胜

宁波把会展业作为全市优先发展的产业,通过招商引展、联合办展、积极组织自办展等多种渠道,力求走出一条会展业发展新型之路。

(1)政府:整合资源,强力推动

宁波市政府在会展业的发展过程中,主要担纲资源整合的角色。在人才资源、市场资源、政策资源、组织资源的整合上,纵向理顺组织资源,将政府各部门对会展的管理、服务和协调职能理顺;横向采用谁承办谁负责的办法,放手让企业按市场法则贯通外部资源,政府不插手具体事务,起协调和服务作用。全市还创办了宁波会展网,通过统一平台向全球推荐宁波会展,充分发挥政府公共服务功能。宁波还整合了宣传体系,市内各大媒体统一签发新闻,广泛宣传重要会展活动。同时,政府十分重视调动公共资源,为会展做好相关配套互动。如服装节有30多个配套活动,最多的展览会配套活动有100多个,这些活动由宣传、旅游等部门联手组织。

在展会整合方面,先后对9个展会做了整合,提升了展会的档次和水平。如"2006宁波优势产业博览会"融合了以往在宁波和浙江各地分散举办的中国模具之都博览会、宁波塑机展、长三角电子制造业及自动仪产品展览会等5个展会,收效显著。

宁波市政府还在联合办展、展会评选、品牌展会推广、"黑名单制度"等管理环节上加大力度,通过行政手段、经济手段整合产业链各环节,保证会展业有序发展。很多二线城市的会展业界人士认为:政府整合可以加速市场规范,推动会展业发展。

(2)企业:以经济杠杆推动市场化运作

一是业务创新。与宁波市同等规格的展览场馆在全国超过20个,在5个具有省级经济管理权限的城市中,宁波经济实力仅次于深圳,但影响力和办展规模却不尽如人意。宁波会展企业意识到,重复、抄袭、拷贝是宁波会展发展的大敌,只有不断进行业务创新,走适合自身特点的发展之路才有前途。如把产业链上几个主题模糊、规模偏小、松散无序、操作不规范的展览会整合在一起,由成熟专业公司统一操作或进行业务指导;充分利用价格机制错开档期,达到规模和收益最优化;不举办专场开幕式,将开幕式、招待酒会、文艺演出"三合一"同场举办,减少花架子,将钱真正用于展会。

二是强化和延伸服务。如宁波会展中心先后完成了从"场馆提供商"到"展会参谋型"再到"整体策划服务商"的三级跳,服务从场馆一直延伸到展馆之外,帮助主办者组织专业观众,组织参展商和专业观众对接、提供信息服务等,努力实现参展各方利益最大化。

三是注重展会文化营销。宁波借助服装节契机将大卫塑像落户宁波,成为宁波会展业乃至整个城市的艺术品位寄托物。各会展还十分注重展会吉祥物的设计、推广和场景氛围的营造。

3)东莞:合纵联合、突出重围

东莞夹杂在香港、深圳和广州之间,在会展强手林立的夹缝中,东莞却发展成为令人不容小视的会展城市。东莞拥有展览场馆9个,展览面积达33.25万平方米。目前,东莞市在专业展的场馆规模、办展数量和质量、全国性和国际性会议数量等方面都在广东省排在前三位。

(1)利用地域和产业优势

东莞会展中心在厚街,常住居民9万多,外来务工人员40多万。地处珠三角中心地带,距广州、深圳、香港均只有一个小时车程,工业以家具、电子、鞋业加工制造为主。20世纪90年代,香港、广州的国际家具展因展品体积庞大、场馆成本过高而难以为继,这直接切断了东莞家具的销售渠道。东莞人化被动为主动,利用自身家具制造业基地的产业优势和低成本地价,接手国际家具展,创造性地将工厂和展馆连成一个展示链,大获成功。1999年创办的国际家具展至今已成功举办15届,展览面积从4万平方米发展到25万平方米,并获得国际博览会联盟(UFI)的国际化认证。另外,与家具展同时举办的木工机械展已突破1 000个展位,成为家具制造的配套展会。如今,东莞利用自己的地域和产业优势,在电子展、鞋业展、印刷展等领域都形成了产业优势。

(2)经营体制和运作模式富有活力

东莞场馆采用现代企业制度,镇政府股份比例约占30%,余下由集体所有制或民营企业家拥有,采用董事会领导下的总经理负责制,独立经营,市场化运作,场馆经营很有活力。

在办展上,注重联合国际著名展览会司的品牌影响力和办展经验,提升本土的办展水平。如与中国香港讯通展览公司于2003年签署《更紧密战略伙伴合作备忘录》,截至2006年,讯通公司已在东莞现代国际展览中心举办的展会包括中国(东莞)国际纺织制衣设备及技术展、华南国际平面显示技术展览会、华南国际印刷电路及组装技术展览会、华南线路板及装备和技术展览会、东莞国际鞋机鞋材工业技术展览会。另外,与香港线路板协会、美国电子电路和电子互联行业协会联办的国际线路板及电子组装展,被同业推为华南地区最具代表性的专业展。此外,与杜塞尔多夫展览(中国)有限公司、香港雅式展览服务有限公司合作主办的中国东莞国际鞋展/鞋机展,成为亚洲地区唯一获UFI认证的鞋类展。

4)义乌:以商兴展、独树一帜

(1)义乌:莫名其妙发展起来的地方

义乌是一个特殊的案例,研究义乌展览要从研究"义乌模式"开始。

外界对"义乌模式"或"义乌经验"的说法很多,义乌是如何在没有优势的情况下实现跨越式发展的呢?其中的奥秘又是什么?浙江省主要领导对义乌的发展历程有一句总结性概括:义乌地处浙江中部,既不靠海,又不沿边,更没有享受到特殊的国家扶持政策,但义乌不可思议地发展起来,成为全国、全球关注的一个"焦点",探源追溯,其背后蕴藏着深刻的内涵。

首先,源于深厚的商业文化积淀。义乌历来有重商的传统,早在明末清初,由于人多地少、资源贫乏等因素制约,义乌农民就开始从事"鸡毛换糖"的原始商业活动。通过漫漫征程的历练,义乌人血脉深处流淌着诚信创业的基因,骨子深处蕴含着勇于创新的精髓。

其次,崛起于实施"兴商建市"战略。改革开放后,义乌率先创办了小商品市场,历届党委、政府"不唯书、不唯上、只唯实"的工作作风和坚持深化"兴商建市"的发展战略,主动融入国际市场,积极参与国际竞争,加速与国际接轨进程,大大拓展了市场发展空间。义乌市场已从"买全国、卖全国"跃升为"买全球、卖全球",成为国际化的小商品流通中心。

(2)以商兴展:独特的发展道路

有了国际小商品交易中心的基础,义乌发展会展业就是顺理成章的事情了。中国义乌国际小商品博览会(简称义博会)创办于1995年,从2002年开始升格为由国家商务部参与主办的国际性展会,是唯一经国务院批准的日用消费品类国际性展览会。展会以"面向世界、服务全国"为办展宗旨,对扩大商品出口、提升小商品制造业水平、促进区域经济发展发挥了积极的推动作用,已成为目前国内最具规模、最有影响力、最有成效的小商品专业展会。

经过十多年的精心培育,义乌成长为全国最具发展潜力的会展城市之一,并发展成为粗具规模的国际性小商品流通中心、研发中心和制造中心。以义博会为龙头的义乌会展业得到了迅猛发展。每年近80个专业会展为民营中小企业提供了又一个产品展示和销售的平台。义乌完善的物流体系、便捷的交通运输网络、庞大的海关出口业务量、全省3个"大通关"建设重点都进一步巩固了义乌的区域物流中心地位,义乌作为内陆港的功能逐步凸显。国际商贸城成为全国首家4A级购物旅游景区,每年来义乌旅游购物的人次已突破300万,使义乌购物旅游成为全省最具吸引力的十大旅游资源之一,有力地带动了周边县市的旅游业发展。

近年来,义乌市坚持把发展现代服务业作为加快国际性商贸城市建设、提升城市综合竞争力的战略重点,积极推进提升现代服务业的水平和层次。全市产业结构率先实现了由"二三一"向"三二一"的战略性调整,强化新兴服务业发展,推进领域突破;大力培植与市场相关的会展、物流、购物旅游等新兴服务业发展,致力于打造知名会展城市,走出一条以贸兴展、以展促贸的新路子。义博会已成为国内第三大贸易类专业展会,并着力建设区域型物流中心。全市现有货运经营单位600多家,并被省政府确定为浙江省3个"大通关"建设重点,全球20强海运集团已有8家在义乌设立办事处。2005年,海关义乌办事处办理出口标箱11.4万只。

义乌市会展业依托小商品市场和地方产业,发展速度令人瞩目,尤其是义博会的展览档次、规模、客商参会活跃程度逐年上升。义乌从中尝到了甜头,决定不遗余力地发展会展业这一朝阳产业。义乌市"十一五"规划中便确定以义博会为依托,提升会展业、旅游业的发展水平。胸怀国际市场的义乌人,在会展经济中就不是讨论"无为""有为"的问题,而是要"大作为"了。

9.3　会展经济提高城市知名度

9.3.1　会展提升城市知名度

城市形象是城市的品牌,良好的城市形象是当今都市重要的潜在的无形资源。会展是提高城市知名度的最佳手段。会展业被誉为城市的窗口,是人们了解城市的一个最佳途径,也是向外推广城市形象的一个主要手段。会展业不仅是一个集旅游、商业、物流、通信、餐饮、住宿等为一体的多方受益的产业,而且会展业还能够发展成为带动举办地形象推广的"动力引擎"。会展有利于提升城市的知名度,打造城市的品牌形象。展会是最大、最有特色、最有意义的城市广告,它能够向来自各地的参展商、贸易商和展会观众宣传一个城市的科技水平、经济发展实力,展示城市的形象,扩大城市影响,提高城市知名度和美誉度,像瑞士日内瓦,德国汉诺威、慕尼黑,美国纽约,法国巴黎以及中国香港等世界著名的"展览城市",都从展会中获益良多。国际上衡量一个城市能否跻身于国际知名城市的行列,一个重要标志就是这个城市召开国际会议的数量和规模。对于城市而言,会展是有效的城市广告。

为争夺国际知名会展的举办权,很多城市都会进行激烈的竞争。

日益增多的会展活动,不仅为企业带来了新的机遇,而且为会展举办地带来了知名度的提升。以德国为例,国际上具有领先地位的博览会约有 2/3 在德国举行,而德国举办博览会的城市有 20 多个。其中,地处德国东部的汉诺威博览会就因此而享誉世界,它拥有世界上最大的博览会场地,总面积达 100 多万平方米,是世界展览会的发源地,已有 800 年举办展览的历史。值得一提的是,该城市在第二次世界大战期间有大半个城市毁于战争,但由于它成功地举办了汉诺威国际博览会,很快从战争的创伤中恢复过来,并成为"世界博览之都"。会展在给汉诺威带来财富的同时,也大大提升了它的城市形象。巴黎作为法国会展业的中心城市而名扬四海,赢得了"国际会议之都"的美誉。

9.3.2　会展塑造城市形象

会展可以扩大城市影响,提高城市的知名度和美誉度,从而提升城市竞争力,进一步塑造城市的风采和形象。会展成为提升城市整体形象和知名度的有效推动器。城市形象的塑造离不开有效的传播,只有通过传播,才能将城市的技术水平、经济实力、城市市容以及市民素质、综合风貌全面地展示给世人,才能有效地在公众中树立良好的城市形象。会展业之所以被大家看好,其重要原因之一就是它能够有效地创造一个高效、快捷的传播渠道。大连市通过举办服装节,仅两三年就一跃成为国内外颇具影响力的城市;青岛通过"啤酒节""海洋节"将自己独具特色的"海洋文化"传播出去,成功地塑造了自己作为海洋城市的特色形象;昆明更借助世博会将"万绿之宗、彩云之南"的口号传遍世界各地。

例如,第六届世界华商大会在南京召开,就大大推进了南京的城市建设速度。南京市政府投资 90 多亿元进行城市规划建设,使南京市的城市建设、经济水平都切切实实地上了一个新台阶。也正是由于大会的召开,南京向全国、全世界展示了其拥有的国际一流的展览载体,展示了南京市经济、文化、科技等方面的发展水平,展示了城市对外开放水平,提升了南京市的国际知名度。

由此可见,一次成功的会展活动,不仅可以使某个产品、某个企业蜚声全球,更可以以点带面,使会展举办地的形象声名鹊起。它为举办地提供的展示自己形象的舞台,是任何一则广告、任何一次营销活动所取得的成效都难以与之相媲美的。

9.4　会展经济推动城市国际化进程

9.4.1　会展的国际推广功能

在国际上,衡量一个城市是不是位列国际知名城市行列,一个重要标志就是看这个城市召开国际会议和举办国际展览的数量和规模。一次国际会议或展览不仅可以给举办城市带来可观的经济效益,而且能带来无法估价的社会效益。国际展会是最大、最有特色、最有意义的城市广告,它能向世界各地的参展商、贸易商和观展人员宣传一个国家或地区的科学技术水平、经济发展实力,展示城市的风采和形象扩大城市影响,提高城市在国际、国内的知名度和美誉度,从而提升城市竞争力。会展成为提升城市整体形象和知名度的有效推动器,国际上的许多城市,像法国的戛纳,瑞士的日内瓦,德国的汉诺威、莱比锡等,都依托会展提高了城市的国际知名度。

国际组织和国际会议聚集地往往聚集着大量的国际复合型人才,相比其他城市更容易为人们所熟知和获得更多的关注,也拥有更强的旅游吸引力。国际组织和会议聚集的城市一般会给人们留下开放包容、文化多元的城市形象。一个好的城市形象对城市长期迈向国际化的开放发展进程是有推动作用的。伴随着全球化的不断深入,各个城市之间的竞争已经由以往只是经济实力竞争转变为包括城市文化历史、生态环境、文明素养在内的多维度的竞争。这种多维度竞争实质就是城市形象的竞争,是城市软实力的核心。

绝大部分展会都是以企业为参展商,以专业买家为观众的,这是一个买卖双方面对面直接沟通的过程,是在同一时间、同一地点将某一行业中最重要的生产厂家和购买者集中到一起,这种机会在其他场合是绝难找到的。因此可以说,会展是一种立体的广告,为会展商和会展举办城市提供了一个充分展示自己产品的机会,为其迈向国际、面向全球提供了一个良好的平台。参展商和会展举办城市借助于会展这个信息交流平台,充分展示、推销自己的产品,巩固老客户,培植新客户,流通过程中的各种复杂的中介过程被一种简单的会展活动全部或大部分代替,产品的流通过程明显加快。可以说这是一种花费最小、时效最高的产品推介过程。

9.4.2　会展塑造国际品牌的功能

在知识经济时代,注意力日渐成为稀缺资源,成为信息化社会的无形资产和市场经济的宝贵资本。企业之间产品或服务的竞争正在演变成为争夺眼球、争夺注意力的竞争。因此,各个参展商都十分珍惜参展的机会,为了宣传自己的品牌形象,他们在展会的形象上花样翻新、绞尽脑汁,力求通过训练有素的展台职员,积极的展前、展中促销以及严谨的展台跟进服务,将自己最鲜亮的一面展现在公众面前。为此,参展厂商不惜标新立异,甚至哗众取宠。所有这些,都是因为厂商看重会展所特有的品牌信息推介功能。例如,在国内一些著名的展会上,国外一些大公司会派送带有企业标志的小纪念品,希望通过这些日常用品,扩大本企业的影响,增加潜在的客户。另据业内人士估计,商家从事推销活动的日常支出是参加展会的 8 倍,可见参展是一项成本较低的广告宣传活动,有利于塑造企业形象,提升产品、品牌的知名度。

要成为国际大都市,必须参与国际文化大交流。在文化交流过程中,不同地区国家彼此交换"产品",从而产生积极的影响。将会展经济与城市对外开放相结合,走国际化、品牌化的道路。会展业具有向专业化地区特别是国际化大都市集中的发展趋势。随着国内、国际市场竞争的日趋激烈,各举办机构已不再满足于吸引本地区、本国的参与者,而是力争提高会展的国际参与程度,同时,互联网的普及使举办机构直接面对全球资源和市场,为其在世界范围内寻找与会者提供了可能,许多国家纷纷成立专门机构促进参与者的国际化。作为发展中国家的我国会展业越来越多地被国际会展组织看好,许多著名集团开始抢滩中国市场,如德国的汉诺威展览中心、慕尼黑展览中心和杜塞尔多夫展览中心在上海共同成立德国国际展览有限公司,在我国举办了一系列展览。我们相信:有一定条件的城市只要能敞开大门,张开双手拥抱世界,会展经济就能蓬勃发展,就会给城市发展带来厚报。

案例分析:G20 峰会与杭州城市形象及国际化的发展

古有"上有天堂,下有苏杭",这里的"杭"指的就是杭州。杭州是中国著名的文化古都,以其自然风光和历史文化底蕴享誉世界;杭州作为创意之都、人居天堂,在中国可以说是首屈一指。杭州历史文化悠久,是中国的七大古都之一,是浙江省的金融中心和经济、政治、文化中心,也是电子商务中心之一。提起杭州的文化名片,大家都知道的有西湖及其周边的自然和人文景观以及独特的良渚文化、丝绸文化、茶文化等。在"全国文明城市""杭州蓝""五水共治""美丽的杭州人"等创建活动中,杭州逐渐成为"宜居、宜业、宜生"的城市。除此之外,杭州的天蓝水净、绿水青山已是家喻户晓。正是上述诸多因素,杭州才能够获得 2016 年 G20 峰会的举办权。

但与国际化大都市如上海相比,杭州依然名不见经传,经常遭遇无人知晓的尴尬。G20 峰会给杭州带来了一个全面亮相世界的机会,是杭州接受全球国际组织和世界人民检阅的一次大考验。G20 峰会给杭州带来新的发展机遇,正在促使杭州城市形象和软实力实现全面再提升。

会展对城市的经济效应分析

与纯粹的体育、文化等盛会的奥运和世博不同,G20 峰会是占全球经济总量80%、人口2/3 的二十国集团领导人峰会。G20 峰会主要讨论如何加强国际经济合作,如何共同抵御世界经济危机,以更好地促进世界经济增长。就中国而言,奥运会和世博会对北京、上海的城市发展的确有很大的推动作用。而 G20 峰会作为一个国际性的经济合作论坛,与奥运会、世博会也有一定的相同之处,它们的成功举办都会为承办城市带来直接或间接的经济社会收益。同时,与奥运会、世博会相比,G20 峰会的不同之处在于:奥运会和世博会属于体育、文化事业的汇聚,G20 峰会是国际经济合作论坛,由多个国家领导人发起,具有维持全球合作秩序和政治的色彩;奥运会和世博会主要作用是给举办城市带来可观的经济效益,而 G20 峰会在给举办城市带来经济、文化和政治作用的同时,也促使举办城市参与到国际经济事务中去,参与全球治理决策。G20 峰会旨在解决全球经济发展面临的问题,推动世界经济共同发展。每一届的峰会上都会出台针对全球经济发展面临问题的国际合作政策,因此 G20 峰会具有影响世界经济走向的作用。具体到承办城市,则影响城市未来发展。因此可以说 G20 峰会对举办城市的影响,其作用远大于世博会和奥运会。从国际会议举办城市的选择来看,一般国际组织倾向于选择那些政治与社会相对稳定、具备一定举办国际会议经验、交通基础设施完善、有国内外吸引力的城市,比如瑞士的日内瓦。就成本收益分析来看,国际组织和国际会议往往对举办地城市起到免费宣传的作用,产生即便投入巨额广告费也达不到的宣传效果。G20峰会对举办城市的宣传效应和对城市品牌的提升作用是巨大的。G20峰会作为全球重要经济体首脑会议,都会针对其时全球经济问题制定一系列最新的合作政策,通过加强成员国合作,推进世界经济共赢发展。G20峰会结束后,各成员国需要将峰会达成的合作政策落到实处。作为G20峰会的举办城市,在承接与会成员国合作时,是有先知先觉的;之所以被确定为G20峰会举办城市,多是因为该城市具有一些与G20峰会要讨论的经济问题及政策相近的内容或相似的特征,甚至承办城市还可能有一些先试的经验。2016年G20杭州峰会,正是中国带给世界共赢发展理念、世界新的共享之时。在当前世界经济面临萧条的大背景下,全球经济尤其需要主要经济体国家走活力、联动、创新、包容的发展道路。杭州作为中国创业、创新做得好的为数不多的几个城市之一,其发展经验值得总结与分享。

会展塑造城市形象

国际会议对举办城市来讲更多的是展现其自身包容程度、开放程度、国际化程度。G20杭州峰会不仅在于其能给杭州带来经济、政治与文化收益,还在于G20峰会对杭州城市形象的提升塑造。杭州在迈向世界名都道路上需要展示的机会,G20峰会作为一项全球重要经济体的盛会,无疑是杭州国际宣传的最好平台。G20峰会将使杭州开放包容、文化多元的城市形象在世界面前更显真实与立体。届时世界各国重要媒体齐聚于杭州,直播峰会的盛况,同时也对杭州进行了报道,这是杭州投入再多的广告宣传也难以达到的宣传效果。G20峰会对杭州创世界名都而言,是一个巨大的机遇。改革开放后,杭州社会经济不断发展,取得了巨大进步。杭州城市管理水平逐渐向国际化、现代化转变。能够成为G20峰会的举办城市,这就已经充分说明了杭州的城市软实力、竞争力和影响力。而举办G20峰会将进一步推动杭州城市创新营销能力,尤其是提升杭州国际化水平。杭州将在G20峰会这样一个更高的平台上,在更广的领域提高杭州作为世界名都的国际竞争力和城市软实力,向实现会展之城、国际名都、国际旅游休闲城市的目标更近一步。"一带一路"倡议是中国倡导的新一轮全球化,而杭州倡导和正在实践的"网上丝绸之路",使得中国与世界的贸易往来更加便捷,中国的经济模式更加多元化,这为新一轮全球化的推动又增加了"互联网+"的力量。杭州是著名的文化创意城市之一,它将G20峰会这个合作平台对接"一带一路"倡议会产生巨大的生产力。杭州拥有坚实的电子商务、互联网产业基础,借助"网上丝绸之路"倡议,推动自身发展的同时,也带动相关产业和周边区域的发展。承办G20峰会,必将促进杭州城市国际化水平的提高。

会展提升城市参与国际合作的层次

如今,城市与城市的合作已经成为一种常态。到目前为止,全世界70%以上的城市向外寻求并建立了国际合作关系。目前国内著名的城市之间合作寻求更好发展模式是以城市群的形式为主。其中我国的长三角城市群已经成为全球六大世界级城市群之一,城镇集聚、产生产业集聚优势,使得城市群地带城市经济发展迅速,成为中国经济的重要引擎。但是,全球化的时代早已到来,国内的资本、资源、环境相当有限,全球化时代需要城市利用国际、国内两种资源、两个市场,中国的城市群和城市既要对外贸易投资,也要获取国际上的发展理念、先进技术和资源。杭州是长三角城市群的重要城市之一,其城市经济的进一步开放发展显然不能拘泥于城市群。G20峰会无疑成为提升杭州参与国际合作层次的重要契机。届时,杭州的国际化程度会更上一层,相应的国际事务、国家事务将增加,对外合作的需要也会迅速增大,国外的先进资源、信息、技术将更好地为杭州所用。在G20峰会举行期间,国际性经贸组织的合作和交流将成为重点,这使未来杭州对接国际先进的优质资源时,可能为杭州吸引更多更好的国际组织、国际机构和跨国公司入驻。此外,每一届G20峰会,都会出台一些利于各地区和国家经济发展的利好政策,在全球经济形势下滑的背景下,寻求新的发展和合作模式、新的经济增长点必将成为会议的重点。杭州作为中国"一带一路"倡议的重要节点,又是"网上丝绸之路"的发起城市,新的经济发展方式要求杭州借G20峰会的东风主动融入全球经济创新网络中,提升参与国际合作事务的合作层次和水平的同时,也鼓励支持本土企业到海外去寻求发展机会,推动自主创新技术在海外推广,同时也积极承接国外先进技术的转移。杭州在高端装备制造、物联网、大数据、云计算和电子商务等领域取得了很多先进的发展经验,借G20峰会的契机,也将进一步推进这些领域创新企业的国际化,促进一批世界级企业的成长。

会展推动城市成为国际会展之都

目前,杭州发展会展业主要有两种方式:一种是引进会议,杭州通过聘请会议大使,引进先进的、大型的、专业的和影响力大的会议在杭召开。通过多年的努力,杭州先后引入第六届世界神经科技大会(2015)、第八届世界两栖爬行动物学大会(WCH8—2016)、强关联电子系统国际大会(SCES—2016)、第18届世界电磁领域计算年会、国际遗产研究会议(2018)等一批具有一定规模和影响力的国际性会议。另一种是自创的西湖国际博览会,西湖国际博览会是杭州发展会展业的重要举措之一。首届西湖国际博览会于1929年6月拉开帷幕,历时137天,参观人数高达2 000余万人次,共有国内外代表团1 000余人参加。博览会涉及政经、科教、农艺等各个领域,是中国会展史上规模和影响力较大的活动。此后,由于历史原因,西湖国际博览会停办70年,于1999年重新举办。从2000年至2015年,西博会共举办会议、展览、节庆活动项目1 400多个,游客和参会客商突破了1亿人次,贸易成交额突破了1 900亿元,引进国内投资1 800亿元,引进外资140亿美元。西湖博览会的召开不仅给杭州带来了巨大的直接经济利益,而且推动了杭州的餐饮、娱乐、旅游和交通等行业的发展。此外,通过西湖国际博览会衍生出一些新的会展中心和项目。西湖国际博览会已经成为杭州的一笔无形资产,赢得了巨大的国际声誉,是杭州在国际上的一张城市名片。G20峰会势必会使得杭州的国际化形象获得更进一步提升,从而带动杭州会展业的跨越发展。2016年往后,在杭举办的各类会展规格将大大高于以往,对会展业的需求将会提高杭州会展中心的建设,这不仅会给杭州会展业带来直接和间接收益,还会拉动杭州周边旅游消费等相关产业增长。G20峰会结束后,杭州仍可借助"后峰会效应",将杭州发展成知名会展之都。在加大会展场馆建设的同时,继续通过引进、合作、独自承办等方式,成就一批具有国际化水平的会展项目。

讨论题：

1.G20 峰会为何选址杭州？

2.G20 峰会为杭州带来了哪些机遇？

3.G20 峰会是如何提升杭州的城市形象的？

【专业词汇】

产业联动　城市功能　发展模式　城市形象

【思考与练习】

1.请论述会展经济与城市经济的区别与相互影响。结合实际案例谈谈你的理解。

2.会展经济对城市基础设施建设的拉动作用有哪些？请列举一二事例。

3.会展经济如何提升城市的知名度？

4.会展经济给城市国际化进程带来哪些影响？请结合自身感受谈谈你的理解。

第10章
会展经济与区域经济

【教学目标与要求】

掌握：会展对区域经济的发展有何影响，会展经济对区域经济产业集群的主要作用

了解：会展经济影响区域经济扩散功能的主要形式和特点，会展如何协调区域经济的发展需求

【知识体系】

```
                    ┌产业集群效应┌集聚经济效应
                    │           └产业集群
  会                │
  展                │扩散功能   ┌会展经济扩散效应
  经                │           └扩散功能与形式
  济                │
  与                │协调功能   ┌活动的协调性
  区                │           └整合区域资源
  域                │
  经                │           ┌技术进步
  济                └创新功能   │创新能力
                                └学习功能
```

【本章导读】

本章主要阐述会展经济与区域经济发展之间的关系，共分为4节：第一节主要介绍会展经济对区域经济产生的集聚效应，对会展经济集聚效应的产生因素、主要表现，会展产业集群的概念以及对区域经济产生的作用作了试探性的辨析；第二节主要介绍会展经济的扩散效益和其对区域经济的扩散功能；第三节主要介绍会展经济的协调作用及会展资源的概念；第四节主要介绍会展在科技进步与提高区域经济创新能力方面的作用。

会展是经济发展到一定阶段的产物，许多现代经济活动也依托会展而展开，可以说，会展产业与区域经济发展密不可分，二者相辅相成，互相促进。本章对会展经济促进区域经济发展的介绍将主要从会展经济集聚区域经济效应、增强区域经济的扩散功能、提升区域经济的协调功能、提高区域经济的创新能力4个方面进行深入分析和探讨。

10.1　加强区域经济的产业集群

10.1.1　会展的集聚经济效应

会展活动是一种综合性的社会、经济、文化活动,它能满足各种行业多方面的需求,其内涵和形式是十分丰富的。从空间运动角度来看,会展活动通过将大量的买方、卖方以及商品、技术、信息等在一定时间集中在某一特定的地域空间、形成了集聚效应。就空间特征而言,会展是一个高质量的"点",而周围区域则是环绕其分布的"面","点"与"面"通过交通与通信的"线"相连接。众多的参展商和参展观众的汇集,产生了各种各样的产品或服务的需求与供给,使买卖双方获得最大经济利益的目标得以实现。市场经济活动的聚集,容易形成以会展所在地为中心的社会分工和生产专业化发展的基地,会展的分工效益也是聚集效益的一种具体体现。分工越细,协作越紧密,效率就越高。因此,从这种意义上讲,会展实质上体现为集聚经济(Agglomeration Economics),即因会展活动及相关要素的空间集中而引起的资源利用效率的提高及由此产生的成本节约、收入或效用增加。

1)会展集聚经济效应产生的主要因素

从成本—效益角度看,会展的集聚经济效应不仅改变了通常意义上的技术约束和经济约束,而且也改变了经济活动的市场约束。会展集聚经济效应的产生主要源于两个方面的因素:

(1)会展经济活动的区位指向性

会展经济的区位指向性是指会展经济活动常常倾向于集中到区域内会展资源和要素富集的地方。不仅如此,某些会展经济活动的区位指向虽然不同,但在实际中为了追求减少运费、降低生产成本与销售费用,以及更好地适应和满足市场需要等,往往也会表现出共同趋向于相同的交通枢纽或消费市场,这就更加强化了会展经济活动在少数重要的交通枢纽、消费市场集聚的规模。会展经济的运动形式首先是集聚,多以大城市原有的一些场馆作为核心聚集点。会展企业集聚区可分为展馆依托型和CBD依托型两种主要集聚类型,各集聚区的规模和强度具有明显差异。会展经济的空间结构变化主要表现为会展场馆的空间聚集与扩散,饭店、公司、资金、技术和专业人才等会展经济的生产要素依此聚散。由于场馆是会展业发展的"发动机",新建展馆投资大,所以政府通常充当投资的主体。会展产业的供应商(会展展馆、会展企业、会展服务商)和相关配套产业集中于同一个区域可以产生集聚效应或称外部规模经济,它构成了会展业聚集的向心力。在这种向心力的作用下,会展企业和会展资本、劳动力和技术等经济要素的运动以集中为导向,产生聚集效应或极化效应和集聚经济效应。这种集聚效应可以为会展业带来分工和协作的便利,会展产业链在空间上的集聚有助于会展产业内部分工的细化,促使专业化的分工成为可能,促进会展产业的市场化进程的同时,可以在市场营销、人才培训、展会资源、人才交流、专业服务上实现共享和整合,从而降低会展业及其带动产业的雇佣成本、流动成本和培训成本,形成会展经济与其他产业共赢的局面,培育新的区域经济增长极。

（2）会展经济活动之间的内在经济技术联系

出于加强彼此间经济技术联系的需要,那些在经济技术上具有关联性、相互依赖性和互补性的会展经济活动,一般是行业性的专业展会,往往都会倾向于集中到会展资源和要素组合条件较为集中的地方发展。比如,成都的国际电脑节都是在 IT 业集聚的科技一条街举行,它就把商铺和街道作为展区,因为它们在 IT 经济技术上存在互补性。

2）会展集聚经济效应的主要表现

会展的集聚经济效应较复杂,除提高资源利用效率、节约成本、增加收入等经济效益外,还包括潜在的经济效益,如参展企业品牌价值的提升、企业形象的提高等。总的来说,会展的集聚经济效应主要表现在以下 3 个方面:

（1）大量商品、技术在一定空间的聚集

会展能够带来资源的有效利用和搜寻成本的节约。通过会展,原来分散在各处的商品、技术以及买卖双方在一定的空间集中,多样化的产品供给为买方提供了挑选的便利,而大量买方的集中也为卖方创造了更多的了解需求和销售的机会,从而为买卖双方带来了时间、空间的节约和资源利用率的提高。

（2）大量信息流的空间聚集

会展便于信息交换和技术扩散,同时也刺激着新知识、新观念的产生。

（3）大量人流的空间聚集

会展为会展举办地区带来了综合经济效益。人流的集聚意味着对会展举办地区相关行业需求的增加,而需求的增加必然导致这些行业的发展,从而使这一地区收入增加和综合经济效益提高。

10.1.2 会展产业集群

1）会展产业集群的定义

产业集群是指在特定区域中具有竞争与合作关系,且在地理上集中并有交互关联性的企业、专业化供应商、服务供应商、金融机构、相关产业的厂商及其他相关机构等组成的群体。许多产业集群还包括由于延伸而涉及的销售渠道、顾客、辅助产品制造商、专业化基础设施供应商等,政府及其他提供专业化培训、信息、研究开发、标准制定等的机构,以及同业公会和其他相关的民间团体。产业集群超越了一般产业范围,形成特定地理范围内多个产业相互融合、众多类型机构相互联结的共生体。产业集群发展的状况已经成为考察一个经济体或其中某个区域和地区发展水平的重要指标。

根据产业集群的基本理论和会展业的基本特性,所谓的会展产业集群即在某一特定地域范围内,由价值链和生产系统相互关联的、以会展业为核心产业、以相关产业为支撑产业的企业与机构集合体。会展产业集群是在一定区域的社会经济、政策制度、区位交通环境下，会展业与其相关的旅游、交通物流、酒店餐饮、建筑装潢、零售商业、邮电通信、中介服务以及各类机构团体等所有的行业和机构所发生的人流、物流、资金流、信息流等错综复杂的交织与作用关系。与会展产业链相比，会展产业集群既强调会展企业间的关系，又包括会展产业及其他相关行业和机构（如商会、协会、中介机构等）间的联系，而且还强调空间的集聚。会展产业集群是区域会展业发展到成熟阶段的重要标志。

2）会展产业集群的内涵

①会展产业集群发生在以会展业为主体的地理区域内。

②会展产业集聚区内的企业是属于会展业及其上下游关联产业或具有其他密切联系的相关产业的企业。

③会展产业集聚区是建立在地方网络基础上的产业体系，这种网络结构不仅包括区内企业与企业之间的关系，而且还包括企业与地方政府部门之间、企业与各种类型的中介服务组织或企业（如研究开发、企业咨询、法律援助、资产评估以及金融、保险、广告、策划、审计、会计、测试、维修保养等各种服务性组织或企业）之间以及企业员工与员工之间的多种交叉复杂的关系。

3）会展产业集群效应

会展产业集群通过集聚可以产生巨大的整体竞争优势和集群效应，具体表现出以下5个方面的特点。

（1）规模经济效应

大型会展展馆的兴建可以带动周边地区大规模的基础设施建设，如道路交通、宾馆酒店、商务中心等，吸引更多的关联企业集聚，从而形成规模经济效应，如广州琵琶洲会展中心。

（2）区位品牌效应

会展产业集群可以通过集群企业的整体力量，整合各企业的优势，比较容易塑造"区位品牌"形象，形成会展整体品牌优势和竞争优势，如广州进出口商品交易会为广州带来的会展品牌效应。

（3）学习创新效应

会展企业的集群是培育企业学习能力与创新能力的温床，一家企业的知识创新所产生的外部效应可以带动区内其他企业的整体创新，进而提升整个集群的竞争力。

（4）循环经济效应

会展产业价值链内上、中、下游企业或同类型企业，会展产业与相关产业，会展产业与科研、教育培训、中介服务机构及政府部门等相互聚集，可以共同分担投入，节约运输成本、时间成本和交易成本，形成循环经济效应。

（5）合作竞争效应

由于会展产业集群的地理集中性，集群内部通过竞争形成"优胜劣汰"的自然选择机制，通过多种多样形式的合作共同开发新产品、拓展新市场，从而形成一种合作竞争效应。

10.1.3　会展经济对区域经济产业集群的主要作用

会展集聚功能主要表现在对区域经济要素运行方式上,而区域经济运动的基础是要素运动。要素运动主要有要素聚集、要素组合、要素增长 3 种类型。利益冲动是促进要素聚集的主要动因,而要素的聚集又为区域经济要素组合提供可能,这有利于资源的有效配置和产业结构向高级化调整。区域经济要素运动的最基本方式,区域要素组合方式和效率直接影响到资源配置效率。要素增长包括两方面的内容:一是要素量的增多;二是要素结构优化,即素质提高。要素增长既是要素聚集、组合追求的目标,又是区域经济增长的条件。总而言之,会展经济通过集聚经济效应对区域经济产业集群的主要作用如下:

1)聚集外来劳动力

劳动力的聚集主要是出于经济原因,是劳动者预期经济收入的差异,是比较利益的理性考虑。劳动者预期的因素有两个:一是不同区域间的实际工资差异;二是在聚集区域所带来的就业机会。通常,劳动力区域间流动与实际工资差距成正比,与获得工作的难易程度成反比。另外,教育的发展加大了劳动力区域间的流动势头。教育不仅提高了劳动者的技术能力,更重要的是提高了劳动者的思想水平。随着产业结构的高级化,越是经济发达区域就越需要想方设法地吸引受教育年限多的劳动者,而经济发达区域与经济落后地区相比较高的福利,也是吸引大量受过教育的劳动者的动力。劳动力在区域间流动是经济发展的重要标志,它建立起了经济发达区域与经济落后地区间的相互联系和发展。经济发达区域通过聚集和利用大量廉价的剩余劳动力,增加了利润,充实了资本,扩大了规模和实力,最终促进了自身的发展;经济落后地区将大量剩余劳动力配置到经济发达地区,既摆脱了就业机会不足的困境,也因收入和技术的回流有利于走上经济成长之路。但是招聘劳动力需要市场媒介,现代的人才市场往往以大型会展的形式出现,因此使会展成为聚集外来劳动力的新途径。

2)聚集外来资本

资本的永恒主题是盈利,资本也如同流水一般经常扩散,聚集到利润最丰厚之处,扩散以避免将鸡蛋放在一个篮子里。资本流动的原因,在于追逐经济收益的最大化和分散风险,聚集的首要条件是流动,而流动则需要渠道,这种渠道现在越来越会展化了。国内名目繁多的文化节,其实大多是招商引资的会展。资本的流动可冲破区域间金融市场的界限,可消除区域间的市场利率、交易方式和交易条件等方面的差异,形成了市场统一的均衡利率,也促进了资本在区域乃至全球范围内的合理配置。资本的聚集特别是以直接投资为主的资本聚集,可促进资本聚集区域的资源和劳动力等的有机结合,为资本聚集区域创造就业机会,促进产业结构的升级和区域经济的发展,对区域经济一体化的发展产生深刻影响。

10.2　增强区域经济的扩散功能

会展经济有助于中心城市增强面向周边地区的辐射力和影响力,增强对周边地区的服务功能。现代会展是规模经济,一般来讲,在会展经济刚刚起步,会展市场不够大时,呈现极化效益,而会展经济发展到一定程度,就会呈现扩散效益。会展的扩散效益是由于核心地区的快速发展,通过产品、资本、技术、人才、信息的流动,对其他地区的促进、带动作用,提高其他地区的就业机会,增加产出,提高周围地区的边际劳动生产率和消费水平,引发周围地区的技术进步。这种正效果被称为扩散效益。赫希曼在研究均衡发展理论时,把这一过程称为"涓滴效应",也有人形象地把这一效应称为"波及效应"。

10.2.1　会展经济的扩散效应

会展经济的扩散效应主要体现在两个方面:一是会展产业对相关产业的辐射作用,二是会展经济对周边地区的辐射作用。

1) 会展产业对相关产业的辐射作用

会展业以其较强的带动效应促进相关行业的发展,对本区域的经济发展产生促进作用。会展业通过辐射作用使城市房地产、宾馆、餐饮、旅游、交通、商业、广告、传媒和信息等相关产业直接受益,有利于加速培养经济增长极,也为整个经济区域提供产业配套、产业带动、产业集中等强有力的支持,促进区域内资金、物资、信息、科技、人才等要素的流动。在会展活动开展前,举办城市一般要进行大规模的基础设施建设,道路交通、通信网络、宾馆酒店、会展中心等硬件设施建设对城市相关产业的拉动作用非常明显。审视国际上声名远播的会展中心城市,不难发现,它们大都是从本国、本区域的优势产业着眼,向全球受众通过会展的形式展现自己的经营理念、创新路径、产品性价比、交易对象等。美国休斯敦的航天器材展,德国慕尼黑的建筑机械和建筑材料展,巴黎的时装、化妆品、航空展等都是这方面的典范。在国内,多数比较有名的会展,如广州广交会、上海科技展、大连时装展、北京 IT 展、昆明花卉展、成都糖酒会等,基本上都是与区域经济的优势产业紧密相连的。而在会展活动开展期间,会展活动对城市的相关服务业起着巨大的支撑作用。

2) 会展经济对周围地区的辐射作用

随着社会现代化建设进程的加速,会展产业也得到了空前的发展。会展业的发展在促进产业经济结构升级与优化中发挥着重要的作用,成为推动第三产业发展的中坚力量。同时,会展产业链巨大的辐射效应引起了社会各界的重视。

距离与会展活动的大小是收益多寡的两大关键。从距离远近来说,距离会展经济中心区越近的地区受益越大,反之越小。会展活动规模越大,辐射的距离就越远,因此受益的地区就越多。会展经济有助于中心城市增强面向周边地区的辐射力和影响力,增强对周边地区的服务功能。

广交会是中国目前历史最长、层次最高、规模最大、商品种类最全、到会客商最多、成交效果最好的综合性国际贸易盛会。从中华人民共和国对外开放的一扇"南风窗"到如今的"中国第一展",广交会对于广州来说,已经不仅仅是一个展会这么简单,除了琶洲会馆成为羊城的地标之一外,还有一年超过 300 亿的直接和间接的经济效益,广交会带来的经济收益占广州 GDP 的近 4%,区域经济拉动效益显著。

10.2.2　会展经济对区域经济扩散功能的主要表现

1) 扩散形式

会展经济是人流、物流、信息流和资金流汇集的场所,会展经济的扩散功能是其他经济形态所不能比拟的。会展经济扩散有两种基本形式:无形扩散和有形扩散。

（1）无形扩散

无形扩散是指如智能、信息、服务等的扩散。其中智能扩散表现为以会展所在地为核心向周围地区提供及时、准确、实用的各种信息;信息扩散指会展在国家之间、民族之间、古今之间、人与人之间建立起有效的信息、知识、思想、文化的交流传播纽带。服务扩散则以会展所在地为核心向周围地区提供更广泛意义上的方便、高效的无形支援。

（2）有形扩散

有形扩散是指如技术扩散、人才扩散,还包括资金信贷、生产设备转移、商品供给等扩散,它们都属于有形扩散的范畴。其中技术扩散不仅较为重要,也是较为复杂的问题,随着对知识产权的重视将会越来越复杂,技术是指制造某项产品、应用某项工艺或提供某项服务的系统知识,但不包括仅涉及货物买卖或器物出租的知识。技术作为一种特殊的生产要素,通常融入以下要素之中:一是拥有生产技术知识的劳动者;二是物化成一定的机械装备和装置;三是生产产品、生产工艺、操作技巧的专利和技术秘密;四是技术情报信息等。

2) 两种扩散形式同时进行

两种形式扩散,在会展的扩散功能作用下,使会展所在区域与周围地区相互支援、融合。但在扩散初期以有形扩散为主,随着扩散的加速和区域整体经济水平的提高,无形扩散逐步超过有形扩散从而居于主导地位。例如在第三次社会大分工之前,商业还没有形成,会展是主要的流通形式。会展通过在一定时间内将大量的供应厂商集中在一起,通过面对面的直接交流;同时也可以使买主接触、了解到更多的产品,通过比较选择能满足自己需求的产品,从而使需求得以实现。而随着科学技术、网络技术的日新月异,信息在社会经济发展中扮演着越来越重要的作用。会展作为一种市场形式,不仅能够聚集大量的物流和人流,也是信息流的集聚地。会展通过产品陈列、展示、交流,可获得比从广告或其他商品宣传形式中更多的生动的商品信息,而且这些信息往往是最新的、丰富而准确的。

10.3 提升区域经济的协调功能

会展活动对区域经济增长具有显著的加速作用。会展活动除了有强大的聚集与扩散功能,除了可以大量吸引人才、扩散资金和技术外,还具有很强的协调功能。

10.3.1 会展经济活动的协调性

1)会展已成为区域合作与协调的重要方式

会展活动最初作为一种企业的促销手段出现,其主要目的就是要达成协议,取得合作。由于生产力水平的差别、产业结构的不合理、经济活动利益的追求等问题既容易导致区域经济发展不平衡,又容易导致区域经济内部,区域经济与周围地区之间不可避免地产生矛盾与摩擦。这些矛盾集中表现为区域经济与周围地区之间经济发展不平衡,矛盾的主导方是区域经济,协调发展的关键在于区域经济内部。要解决这些矛盾,就需要注重发挥会展的协调功能。在市场经济条件下,市场是区域经济发展的主导因素,没有市场,就没有区域经济发展的动力;没有市场,区域经济的多元结构特点、多样的活动方式、多方位的地域空间特征就难以发挥。现代会展业已经不仅仅是一种简单的人际交流或商贸活动的方式,更多地作为一种网络存在,随着会展活动范围的扩大,更多的人才、资金、技术等生产要素通过会展活动得以优化配置,现代会展已成为区域合作与协调的重要方式。

2)会展影响社会分配制度和各种利益矛盾的协调

会展产业对社会分配制度和各种利益矛盾的协调具有重要影响。任何一种制度形式或制度安排,都是各种利益集团博弈的产物,对社会的分配方式和分配内容产生重要影响。

正如新制度学派(New Institutional Economics)的主要代表人物——加尔布雷思所认为的那样:当代西方国家经济可以被看作由少数大公司构成的计划体系和为数众多的中小企业构成的"市场体系"所组成的二元体系结构。他认为前者控制、支配和剥削后者,形成权力不平等,这是现代西方经济发展中存在的问题。同时,新制度经济学派的许多著名学者尽力宣扬技术决定论,认为科学技术是现代企业成功的决定性因素。由于科学技术的迅速发展,企业权力转移到拥有知识的人手中,人们之间的差别仅是教育上的差别,社会矛盾也转为有知识的人同没有知识的人之间的矛盾。在这个转化过程中,同时存在社会经济发展的不平衡,收入和权力不平等。

针对社会收入分配的不均等,政府公共物品供给具有重要的调节作用,会展产业具有公共物品的一些特点,有利于对分配制度进行调整和改革。所谓公共物品(Public Good)是私人物品的对称,是政府提供的必然被全体社会成员消费的产品和劳务的总称。公共物品的存在是政府进行经济活动的一个重要依据,是西方经济学广泛使用的概念。它包括的范围很广,诸如国防、警察、司法、经济调节、教育、卫生等。构成会展产业基础的一部分,如博物馆、展览馆、体育馆等,有的是政府使用公共财政手段,直接投资所建,属于公共物品范围。由私人投资,以纯营利为目的的会展场馆则属于私人物品。会展产品有的对所有公众开放,不具有排他性消费倾向,如向公众开放的各种展览会、博览会等。有的则只对部分公众开放,按照身份、地位、职业的不同给予付费和免费待遇,不具有非排他性消费。会展活动的一部分,是政府利用税收手段向公众征收报酬以抵偿该产品的供给成本,如政府向民众征收税费,投资建设大型体育活动设施,向公众开放。

因此,从某种程度上讲,会展产业的发展有利于平衡社会分配,缓解不同利益集团之间的矛盾,可以作为政府调节国民收入再分配的产业基础。

10.3.2　会展经济活动的区域资源整合性

现代会展经济活动对区域资源的整合功能主要包括外部整合和内部整合。外部整合主要是指现代会展是人流、物流、信息流的大汇集,它为区级的系统禀赋要素提供了交流和重新整合的重要平台。内部整合是指会展策划者对本区域会展资源的整合和利用。现代会展的资源配置能力、整合能力是提高区域经济竞争力的重要因素。

1)外部整合

各个不同区域的人才、技术、资金、市场、信息、项目、文化、管理经验等生产要素通过会展活动这个大平台得以交流和有效配置,因此,会展是跨区域的多元素要素重组,在促进经贸合作方面会展的作用不可小视。一次成功的会展能够在短短几天内汇集大量的新技术、新产品、创新的理念和思想以及高效的信息,包括政治、经济等方面,并能够签订不少销售合同以及投资、转让、合作意向书等,是招商引资、达成交易的平台。自改革开放以来,正是因为广交会的推动,广州以及广东的外贸出口总额一直在全国名列前茅,2016 年广东省进出口贸易总值达 6.3 万亿元,占同期全国进出口总值的 25.9%。第 120 届广交会采购商报到人数超过 18 万人,累计出口成交 1 873.01 亿元人民币(折合 278.9 亿美元),比 2015 年秋交会增长 3.2%。广交会一年两届成交总额约 600 亿美元,是外贸企业出口的重要平台,调研显示,参展企业通过广交会达成的成交额约占其全年出口额的 47.9%。

区域合作已经成为促进区域经济协同发展的重要手段,而会展在不同层次的区域合作网络建设中发挥着举足轻重的作用,使人才、资金、技术等生产要素得到优化配置。在跨国家区域联盟与区域合作组织中,如欧盟、北美自由贸易区、新马印增长三角、亚太经合组织等,它们的各种协议和共识都是通过各种会展的方式达成的。我国比较有名的跨区域合作会展活动有博鳌亚洲论坛、中国—东盟合作论坛、APEC 财富论坛、中俄区域合作论坛、中韩区域合作论坛等。会展为区域经济的发展建立了良好的合作网络与合作空间。在国家内部的区域合作中,通过各种各样的会展活动,呈现出以若干城市为多元中心的网络组合,其运作并不需要按照国家间区域合作的逻辑来进行,具有较大程度的自主性。此类会展活动目前比较火热的有泛珠三角区域合作与发展论坛、南中国经济合作论坛等。

在我国,区域合作已经成为推动现代会展的重要内容和支撑;现代会展已成为区域合作的现实载体和途径。二者相互依存,相互促进,共同发展。

2)内部整合

内部整合依附区域会展资源禀赋,整合各类会展资源,建立会展资源数据库。会展数据库建设是提高会展资源配置水平的基础设施建设,将先进的科技用于会展,在不断举办会展的过程中修正和改善。这些数据库的内容涵盖会展相关企业和中介组织数据库、会展供应商、会展活动、会展案例、会展专家人才、文化旅游景点等,这些数据库的建立是会展城市进行整合营销和会展统计的基础。

3)会展资源的概念

会展是跨区域的多元要素重组,资源配置整合能力是会展经济核心竞争力的首要构成要素。要提高会展资源的配置能力,一个城市必须摸清城市的会展资源家底,盘活各类会展资源。广义的会展资源,不仅包括会展产业内的资源,而且包括与会展产业发展密切相关的一切资源。如政府所拥有的垄断资源、区域相关产业资源、自然环境资源和社会环境资源。概括地讲,会展经济资源可以分为两类。

(1)会展产业本身占有的资源

会展产业本身占有的资源主要是会展企业和行业协会占有的人、财、物及软资源,如人才资源、价值形态的资本、物质形态的场馆等基础设施和行业法规制度、经营管理资源、准入限制、多年积累形成的核心竞争能力等软资源。

(2)会展经济环境资源

①自然环境资源。包括自然资源禀赋、气候条件、区位条件、生态环境等。

②由市场条件、经济发展条件、制度环境、历史文化、技术进步状况等构成的社会和经济环境。其中,经济环境资源包括市场环境、生产力状况、技术进步和管理方式;社会环境资源包括社会结构、社会制度、社会传统和社会心理等。政府在发展会展经济中的特殊作用,在当前具有不可替代性,应给予高度重视。整合配置会展资源,就是充分发挥政府和市场两个主体的积极性,构建一个各能级协调配合的会展金字塔。会展金字塔是一个城市会展资源配置能力的外在表现,提高城市会展资源配置能力的过程也就是构建一个层级结构合理、能级结构协调的会展金字塔的过程。会展活动就是对这些会展资源进行价值评估,然后进行资源配置重组的过程。会展活动是牵一发而动全身的系统整合活动,这一重组的复杂性劳动是一种高端经济活动,对于餐饮、旅游、广告、娱乐、宾馆、装饰等行业具有多米诺骨牌式的连锁效应和四两拨千斤的杠杆作用。

10.3.3　会展经济对区域经济发展的协调作用的表现

会展作为现代市场的重要组成部分,对区域经济发展的协调作用表现在以下方面。

1）协调区域经济内外的消费需求

市场需求对经济活动具有拉动和促进扩展的作用,是区域经济发展的动力之一。在经济生活中,人们的现实消费需求需要通过市场媒介加以完成,人们的潜在消费需求既是随着经济发展而逐步转化为现实购买力的,又是需要市场的导向与培育才能逐步转化为现实购买力的。这其中都有一个相互配合与配合适当的问题——协调。协调得好,不但可以刺激消费需求,而且可以促进生产和经济发展。会展作为商品流动渠道,对区域内外的商品具有沟通的作用,有利于现实需求的互动,从而扩大市场容量规模,而市场容量规模的扩大,会激发厂商增加产量和经济活动量,进而牵动区域经济发展。

2）协调区域经济内外的投资需求

经济学所说的需求是有效需求,即商品总供给与总需求处于价格均衡时的总需求。它是消费需求与投资需求的总和。有效需求是由许多因素决定的,它与区域经济发展水平、人们需求心理以及人口规模等密切相关。一般来说,在经济发展的初级阶段,有效需求比较旺盛,常表现为消费热,从而拉动物价的上涨。在其他发展条件允许的情况下,经济能够以较快的速度增长。但受收入水平的限制,人均市场购买力水平仍较低。相反,在经济发展的成熟阶段,人均收入高,购买力处在高水准上,但常出现有效需求不足,又由于许多产业投资已较成熟,利润率下降,因此,出现投资需求不足和经济发展速度减慢的现象。而在周边的经济欠发达地区则会出现增长速度比区域经济平均增长速度快的现象。在这种状态下,通过会展了解经济欠发达地区的需求,区域经济方可以有的放矢地向该地区利润率高的产业进行投资,从而弥补自身有效需求的不足;另一方面,经济欠发达地区也可以通过会展进行招商引资,促进自身经济发展。

3）协调区域经济内外的生产要素

不管是需求与供给都和生产要素脱离不了关系,没有生产要素来进行生产,需求与供给会成为无源之水。生产要素中自然资源、土地等原生性生产要素具有不完全可流动性。衍生性生产要素中劳动力、技术也具有这种特点。只有资金的可流动性强,对区域经济增长作用才更为直接、灵敏,但容易受投资心理和投资环境的影响,因此需要通过某种形式才能进行协调流动。会展既具有流通渠道的作用,又具有"晴雨表"作用,它能够反映出许多方面的信息:有需求方面的,也有供给方面的;有现在的,也有将来的;有显而易见的,也有只是某些人能够读懂的。解读这些会展信息很容易知道区域经济内外的土地、资本、劳动力、技术等生产要素需求状况,使各种生产要素的调节变得简单。只要能够完全解读这些信息,就不怕市场变幻莫测。可以说,善于运用会展活动者,就能在这一大舞台上长袖善舞。而有经济头脑的大都善于利用会展活动进行协调,例如,组织会展活动招商引资;组织专题会展为某种商品的销量升温;就地或是移师他地举办会展来促进自身经济发展。对抗往往会两败俱伤,而协调是走向共同繁荣昌盛的捷径。

10.4 提高区域经济的创新能力

会展是新技术、新观念乃至新制度的创新场所,是带动区域经济不断进步的驱动器。科学的发展、技术的进步是区域经济水平提高的动力和源泉,区域经济实力的强弱以及发展速度的高低关键在于有无创新能力,它不仅使区域经济生产力产生巨大飞跃,而且对区域社会、文化以及人们的生活具有深刻的影响。

10.4.1 会展主导区域技术进步与创新能力

1)在技术进步方面

作为新兴行业的会展产业,成为主导产业的重要基础是新技术成果的广泛推广和应用,成为知识、技术的主要吸纳者。会展产业在经济体中主导作用的确立,没有雄厚的技术、知识配置能力是难以达到的,在经济体不同的产业构成中,不同产业的市场竞争力、创新能力是不同的。如果没有较强的知识、技术吸纳能力与配置能力,不可能在市场竞争中,特别是在不同产业间的市场竞争中居于主导地位。具有先导作用的产业不一定就能自动发展为主导产业,因为先导产业的技术领先优势如果不能继续保持,则必然在技术上为其他新兴产业所取代,所以,在经济体的技术进步中扮演主导性力量是成为主导产业的重要前提之一。因为存在产业差异和技术引入差异,主导产业并不是在每一个领域都要保持技术主导性影响,但在产业所涉及的技术领域必须保持主导性影响。

2)在创新能力方面

科学工作者的发展与技术的创新需要一定的基础和环境条件。创新的基本前提,除了需要雄厚的人力、物力、财力外,还需要丰富的信息资料、不同文化的碰撞,而不同科研成果的交流、先进的技术设备和商品展示机会,恰好弥补了具有一定程度雄厚的人力、物力、财力的区域经济创新方面的不足之处。另外,在当今世界,智力在劳动者能力构成中的比重越来越大,劳动者如果没有较高的专业知识和技能,其生产能力将会越来越弱,更无法进行创新。会展所在地大多是人口、经济的集中地,高素质人口尤其是高素质劳动者的集中,客观上产生一种强大的竞争压力,容易使人们产生新观念,使企业家更富有创造精神,以便在激烈的竞争中求生存、求发展。加上会展所在地大都具有发达的科学研究、实验测试、信息收集、显示、检测、存储、处理、识别、提取、变换、利用能力。这些因素与会展活动汇聚而来的技术、人才、物力、财力交融之后,就可以使人们较为容易地进行创新。

10.4.2 会展经济对区域经济的创新能力作用的表现

会展产业是一个涉及面广、交易方式多样、区域空间跨距大、时效性强的产业部门。会展在区域经济一体化发展中的创新功能主要表现在技术创新与制度创新两个方面。

1）技术创新

技术创新是指会展产业形成和发展过程中所使用的技术方法、技术手段、技术理论的根本性变革，主要是在生产新工艺和新产品的开发等方面。技术创新是人们精神与物质结合的实际产物，是物质与信息增值的结果，且信息为关键。区域经济发展表现为进入区域的物质（包括能量）总量的增多，但更主要的是区域中商品性能的增强和种类的增多。所有这些都是根据信息对物质不断重组，从而实现高效产出或创造新性能的结果。换言之，知识增长（它代表信息增值和应用）是经济发展的主要动力。为了生存，人们需要不断地进行创新；为了发展，人们也需要不断地进行创新。无论人们是为生存还是发展进行创新而获得的利润，终将使社会财富不断丰富，使社会存在更大程度上的创新需要与可能。

2）制度创新

制度创新是为进行技术创新提供优质的宏观环境的创新，就像自然环境为人类提供了生存与发展的物质基础一样，制度环境也为人们进行技术创新提供了生存与发展的可能，是人们进行技术创新的精神与物质基础，因而与微观的技术创新相比，宏观的制度创新更为重要。因为制度一旦形成，即具有稳定性。社会是复杂多变的，而制度的变动却不灵活，于是社会变革的需要和相对稳定的制度之间产生矛盾。当社会要变革、要发展时，必须先对已有的制度进行改革，即制度创新。技术创新与制度创新是密不可分、相互作用、相互配合的关系，它们共同驱动区域经济一体化的发展。会展活动作为一种集聚性的市场经济活动、物质与文化交流活动，则是通过交换利益驱动技术创新和市场利益的需要促进制度创新，进而促进区域经济一体化的发展。

10.4.3　会展强化区域的学习功能

会展活动具有强大的集聚效应，是人流、物流、商品流、信息流、资金流的大汇合。在新经济条件下，许多会展都汇聚了工业文明的最新成果，既是新科技的展示和传播，又是新思想、新观念的展示和传播。

1）会展是区域发展的无形资产

会展活动是一个区域或城市展示形象的窗口，是树立区域或城市品牌的重要载体，是提高区域或城市在国际、国内知名度的重要途径。会议、展览、节事等形式的会展活动，是对该区域或该城市的企业、产品、人员、科技、文化等要素和信息的集中展示，可以提升整个区域的品牌形象。会展是文化、观念、思想的展示，参展的产品与商家是产品与企业形象的展示，会展的组织者、参与者、策划者和管理者是人员智慧和水平的展示，举办会展的区域是区域地位和形象的展示。一些极具影响力的会展活动能够展现一个区域的特色和风貌，大幅度提高会展举办地的知名度,从而成为拉动区域经济增长最大的无形资产。

2)会展是区域学习的平台

现代会展作为学习经济的平台和载体,一方面,可以聚集商品和服务信息,为参展商和贸易商建立新的客户关系以及寻找贸易伙伴、获取经贸信息提供方便;另一方面,可以使得国内同类产品齐聚一堂相互竞技,为企业提供一个良好的平等竞争和与同类企业学习交流的绝佳机会。对于参展的企业来说,这也是个绝佳的营销机会,可以将自己的经营理念、品牌和企业文化灌输给大众,同时通过与同类企业之间的思想碰撞可以把握产品的发展趋势,加强行业间的联系和交流。

现代会展不断发展而形成的会展产业集群更加注重集体共享资源、发展人才市场、提高交易效率,产业之间在贸易和非贸易方面相互依赖并交流经验类知识。区域通过举办各类会展活动增强了自身的学习能力和创新能力,通过学习—创新力—竞争力的转化,最终将区域培育成极具竞争优势的学习型区域。

3)会展促进文化创新

会展业被视为城市经济发展新的增长点和文化传承的衔接点。会展活动可以营造一种浓厚的文化氛围、文化经历、文化体验、文化传播、文化欣赏等,能够极大地满足人们对文化的渴求和精神充实的需要。大型的会展可以吸引不同文化背景、不同观念的人们齐聚一堂,会展参与者之间相互交流,产生思想碰撞的火花,可以在无形中提高人们的文化修养、审美情趣、感受能力和鉴赏眼光。会展活动中往往还会举办专家报告会、理论研讨会、旅游发展论坛等,使各种先进的思想理念在此交汇。来自国内外的新科技、新理念,会引发人们的"理念更新"。

文化成为经济发展的重要资源,而文化产业则成为重要的支柱产业。城市是文化产业发展的集中地,现代文化大都生产于城市。文化的博大精深呼唤展示的平台,会展恰好可以为科技文化的推广和文化产业的发展起到一定的推动作用,世界各地的图书展、高科技展览、美术展等各种形式的会展,为文化产业的发展提供一个很好的平台。

展览是一种重要的社会意识形态,它归根结底是对一定的社会存在的反映,因而具有多方面的认知和传播作用。从横向看,一个时代的经济、政治、文化、军事、道德和社会习俗等各方面的情况,都会被一定程度地反映到展览作品中。从纵向看,时代变迁、国家兴亡、科技演进、民族盛衰、生物演化等历史变化的步伐,通过博物馆、展览馆、科技馆得以生动展现。会展的发展对于城市文化的传播和创新起到了很好的作用,参加会展的人们有不同的语言、不同的生活习惯、不同的文化背景,聚在一起必然会带来不同的文明和文化,不同文化的交流碰撞便促进了城市文化的融合和创新。

案例分析:会展产业主题园区发展模式的思考
——以上海迪士尼乐园为例

迪士尼乐园由美国著名动画大师华特·迪士尼 1955 年创办于美国加利福尼亚州,且迅速成为世界瞩目的大型主题乐园。迪士尼集团旨在将其欢乐王国的理念拓展到全球,上海迪士尼乐园就是美国迪士尼乐园的中国化复制。上海迪士尼乐园的运营是我国大会展产业园区成功建立的典范,也是会展经济由单一的会议展览业不断地向节事活动、奖励旅游以及主题公园多元化扩张的结果。目前,会展产业主题园区的建设与运营成为会展业持续繁荣的创新点,也成为区域经济发展的重要推动者之一。

一、主题公园品牌价值的文化灌输

人们对迪士尼文化的认同和对其品牌价值的追求是上海迪士尼乐园的成功原因之一。我国的主题公园已有不少,例如遍布全国各大城市的欢乐谷主题乐园、广州长隆动物园、西安的曲江欢乐世界等,因此大会展产业概念下的主题乐园的营销核心不在于设施,而在于文化的宣传和价值观的输送。

根据让·波德里亚的超真实理论,迪士尼乐园一方面是美国社会的超真实复制,另一方面也是美国梦和人们对纯真世界幻想的缩影。乐园拥有七大主题园区:米奇大街、奇想花园、探险岛、宝藏湾、明日世界、梦幻世界、玩具总动员;两座主题酒店:上海迪士尼乐园酒店、玩具总动员酒店;一座地铁站:迪士尼站。迪士尼乐园通过七种梦幻场景园区的超真实构造,轻松为游客提供了全方面的、多场景的难忘体验,使本就向往迪士尼文化的游客在游玩过程中更加深入地体会迪士尼核心文化中对纯真、梦想、美好的不断追求,让人不知不觉地感受并认同迪士尼文化。笔者认为我国在建立大会展产业主题园区的过程中,应重视园区主题价值的树立和主题文化的传播,以品牌文化带动游客心理需求,针对不同的目标市场深入挖掘客户,使文化成为主题园区的一大亮点。

二、展览和主题公园相结合的营销模式

会展产业主题公园在其运营过程中会不断推出新的活动,因此展览在主题园区的活动营销中必不可少。游客在参展过程中了解到活动的具体信息,并从中得到乐趣,展览主办方也得到了良好的活动产品宣传,而对于承办方主题公园来说,不同主题的展览是吸引游客的营销手段之一。在主题园区中,一场展览的成功举办通常会实现三方(主办方、承办方以及游客)共赢的目的。

以上海迪士尼乐园为例,由于在 2017 年 1 月 6 日全国上映《星球大战外传:侠盗一号》,因此制片方于 2016 年 12 月 9 日起就在上海迪士尼举办了富有星球大战主题特色的特装展览配合电影的宣传。此次展览分别在上海迪士尼乐园内部"星球大战远征基地"与乐园外部

的迪士尼小镇同时展出。在展览现场,其中 1:1 比例的 K2SO 机器人模型和一架 TIE 战机极大地吸引了主题公园游客的眼球,影片的五大主角以及轮番播放的精彩预告片都在此展览,这在很大程度上提高了星球大战电影目标观众中潜在观众的转化率。在观展出口的小商品超市中,星球大战主角的模型、印花衣物等都成为热销产品。

三、会展产业主题园区的品牌乘数营销模式

"利润乘数",即以一个大于 1 的利润基数为被乘数,经过几个波次的创新、扩张、延伸,即相乘后,升级为新的利润之积,其结果是利润大于 1。迪士尼集团根据这种经济学利润模式,巨资打造了自己的迪士尼文化王国,通过品牌效应的整合传播,最终重复获得利润。迪士尼本是制作动画片的影视公司,而当今的迪士尼已经远远不止于此,所涉及的业务包括玩具、图书、主题公园、饰品、电子产品等多个行业。笔者认为我国会展产业主题园区在建设和运营过程中,主办方可适当地应用品牌的乘数营销模式,发展会展产业主题园区的主题会展服务经济作为乘数营销模式的基础,逐渐形成旅游产业、酒店餐饮、文化创意、商贸物流等产业聚集区,并初步形成以会展产业主题园区为核心的延展式会展配套产业带布局;主题园区还要在国家政策号召下,促进会展企业与当地会展资源的互动,以会展联动产业升级,积极地全面推动区域经济的蓬勃发展。

四、主题公园与区域经济协同发展

近年来,在会展业逐渐多元化的前景下,大会展营销理念孕育而生,大会展产业园区的出现使得会展业与其他产业互利共赢,这极大地带动了区域经济的发展。

上海申迪集团董事长范希平在上海市政协十二届五次会议现场发表数据表示,直到 2016 年 12 月 31 日,上海迪士尼乐园入园游客达 560 万人次,这一数据创造了迪士尼乐园在全球范围内入园人数突破 500 万的最快时间纪录。上海迪士尼主题园区以园区建设为核心,打造了以交通、旅游、餐饮、住宿、物流、金融为一体的迪士尼文化小镇,加速了以广告、零售、设计、现场服务、摄影等为配套的主题公园产业集群的建立。积极地推进了大会展行业的"大众创业、万众创新"。上海迪士尼开园以来,迪士尼周边的城市基础设施建设提高到新的水平,以迪士尼为主题的酒店持续保持 90% 以上的入住率。迪士尼乐园的开园不仅对上海旅游业和酒店业有拉动作用,并且加快了上海浦东新区川沙新镇的基础设施建设的步伐,为当地居民创造了创业和就业机会,推动了上海浦东新区经济的发展。

(资料来源:米雪.会展产业主题园区发展模式的思考——以上海迪士尼乐园为例[J].经济视野.2017(4):116)

讨论题:

1.分析案例,谈谈迪士尼发展的营销理念是什么。

2.结合上述案例,谈谈迪士尼的成功对区域经济产生了什么影响。

【专业词汇】

会展的扩散效益　会展资源　公共物品　技术创新

【思考与练习】

1.会展对区域经济的发展有何影响？请列举一二事例。

2.会展经济对区域经济产业集群的主要作用表现在哪些方面？可结合自己的调查研究进行解释。

3.请结合具体事例,论述会展经济影响区域经济扩散功能的主要形式和特点有哪些。

4.会展如何协调区域经济的发展需求?

第 11 章
会展经济与国民经济

【教学目标与要求】

掌握:会展对国民经济发展的影响,政府在会展经济发展过程中扮演的角色

了解:利用会展活动促进产业结构调整时应遵循哪些原则,会展调整产业内外结构的导向作用

【知识体系】

会展经济与国民经济
- 会展经济政策
  - 政府角色
  - 政策作用
- 产出溢出效应
  - 拉动机理
  - 产出效应
- 就业贡献
  - 就业活动
  - 就业范围
  - 就业关系
  - 就业拉动效应
- 转型作用
  - 产业内部结构调整
  - 产业外部结构调整
  - 结构调整作用与原则

【本章导读】

本章主要阐述会展经济与国民经济发展之间的关系,共分为 4 节:第一节主要介绍会展经济政策产生的原因及政府在会展经济中的作用;第二节主要阐述乘数效应原理以及会展经济对国民经济产出的效应;第三节主要介绍会展经济对国民经济的贡献;第四节主要介绍会展经济对国民经济转型的作用。

11.1 会展经济政策

11.1.1 国民经济与会展经济的关系

会展经济是一条集商贸、交通、运输、宾馆、餐饮、购物、信息等为一体的经济消费链,具有促进相关产业如房地产业、交通业、宾馆业、旅游业、信息产业等蓬勃发展,推进国内外经济贸易合作,加速城市建设的作用。会展经济的发展有助于传播信息、知识、观念,加强国与国、政府与企业、企业与企业、企业与消费者之间的沟通和交流,树立企业形象,展示产品品牌。于是人们形容会展经济为"经济发展的晴雨表""市场走势的指示器""促进友好的纽带和加强交流的桥梁"等。会展经济是建立在所依托的产业基础之上,反过来又作用于所依托产业的一种"多边性"经济门类。就目前来看,会展经济的内涵几乎囊括了国民经济所有产业的各个门类。比如,举办汽车博览会,首先影响和带动的是汽车制造、维修、服务及与之相关的各个产业;举办农业博览会,首先影响和带动的是农、林渔业及与之相关的产业;举办商业交易会或博览会这类综合性的展会,直接影响和带动的则是更多被推介和展示的行业和产业。从这个角度看,会展经济与国民经济几乎所有的产业门类都是息息相关的。正是由于这种互为作用,会展经济在实现自身快速发展的同时,推动了整个国民经济的迅猛发展。

一个国家经济的健康发展,单凭市场的力量是远远不够的,政府的政策扶持与引导作用不可或缺。政府的作用是非常重要的,因为政府有不可替代的作用:制定政策、进行总体规划和战略设计是政府的特权;会展业要协调土地、投资、银行、旅游、服务等各方面的利益,这只有政府才能做到;政府还可以提供资金、信息、服务等。

亚当·斯密"看不见的手"定理的基本思想是在一系列严格的假设条件下,完全自由竞争的市场机制可以自发导致整体经济达到一般均衡状态,从而使资源配置实现最优化。一般来说,市场机制可以有效地配置经济资源,但市场机制并不是万能的。在会展经济运行中,常常可以看到市场失效的情况。这种市场机制不能有效配置资源的现象被称为"市场失灵"(market failure),在这种情况下,由政府干预会展经济活动就有了一定程度的合理性。

市场经济中,市场调节机制对资源配置起着基础性作用,主要体现为价格机制、供求关系、竞争机制和利益机制等。通过市场对经济资源进行的最优化配置属于一种自发性的事后调节手段。然而由于市场机制内在的缺陷和受外部性影响,市场机制可能会出现低效率或无效率地配置资源,即出现市场"失灵"现象。市场失灵需要非市场的力量来纠正,政府作为社会最大多数成员利益的代表,被视为公平、公正的非市场主体,承担着修正市场失灵的责任,因为政府的经济管理可以通过规范市场主体行为来调整总供给和总需要,弥补市场不足,提高资源配置效率,增进社会成员福利。因此,政府在市场经济健康运行中的作用不可忽视。

近年,我国各级政府出台了很多鼓励会展业发展的纲领性文件:2010 年,我国《国民经济和社会发展第十二个五年规划纲要》对会展业提出了"促进会展业健康发展"的任务和目标;2012 年,商务部制定《关于"十二五"期间促进会展业发展的指导意见》,要求"充分运用会展业战略性导向产业的属性",2013 年,有 31 个省市自治区的政府工作报告中提到加快发展现代服务业,支持举办会展活动;2015 年 3 月,国务院出台《关于进一步促进展览业改革发展的若干意见》,提出会展业方面的总体要求、改革体制、创新发展、优化环境和政策引导。具备高知名度的品牌展会的多少体现了一个国家、地区或城市的形象和经济、社会、文明等发展水平,因此,各国、各地区、各城市均大力鼓励、支持会展业的发展。

11.1.2 政府与会展经济的发展

1)政府在会展经济发展中的功能

在会展经济产生和发展阶段,政府除了给予政策上的支持,一般可以不介入会展直接管理,但是在会展经济发展出现混乱而自身无力约束时,政府直接介入管理事务是必要的,也是应该的,就像任何经济活动都需要正常秩序一样,维护会展正常秩序是政府的责任。因此,政府应结合会展经济演进过程中的阶段性特点,发挥其政策扶持、市场引导和宏观调控的功能。

(1)初级阶段的政策扶持角色

虽然会展活动的形成已经有了漫长的历史进程,真正意义上会展市场与会展经济的形成则是基于工业革命。由于会展活动涉及多方面的内容,既包括商品流通、要素流动、人员培训和信息交流,又涉及一国的政治、宗教、文化、教育背景,而且会展开放性需要一个对外开放程度较为发达的经济体系作支撑。因此,在现代社会中,没有一定规模的展馆建设,没有发达的通信交流手段,没有综合实力较强的开放型市场经济体系,没有宽松的政治环境和社会背景,没有一套较为成熟的制度体系,会展经济也就难以形成。然而,这些会展发展所需要的基础设施建设、经济制度安排和法律体系的支持只有依靠政府的力量才能形成。因此,政府在会展经济发展初期给予政策扶持是十分必要的。

从法律角度分析,一国政府可以通过立法的形式,明确会展经济存在的合理性,规范会展经济可以涉及的领域和经营范围,保护会展企业和参展者的合法权益,为会展经济的发展提供一个有法可依的环境;从经济角度分析,政府可以通过采用一定的财政金融政策,在财政税收、投融资方面给予会展相关产业一定的发展支持,如减税政策、优惠性贷款政策以及设立相关的发展基金等;从制度安排角度分析,一国政府为了鼓励会展经济的形成和发展,可以率先建立国有性质的会展组织机构,培育会展市场的竞争主体,并以国家名义举办大型会展活动,既包括国内行业性质的会展,又包括在国际会展市场中进行竞争,从而普及人们对会展的认识,激励其投资经营的热情,以推动本国会展市场的形成和发展。

(2)发展阶段的市场引导角色

当会展市场逐渐形成并发展到一定的成熟阶段时,除了最初国有性质的会展企业外,会展的丰厚利润也会吸引大量的私人企业和外资企业渗透到会展市场中,易于出现重复性会展活动增多,展馆的建设无计划性扩张,大量会展资源的虚置和浪费,会展市场出现非法性竞争手段等,造成会展经济规模的急剧增长,加之相关法律制度出台的滞后性和市场价格机制调节的缓慢性特点,从而导致会展经济出现秩序混乱的现象,并给整体经济发展带来负面影响。此时,政府则须以管理者身份,介入会展发展的事务中,利用行政和经济手段进行干预和管理,以保证会展的健康发展和产生良好的经济社会效益。因此,在会展经济发展阶段,政府应充当好市场引导角色。

一方面,政府应理顺国有会展企业与政府之间的产权关系,推行现代企业治理结构,实现其在会展经济发展中的观念和角色转化,即由享受政府各种政策优惠的会展企业转化为一个与其他会展企业进行市场公平竞争的普通企业,以避免出现国有企业利用与政府的特殊关系来确保其寡头垄断地位和进行不正当竞争的现象;另一方面,政府可利用行政手段,强制性限制展馆的投资和建设,并从会展市场的整体需要角度来进行建设规划和布局,同时,完善会展企业的市场准入和准出制度,对会展企业的资格进行严格的定期审批,以保证会展市场的优胜劣汰和合理竞争,并利用相应的经济政策,推行会展市场的现代化进程和会展产业的快速发展。

（3）成熟阶段的宏观调控角色

会展产业在其发展初期需要政府的扶持和培育,而当其发展进入相对成熟阶段,并建立了较为完善的市场调节机制后,政府便应减弱对其发展的干预力度,转为利用经济杠杆手段来进行宏观调控。结合国际市场经济运作经验,目前在成熟的市场中,政府管理企业的职能更多地通过政府的行业管理协会来实现。

因此,随着会展产业的发展,政府应加强宏观规划和指导,组建全国性的会展产业管理协会,通过协会的行业规范和市场机制,对展览内容、时间、摊位价格、展览会举办地等方面进行统一协调,对国内展览会的举办质量进行评估,加强展览信息的交流调研,优化配置展览资源。同时,加强与会展产业相配套的城市交通、运输、通信、宾馆、广告、旅游、服务业等相关行业的宏观调控,以保证会展行业价值链上的规模效益。

2）政府在会展经济中的任务

对于政府而言,应跳出会展活动的微观运作,发挥宏观调控、政策支持、产业导向和市场监督的作用。各级政府部门逐步将会展行业的行政管理职能通过政府授权的方式向会展行业协会转移。按照国际惯例,政府要加强与国际组织之间的沟通交流,争取获得更多大型国际会议和展览的主办权。政府获得主办权后要将承办权益转让给会展市场主体,由会展企业进行会议和展览的具体运作经营。协会是沟通政府与企业的桥梁,应配合政府制定一系列规则。企业则应在法律和行业规范许可的范围内诚信、合法、自主、规范经营。政府需要在以下几个方面作出调整。

（1）创新管理体制

有专家认为,借鉴国内外经验,加快转变展览管理机构职能,推进会展产业管理体制创新。首先,展览管理机构应由微观管理为主转向宏观调控为主。对于可以实行市场化运作的商业性展会,展览管理机构应尽可能减少直接举办会展活动;对于全国性的重大展会,展览管理机构应积极申请和争取,并指导和帮助承办企业办好展会。展览管理机构下属的展馆和展览公司应逐步向企业过渡,实行自主经营和自负盈亏。其次,应尽快组建全国性的会展行业协会,充分发挥行业协会的自律管理作用。

在国外,会展产业的管理主要依靠行业自律机制和自律规范,政府的介入一般体现在基础设施的投资和国际大型展会的协助招揽上。但是我国国内目前尚没有统一的会展管理部门和行业自律组织。根据现行的展览管理办法,国务院各部委及其所属的工贸公司、外贸公司、协会、商会、贸促会以及其行业分会和地方分会、地方政府或省市级外贸主管部门、展览场馆、境外展览机构等都能举办展览会。这种多层次、多渠道办展的局面造成会展过多,有些地方甚至出现了会展"泡沫"现象,使得会展管理混乱,而且我国会展产业目前依然维持计划经济时形成的展会审批制、展览公司资格认定机制,尚未与市场接轨形成优胜劣汰的竞争机制,以致有的展会虽然质量较差,组织和服务较欠缺,但由于有政府的支持而得以存在。

借鉴国外经验,政府应痛下决心顺应市场规则,转变职能,退出对市场经济运作的直接干预管理。应发挥协会组织的作用,加强行业自律和协调。尽早成立全国性的会展行业管理组织,并采用计算机网络技术等高科技手段,建立覆盖全国的信息网络;理顺与海关、税务等相关部门的关系,取消价格多轨制,建立公开、公平、公正的展览环境和竞争秩序,在操作上力争尽快实现规范化,并与国际惯例逐步接轨。

但体制创新和职能转变并不意味着市场的完全自由化,相反,政府的宏观调控会对展会的质量和会展公司的资质进行市场化、动态化评估和认证,逐步从审批制过渡到标准制和登记制,使会展产业能够有"法"可依、有"章"可循。

(2)依法治市迫切

据了解,目前我国政府有关部门正在制定展览业管理方面的相关法规,一些地方政府也在着手会展产业的立法工作。

加强法规建设,是政府进行宏观调控的重要手段。日本、欧盟等发达国家和地区都非常重视会展产业的法规建设,不但制定了会展产业的法律法规,而且制订了会展业中长期发展规划和年度发展计划。我国当前要进一步完善会展产业管理办法,新形势下迫切需要出台一些更具有市场化和国际化特点的管理办法。政府有关部门应充分适应新形势的要求,进一步完善会展产业管理办法,指导会展产业健康发展。同时要抓紧制定会展产业的中长期发展规划。目前许多城市在研究制定"十三五"发展规划,也应把会展产业作为一个重要行业加以考虑。

业内人士指出,在依法治市方面,首先,要抓紧制定《展览法》《会展市场准入条例》及《会展产业发展规划》等法律法规,以对会展产业进行有效的监控和规范。其次,要搞好行业自律。消除计划经济体制遗留下来的政府管制痕迹,取而代之的是运用市场手段对社会经济活动进行调节。政府应有意识地引导会展产业实行行业自律,通过行业协会,规范和管理会员行为,加强业内的交流与合作,协调会展活动。最后,会展企业自身要不断完善内部管理制度,对违反规定者要给予通报,甚至取消参展资格。要加强对知识产权的保护,对展馆内出现产品、商标等侵权行为,要严加惩处,切实保护贸易商的合法权益。

(3)政策应予保护

提供政策支持,是世界各国发展会展产业的普遍做法。例如新加坡政府把会展产业视为国民经济的支柱产业,从国家贸易政策和发展目标出发,特别批准实施国际贸易展览会资格计划(AIF),即对符合政府产业发展方向的展览会,或者经评估符合标准的展览会,授予AIF 资格证书,并给予最高达 2 万新币的政府资助。为提高参展企业的竞争力,新加坡政府还减免参展企业的税收,对参展企业的场馆租金进行补贴。

因此,必须对会展产业的发展给予一定的政策支持。首先,应进一步加大对展会活动的政策支持,可以采取专项基金的方式,用于支持各项重大的展会活动。如对规模大、效益好、有发展潜力的展会进行奖励;对会展产业的形象推广和宣传促销活动进行资助;对企业出展进行补贴;对会展产业的市场调研和人才培训进行资助等。其次,应进一步加大对展览企业的政策支持。从会展产业的发展前景看,培育一批实力雄厚、具有较强竞争力的专业展览公司,是推动会展产业走向市场化和国际化的根本途径。这些政策包括:在行政审批方面,对展览企业放宽市场准入,减少行政收费;在金融方面,对展览企业给予贷款免息政策;在税收方面,对展览企业给予定额优惠税收政策;等等。同时,政府还应为展览企业提供信息咨询、人才培训等服务,并引导展览企业通过并购重组做大做强。

据了解,从世界各国的实践看,政府部门对会展产业发展的扶持主要体现在对会展的资助和投资上,尤其是对大型和特大型会展设施和会展场馆建设的支持和资助上。这是因为大型会展设施的建设投资巨大,企业自行解决资金问题有困难。相对而言,我国在这方面的投入则明显不足。为实现我国会展产业的质的突破,政府应加大投入,包括投资建造现代化、高智能化、规模大的能够充分满足会展市场发展需要的展览场地;参照国际通行的做法,加大政府对出国参展的扶持。政府部门对经过筛选的展览会提供经费和资金支持,以减轻企业出国参展的经费压力,从而提高企业出国参展的积极性,以在国际市场上寻求更多的贸易机会,最终达到扩大出口的目的。这种鼓励出口的财政补贴是符合 WTO 要求并与国际惯例一致的。

(4)走特色模式

在会展经济发达的国家和地区,会展经济主要依靠市场机制的调节,但由于不同地区、不同国家会展行业起步时间不同、经济状况不同,不同国家、地区管理模式也存在一些差别。根据政府、行业协会调节力度大小,可以将会展经济分为"政府推动型"(如德国和新加坡)、"市场主导型"(如法国、瑞士和中国香港地区)、"协会推动型"(如加拿大和澳大利亚)、"政府市场结合型"(如美国)4 种模式。

另外,任何一种因素为主导的会展经济发展模式,并不排斥其他力量的推动,如以"政府推动型"发展模式为代表的德国和新加坡,也非常重视协会的力量;而在以市场推动为主的法国、瑞士和中国香港地区,尽管政府干预较少,但政府也会在会展经济发展过程中给予必要的支持。

从欧盟、日本等发达国家和地区的情况看,在会展产业发展初期,各国政府都设立专门的展览管理机构,采取较多的行政介入手段,推动会展产业发展。随着会展产业逐渐进入成熟发展阶段,展览管理机构也基本上实现政企分离,普遍成立了会展行业协会,各类展馆企业和专业展览公司成为会展市场的主体。

11.2 对国民经济产出的效应

会展活动尤其是大型活动对区域经济的发展有很强的拉动作用。这种拉动效应在经济学上表现为乘数效应。会展业的乘数效应主要体现在其拉动需求和消费产生的带动效益，以及对区域产业结构的优化调整等方面。

11.2.1 会展经济对国民经济的拉动机理

1)会展经济的乘数效应原理

（1）乘数的概念

会展对经济的贡献主要表现为乘数效应。乘数又称为"倍数"，在经济学中是用来表示经济活动中的某一经济变量的增减所引起的经济总量的连锁反应程度，这个概念是英国经济学家卡恩(Kahn)在发表于1931年的《国内投资与失业的关系》中提出来的。后来，另一个英国经济学家凯恩斯在卡恩提出的概念的基础上进一步发展了乘数理论，通过乘数理论与边际消费倾向相结合，把乘数理论引入到国民收入理论中去，使乘数理论得到了长足发展。

乘数效应是一种宏观的经济效应。假定在一定时间内国民经济的各部门技术水平和劳动生产率水平保持不变，也就是说各部门或行业的产出只与最终需求相关，与中间的其他环节无关，则当一个部门的最终需求发生变化时，就必然会引起所在部门总产出的变化，进而引起其他部门的总产出的变化。这一个联动的变化过程经过了无限次循环后，投入与产出将会再次达到平衡，这个现象就称为乘数效应。其本质是一个需求引致产出变化的连锁反应过程，在另一层面来说，是通过总需求的变化来实现GDP的变化的。

下面就以投资为例，来阐述投资变动对国民收入的乘数效应。投资乘数理论认为，当总投资增加时，收入的增量将是投资增量的若干倍，因为增加了投资，就要增加投资所需的生产要素的生产，从而使投资以工资、利息、利润和租金等形式流入企业和劳动者手中，增加了企业和劳动者的收入。企业和劳动者把这一收入再用于生产和消费，又转化为另外一些企业和劳动者的收入。如此循环，投资的增加可以导致收入的成倍增加和消费需求的成倍增加，刺激了生产，增加了就业，促进了经济增长。

（2）乘数的计算公式

如果以 ΔY 代表增加的收入，ΔI 代表增加的投资，k 代表乘数，则乘数的计算公式为：

$$k = \frac{\Delta Y}{\Delta I} \tag{11-1}$$

以 MPC 表示边际消费倾向，则 k 可以表示为：

$$k = \frac{1}{1 - MPC} \tag{11-2}$$

式中,*MPC* 表示边际消费倾向,投资乘数的大小取决于 *MPC* 的大小。边际消费倾向越大,投资乘数就越大。

(3)会展收入乘数效应的含义

会展经济对国民经济的贡献,主要在于会展活动拉动的投资需求和消费需求产生了乘数效应。其中,投资需求是指举办会展活动产生的对场馆及相关配套设施建设的建筑材料、劳动力、资金、设备等的需求;消费需求是指参展者对会展产业本身以及旅游、餐饮、通信、交通、商贸、金融等相关行业产品和服务需求。

由于会展经济乘数效应的一个重要方面体现在对相关行业的拉动上,其拉动的作用表现在国民收入的增加上,所以在这里就以收入的变化来讨论会展产业乘数效应对国民经济的影响。为了更好地讨论,本书引入了会展收入乘数效应这个概念,会展收入乘数效应是用来衡量会展收入在国民经济领域中通过分配的无限循环,给国民经济发展所带来的增值效应和互相促进作用。用来衡量这种促进作用和增值效应的程度的尺度,称为“会展收入乘数”。

(4)会展收入乘数的计算

借鉴乘数的一般计算公式,会展收入乘数的计算公式为:

$$k = \frac{\Delta Y}{\Delta I}$$

式中,*k* 为会展收入乘数,ΔY 代表国民收入的增加量,ΔI 代表会展收入的增加量。

上式可以表示为:

$$会展乘数 = \frac{直接经济收益 + 间接经济收益}{直接经济收益} \tag{11-3}$$

式中的直接经济收益是指会展产业部门收入,如门票、场租等;间接经济收益是会展相关行业,如餐饮、酒店、广告和旅游等行业带来的收入。

例如,根据美国会展研究中心(CEIR)统计,2000 年美国举办了 13 000 个展览会,直接收入约 120 亿美元,与展览相关的社会综合消费约 1 250 亿美元。则由上式知:

$$会展乘数 = \frac{1\ 250}{120} = 10.4$$

如果会展收入直接注入会展所在地的经济体系中,就会对生产资料和生活资料、生产部门以及其他服务性行业产生直接或间接的影响,进而通过社会经济活动的连锁反应,使得社会经济效益增加。这本质上就是一个消费需求推动的经济增长模式,于是又可以引入边际消费倾向,也就是收入中用于下一次消费的比例。于是上面的乘数理论又适用于会展产业中,有:

$$会展乘数 = \frac{1}{1 - 会展边际消费倾向} \tag{11-4}$$

其中,会展边际消费倾向是指举办会展活动为当地经济创造的总收入中用于再消费和再生产与会展活动为当地经济创造的总收入的比值。这一比值越大,乘数效应越大。

例如,某地会展产业的总收入是 160 亿元,这个收入中有 120 亿用于消费和生产中,则有:

$$会展边际消费 = \frac{120}{160} = 0.75$$

那么有：

$$会展乘数 = \frac{1}{1 - 0.75} = 4$$

2）会展经济的功能效应原理

会展产业通过其自身功能的发挥，对国民经济发展产生促进和影响，称为会展产业功能效应。会展产业是一个新兴的产业，它的迅速发展在很大程度上是由于社会经济生活对会展产业功能的释放。会展产业具有直接性、自由性、集中性和经济性的优势，受到广大经销商的欢迎，它为生产商和经销商之间的贸易往来提供了一个便利、直接、可靠的沟通环境，有利于达成交易，促进经济发展。

会展产业在经济中的功能主要体现在其创造需求和供给的机能，以及调节供需平衡的机能上。创造需求拉动国民经济上升，主要体现在某些商品需求者可以通过会展的平台来发现并寻找符合自身需求或相对成本较低的商品。会展活动的跨区域性也打破了地域限制，使得许多原本得不到满足的需求能够找到有效的供给，从而有利于需求实现，一些潜在的需求特别是投资需求也可以通过这个展示交流的舞台被充分激活。会展经济创造供给推动国民经济发展，主要表现在这种大规模和强影响的会展商务活动可以帮助一些潜在或处于闲置状态的供给得以实现。会展活动让企业可以较为便捷地寻找贸易伙伴，扩大贸易渠道，建立起新的客户关系，其技术人员也可以寻找解决特别技术问题的方法和伙伴。不仅如此，会展还为各参展单位提供了一个很好的信息交流机会，在一个较为集中的场所中汇集了该行业最领先的技术、产品的发展趋势和产品的供求现状分析，这有利于国家产业结构的完善、专业人员知识体系的更新和企业技术水平的提高与创造，最终可以促进国民生产力的发展。会展还可以减少流通的环节，可以降低商品的供给成本和交易成本，进而提升供给能力。此外，会展经济可以帮助调节供需的平衡，为国民经济的全面健康发展提供有利条件。这主要是因为通过会展提供的机会，一定程度上突破了区域或领域间的封锁和垄断，实现了技术、资金、商品甚至管理方法的跨域流动，促进了资源配置的效率和利用的合理性。

以上会展产业的功能通过其作用的发挥使它在国民经济中占有一席之地，成为国民经济的一个重要组成部分。在会展产业对国民经济起拉动作用的同时，国民经济的发展对会展产业也产生了一定的依赖作用，这种依赖作用就像一幢大楼需要多添加几个柱梁，这样大楼才能更坚实，因为这种依赖作用的存在从另一角度来说又加速了会展产业的成长。会展产业的发展把会展产业的功效释放到国民经济中去，为国民经济的发展服务，会展产业的发展也促进了国民经济的快速、健康发展。

11.2.2 会展经济对国民经济的实际产出效应

投资乘数理论认为，当总投资增加时，收入的增量将是投资增量的若干倍，一方面投资以工资、利息、利润和租金形式流入企业和劳动者手中,增加企业和劳动者的收入;另一方面,企业和劳动者把这一收入再用于生产和生活消费,又转化为另一些企业和劳动者的收入,如此循环往复,投资的增加可以导致收入的成倍增加,有利于刺激生产,增加就业,促进经济增长。会展业的这种乘数效应主要体现在以下两个方面。

1)会展投资产生直接经济效益

会展业自身的投资带动是指会展业的直接经济效益,也就是会展本身获得的收入,如会展费用、场地租金、门票收入等。会展业是集政治、经济、科技、商业于一身的经济产业。会展经济作为随着市场经济发展所产生的经济形式,本身就是无污染、高收入、高盈利的经济形式。广交会 50 多年来,累计到会的境外采购商超过 376 万人,累计成交金额达到 5 183 亿美元。会展投资的高回报性,必将引起会展产业新投资净额的增加。

会展业十分发达的欧洲流行这样一句话:会展是城市的面包。瑞士是一个只有 700 万人口的内陆小国,可平均每年举办的国际会议超过 2 000 个,仅会议每年就吸引外国游客超过 3 000 万人。自展览会与博览会问世以来,国际展览会有了极大的发展。据不完全统计,目前世界上定期举行的大型展览会与博览会达 4 000 多个。这些展览会、博览会涉及社会各个领域,与经济生活息息相关,为促进世界经济、科技的发展和人民的相互了解起到了积极作用。国际展览会作为世界经济的一个组成部分,每年不仅直接创经济效益 2 800 亿美元,还对其他行业(交通等)有着强大的拉动作用。

2)会展投资产生间接经济效益

举办会展活动需要一定的会展场所,要求对场馆和相关配套设施及配套环境进行投资建设。对这些基础设施的新建、改建有利于区域整体环境的改善和提升。

会展对旅游的促进作用十分明显。会展的主体是人群,一场会展能够吸引大量的人流,尤其是国际性的大型会展,可以为举办地及周围地区带来不计其数的旅游者。游客人数的增长不仅仅表现在会展举办期间,由于会展增强了举办地的吸引力,提升了举办地的城市形象及配套服务水平,包括住宿、餐饮、交通、文化娱乐、信息传播等服务性行业,从而有效地吸引潜在的游客,积极引导现有及潜在的客户前来游玩,进一步带动会展对举办城市旅游业发展的后续效应。2016 年巴西奥运期间,里约共接待 117 万游客,其中 41 万为外国游客,旅馆入住率达到 94%。里约市政府的统计数字表明,来里约最多的外国游客是美国人,其次是阿根廷人和德国人,平均每名外国游客每天消费 424.62 雷亚尔(约合 131.32 美元);在巴西本国游客中 43%来自圣保罗州,平均每人每天消费 310.42 雷亚尔(约合 96 美元)。奥运会的举办给城市经济带来积极影响,里约南区的贸易额比 2015 年 8 月份增长了 70%,在巴哈区和北区销售额增加了 30%。

历届奥运会的现实成效充分说明了会展对举办城市乃至举办国的旅游业发展能够起到积极促进作用。这种影响作用不仅仅表现在会展期间,而且可以持续较长一段时间,对会展举办城市的旅游业产生较强的后续效用。

11.3　对国民经济就业的贡献

就业贡献是会展业对国民经济的重要贡献之一。经济增长是实现就业的基本前提,会展业发展在促进经济增长的同时,通过产业发展扩大对劳动力的吸纳,促进就业。

11.3.1　就业理论

就业是指劳动就业状况,即社会劳动力资源得以利用的状况。失业作为劳动就业的另一方面,其理论研究与就业理论在研究目的上具有一致性,几乎大部分的就业理论研究都是围绕如何促进就业、减少失业而展开的。

（1）古典经济学派

古典经济学认为:经济社会中并不存在大规模的失业,随着经济增长、国民财富增加,每个人都会有自己的工作机会,因而在经济增长的过程中,充分就业是可以达到的。这些分析基本上都是围绕"撒伊定律"展开的。许多杰出的经济学家,包括大卫·李嘉图（1817 年）、约翰·斯图亚特·穆勒（1848 年）等都赞成古典学派的这种观点。

（2）新古典经济学派

与古典经济学观点一致,新古典主义经济学尽管承认劳动力市场的不完全性,承认劳动力市场工资刚性（弹性）不足将导致劳动力市场供求失衡,但从完全竞争、完全理性和充分灵活的货币工资等假定出发,仍认为在市场调节下不存在非自愿失业。马克思将就业问题纳入资本主义经济发展的整体框架,把它与剩余价值生产、资本有机构成提高、利润率下降以及经济危机等紧密地结合起来研究。认为就业与资本积累之间的关系是:资本的积累一方面扩大对劳动的需求,另一方面又通过"游离"工人来扩大工人的供给;与此同时,失业工人的压力又迫使就业工人付出更多的劳动,从而在一定程度上劳动的供给不依赖于工人的供给。与前人相比,马克思从深层次把握住了资本主义经济中就业问题的实质。

（3）现代经济学派

1929—1933 年的世界经济危机使得西方国家劳动力大量过剩,传统经济学的"通过市场均衡自动实现充分就业"失灵。凯恩斯的传统就业理论,认为失业的根本原因是有效需求不足,凯恩斯主义就业理论由此形成。其观点认为,加强政府干预、刺激有效需求是实现充分就业的重要措施。20 世纪 70 年代,经济停滞、失业同通货膨胀并存的经济现象使得凯恩斯主义一筹莫展,也因此产生了许多新的就业和失业理论,比如货币主义、理性预期学派、发展经济学派以及内生经济增长理论等。

这些理论从不同方面分析了失业产生的原因,研究如何促进就业,形成了本书中会展业对国民经济就业贡献研究的理论基础。

11.3.2　会展业就业的对象范围

会展业就业的界定有两个难点。一方面,会展产业是由会展特征产业及其关联产业共同构成的综合性产业,是一个产业群体,因为会展活动引起的就业范围广,与多个经济部门有关联,边界很难确定;另一方面,就业本身就是一个复杂的体系,表现为各种各样的就业形式。两个体系复杂、边界不清的范畴综合在一起,使得会展业就业成为一个很难界定的概念。

1)会展业就业的定义

从就业的定义来看,根据世界劳工组织(ILO)对就业的界定,结合会展业的具体特点,会展业就业定义为:达到劳动年龄(16 岁)、具有劳动能力的劳动者,运用生产资料依法从事会展活动,并获得报酬或经营收入的经济活动。

上述会展业就业的定义从就业形式和劳动力使用情况理解,有三层含义:

①会展业就业指的是有酬就业,即就业是通过付出劳动取得报酬的活动,那些没有报酬参与会展生产活动的行为都不属于会展就业,比如会议、展览会现场的志愿者服务就不属于会展业就业。

②会展业就业是指所有与会展产品生产相关的经济活动,其中也包括了季节性就业和临时性就业这样的形式。会展活动季节性明显、短时劳动力需求大。无论是会议还是展览都呈现出明显的季节性波动特点:一年之中春秋两季会展活动特别活跃,夏冬两季则相对较少。会展活动频繁的季节,劳动力需求大大增加,吸纳更多的就业者,但在其他季节对劳动力需求就大大减少。此外,就某一个特定的时段而言,无论是会议还是展览,都会出现短时期大量人流汇聚的特点,此时,对劳动力需求呈现出临时性需求的特点,比如展览现场的模特、国际会议的翻译、一些重要会议和展览的安保人员,会展结束之后对这些劳动力的需求也随之消失,因此这些人员的活动都属于会展业临时性就业。

③会展业就业的雇用形式,可以是企业机构雇用,也可以是自我雇用。被企业机构雇用的会展业就业人员称为雇员。雇员是指那些通过协议,为常住机构单位工作,并获得劳动报酬的人,比如会展企业的员工。自我雇用是指本身是其工作的非法人企业的唯一所有者或者联合所有者,此处的非法人企业不包括归类为准公司的非法人企业,比如会展企业的所有者从就业形式上属于自我雇用。但无论是企业机构雇用还是自我雇用,只要是从事有酬会展生产活动,都属于会展业就业。

2)会展业就业范围

如前所述,会展业根据生产活动与会展的关联程度,被划分为会展特征产业和会展关联产业。会展业就业依据劳动就业与生产的对应关系,会展业就业范围应该包括会展特征产业和会展关联产业中因会展活动引起的所有就业。

会展特征产业就业,即会展特征产品生产的劳动力就业,包括组织举办展览和会议、展台搭建、展览设备设施的租赁等所吸纳的劳动力。会展特征产业就业非常明显,容易辨认。会展关联产业就业,这类就业的辨认相对比较复杂。这是因为会展关联产业包括提供膳宿的酒店、餐馆,提供交通的航空等各生产部门,就所提供的产品功能而言,并不是专门针对会展生产的部门。因而,这些产业部门的就业也就不能完全归入会展业就业。只有当这些产业因会展活动引起的产出增加引致劳动力投入增加,从而产生的那部分就业才是会展关联产业就业。

11.3.3 会展业发展与劳动力就业的关系

产业发展是劳动力就业发展的物质基础,只有通过产业发展,劳动力这种人力资源才能与资本、技术等生产要素结合,转化为一种现实生产要素,实现劳动者就业。正是源于此,会展业在产业发展的同时能促进就业。因此,会展业发展与劳动力就业是一种相互促进的关系。

1)会展业规模扩大能吸纳更多的劳动力

会展业发展之所以能提高就业,归根结底,是因为产业发展对劳动力需求的增加。国民经济各产业按自身发展趋势可分为扩张性产业、成熟性产业和衰退性产业,不同类型的产业因自身发展规模存在差异,对就业的吸纳力也不同。扩张性产业随着产出快速增长,从而创造更多的就业机会,对劳动力的需求较大;成熟性产业已进入成熟发展阶段,产出相对稳定,对劳动力的需求较为稳定;衰退性产业则因产出不断收缩,对劳动力需求也越来越少,甚至排斥劳动力,造成结构性失业。

会展业作为现代经济发展的重要环节,产业规模正不断扩大,逐步进入扩张阶段,属于扩张性企业。会展业的这种扩张性表现为:其在市场上成为消费热点和投资热点产业,而且在其自身生产规模不断扩大、产出增长的同时还带动其他相关产业发展。正是会展业这种产业规模迅速扩大、产出迅速增长的发展态势,对劳动力提出了更大的需求,从而创造了更多的就业机会,促进了就业发展。

2)产业结构变化决定劳动力向会展业聚集

产业结构是国民经济各产业之间的技术联系和数量的比例关系。产业结构的基础是产业分类,从研究产业结构不同的方向出发,现有的产业结构分类方法有三次产业分类、标准产业分类、生产结构分类等。其中三次产业分类法被经常用于研究一国在一定时期的产业结构和就业状况。三次产业分类法中,国民经济所有产业被划分为第一产业、第二产业和第三产业。

就业结构是就业者在国民经济各部门、各行业的分布状况和比例关系。就业结构分类与产业结构分类相对应,形成第一产业就业、第二产业就业和第三产业就业。按三次产业分类的就业结构,实际上是把劳动者作为一种投入要素,作为资源配置结构的一个方面,从这个角度来说,产业结构包括就业结构,产业结构的发展、变化将决定就业结构的变动。

三次产业的产出结构决定了劳动者的就业结构。在国民经济发展历程中,第一产业发展到一定阶段后,随着资本出现剩余以及生产集约化程度和劳动生产率的提高,出现劳动力剩余,为后一阶段工业化发展提供了劳动力储备,这些劳动力储备成为工业化发展必不可少的生产要素。工业化发展初期需要吸纳更多的劳动力,第二产业就业人数逐渐增加,当工业化达到一定程度时,工业部门的就业占总劳动力的比重达到历史最高水平。与此同时,随着生产函数的提高、资本积累,第二产业的劳动生产率得到大幅提高,开始出现劳动力的剩余。在此阶段,第三产业加速发展,第二产业所剩余的劳动力向包括会展业在内的第三产业汇集,形成第三产业发展的劳动力储备。随着产业结构的比重逐渐从"一、二、三"转换为"三、二、一",各产业劳动者的人数也随之发生变动。产业结构发展引起的就业结构变化,最终为会展业发展提供所必需的劳动力,成为会展业发展的劳动生产要素。

11.3.4　就业拉动效应

会展产业提供的是一种无形的服务商品,因此属于第三产业服务业范畴。与其他服务行业相比,会展产业最显著的一个特点就是它的产业关联度高,对"产内"相关服务行业具有较强的带动作用,在西方这种拉动当地经济的关联度,高达1:9,即展览场馆的收入如果是1,那么相关的社会收入为9,许多发达国家已经达到1:10。我国会展产业刚刚处于蓬勃发展时期,与发展了几百年的欧洲相比,它对经济的拉动作用也远没有发达国家那么明显。据估计,我国香港地区的比例是1:5.3,而内地沿海地区可以达到1:6。

1)会展就业乘数

会展就业乘数是会展效应中广泛使用的乘数之一,其结果表现为产出的增加,因此,由会展消费引起的就业增量可以根据投入产出表用会展就业乘数求出。根据会展协会的统计资料,美国的会议产业创造了150万个正规职业(岗位),间接创造了140万个非正式职业(岗位)(Convention Liaison Council,1993),但是,Dwyer等(2000)的研究指出,使用这些乘数会夸大所产生的就业量。实际上,根据投入产出表计算的就业产出模型,其内在假设是企业年销售额与就业水平之间存在恒定的比例关系,然而,不同的企业因企业性质、规模不同而不同,也有着不同的边际倾向来雇用员工以增加销售量。一些企业中,员工水平和经营额变化之间的关系并不明显;另一些企业,则可能通过提升现有雇员的努力程度以增加产量,在这种情况下,在职的工作人员将被要求增加额外的工作时间或强度来满足会展导致的峰值需求,或者在短期内增加少量的人员雇用需求,而后者仅仅为会展举办地外的地区提供短暂的、新的就业机会,因此,根据投入产出表使用会展就业乘数也就存在明显的问题。

2)会展经济对就业的促进作用

发展会展经济必须有相应的专业会展组织、会展中心和会展服务机构,形成合理分工的社会化经营和服务体系,因此可增加大量的就业机会。随着会展经济的发展,将刺激外贸、旅游、宾馆、交通、运输、保险、金融、房地产、零售等行业的市场景气度,从而有力推动当地第三产业的发展。

据介绍,每增加1 000平方米展览面积,可创造近百个就业机会,在中国香港,每年的会展大约可提供9万个就业机会。2010年世博会在上海举办,由于世博会带动导致上海2005年至2010年的就业机会平均每年增加58万人。

对于人口众多的我国而言,会展经济的发展无疑为增加就业提供了一条有效的渠道。例如,G20第11届峰会于2016年9月4日在杭州召开,G20峰会在杭州举办不仅推动杭州城市布局的功能区建设,而且激发各类小商品市场的发展;杭州作为对外开放的门户,推动了杭州城内和周边以及浙江省的旅游业发展,包括民宿等的发展与建设。G20峰会给杭州带来的经济发展,也吸引了更多的各类创业创新主体落户杭州,云栖小镇、梦想小镇等创业天堂不断向世界挥手,凭借杭州地区的政策优势,成为了无数人改变自己,改变世界梦想的基地。就业人数增多,进而促进社会的消费需求和投资需求的增加,刺激供给,进一步创造更多的就业机会,形成可持续的良性循环。

11.4　对国民经济转型的作用

会展产业属于现代服务业,具备低碳、正外部性、效益极高的特征,是新经济在服务业中的重要体现。近年来,我国会展业蓬勃发展,会展活动在带动相关行业发展、扩大就业、促进城市经济发展等方面发挥了巨大的作用。目前,我国正处于国民经济转型与产业升级的关键时期,我国正努力从"中国制造"走向"中国创造",努力提高在高端制造业、高科技、现代服务业等领域的竞争力,这势必要求会展业在新技术产业化、新商业模式传播、高新品贸易与推广、推动信息交流、推动产业升级等方面发挥更好的平台功能,帮助国内企业实现资金、技术、产品、信息、人才等生产要素的全球配置,会展业将成为转变经济发展方式和产业转型的重要推手。因此,随着经济结构转型与产业升级的深入推进,会展业将迎来新一轮的发展机遇。

11.4.1　会展有利于"产内"结构的调整

会展活动有利于"产内"结构的调整,主要表现在可带动旅游、宾馆、餐饮、通信、零售、物流、保险、金融、广告、娱乐等第三产业内部相关行业的发展。根据德国贸易展览协会(AUMA)提供的数据,从企业参展费用开支构成比例看,参展企业直接付给组织者的展位租金只占整个参展企业费用的20%,其他参展费用则主要花费在展位搭建、装饰、运输报关、展览人员工资支出、旅行交通、食宿、购物娱乐以及广告等方面上。

1)会展为旅游注入活力

具有旅游景点的"地利"优势,是开展会展活动的重要条件之一。在举办各种类型的会展过程中,参展人员趁空闲之际,顺便对当地的社会、经济、历史、人文、风景进行考察,既有利于发现商机,又可在百忙之中进行"充电",以利于再战,无疑是两得之举。另一方面,现在旅游往往是花在"旅"的时间太长,理应得到"游"的过程却较短,且不说效率与效益不高,人们还容易感觉到,来也匆匆,看也匆匆,花钱买罪受。而会展活动与旅游业相结合则具有劳逸结合、效率与效益高、客户消费高、停留时间长、团队规模大、盈利好、行业带动性强等特点,使会展产业蓬勃发展的同时也为旅游业创造了巨大的商机和开发出一个极大的市场,形成了以会展带动旅游、以旅游促进会展的良性互动发展模式。

2015年世界博览会在米兰隆重召开,这是米兰第二次承办世博会,与1906年举办的世博会最大的不同在于,本次提出了"滋养地球、生命源泉"这一主题,这也是世博会举办以来,首届以食物为核心的世博会。米兰世博会的举办,使意大利再次成为全球的焦点。为期半年的米兰世界博览会,最终入场人数达 2 000 多万,估计在 2020 年前将为意大利经济带来 236 亿欧元(约合人民币 1 561.6 亿元)的额外收益,有望刺激深陷危机的意大利经济。

2)会展激增了宾馆与餐饮的收益

会展活动期间,大量参展商和观众的涌入,对举办地的餐饮、住宿业形成巨大的需求。每年两届广交会开幕后,广州市主要宾馆平均出租率都高达 95%以上,其最高出租率可达 110%左右,加上交易会期间房价上浮,主要宾馆在 4 月和 10 月的营业收入比平常月份普遍高 1~3 倍。

2016 年,中国在专业展览场馆举办的各类境内展览会 5 558 个,总展览面积 9 475 万平方米。近年来,我国会展行业发展迅猛,年均增速高达 20%。据统计,我国举办各类展会直接收入超过 100 亿元,间接带动其他行业收入高达数千亿元,会展经济的火爆可见一斑。2015 年济南市共举办各类展会活动 165 个,拉动相关行业收入 198 亿元。2016 年,昆明市会展业总营业收入为 21.88 亿元,拉动相关行业的收入达 196.95 亿元。

3)会展带动了交通与通信业的发展

会展活动将大量的人流、物流汇集到举办地,而人员与物质的流动既增加了对交通和通信业的需求,又极大地推动了交通、通信业的发展,因为会展活动加大了人们之间交通和通信联系的频率。

据资料显示,为了确保上海世博会的顺利举办,在 2010 年前上海对城市轨道交通增加了投入,从当时的 3 条线路、65 千米增加到 15 条线路、400 千米,每天客运能力将从 80 万人次提升到 500 万人次。此外,上海的高速公路网也达到 650 千米,从而形成一个以轨道交通为骨干、公共汽(电)车为基础、出租汽车为补充的一体化公共交通体系,会展的举办为城市交通的改善提供了契机,促进了交通业的发展。与此同时,会展活动增加了人们对通信服务的需求和相互之间通信联系的频次,也为通信业的发展创造了机会。

4)会展刺激了消费的需求

会展活动期间,大量人流的涌入会增加对生活用品、富有纪念性的、有地区特色商品的需求,从而促进了商场、超市、专卖店等零售业的发展。

根据统计,2010 年南非世界杯球迷们要到酒吧里看球,买新款的国家队球衣的消费达到了 3.6 亿英镑;如果在家看球的话,老旧的电视被换成大屏幕的液晶电视,这一项对经济贡献了 6.2 亿英镑;在自家的花园里看球,再能大快朵颐也是种享受,于是仅仅是园艺家具和烤肉架也卖出了 6 200 万英镑。如果英格兰队能从小组赛顺利出线,英国零售商就会有 9.87 亿英镑的进账。如果杀入决赛,光餐饮一项英国人就要消费 8.74 亿英镑。

5)会展导致物流频繁

会展活动期间,由于汇集大量商品的需要,因而导致了频繁的物流活动:展览前后参展商品的运输、包装、储存、装卸、搬运;会展活动期间向参展商和参展观众分发的成吨食品以及其他的会展配套设施,都会增加货流量和对物流服务的需求。更重要的是,相对于一般的货物运输而言,展品对物流服务有着更高的要求,这就要求物流活动组织者不断采用先进技术、设备、管理方法,提高物流服务水平。物流与会展这两大朝阳产业的珠联璧合,不但大有作为,而且已成为了名副其实的"第三利润源泉"。

6)会展使保险业获利丰厚

会展活动中,为了确保参展商和参展观众的人身安全,保护参展商的专利、商标等知识产权,保证各类展品,特别是像珠宝、飞机等贵重物品的安全,于是不可避免地涉及保险业,也对金融保险业产生了积极影响。会展产业的发展需要保险业的支持,也给保险业带来了商机和丰厚的利润。大型会议往往吸引大量的参展商、客商和观众,这就增加了对展品和人身的保险需求。例如,珠海第四届航展由太平洋保险公司独家承揽 665 亿元的高额保险。这一揽子保险项目包括飞机机身险、飞行表演、静态展示第三方责任险和展馆公众责任险等。在大学生运动会举办前夕,中国太平洋保险公司与大运会组委会签订了总金额为 154 亿元人民币的人身意外伤害险、医疗险、随身财产险及第三者责任险等风险保障,给保险业的发展提供了机会,使该保险公司获利甚丰。

上述表明,会展活动有利于促进产业结构的调整,不仅有坚实的理论基础,而且在现实的经济活动中得到了充分的证明。当然,会展活动影响的远远不止以上所列举的行业,会展产业的发展还将对租赁、环保、娱乐等第三产业内部相关行业的发展产生拉动作用,从而使"产内"结构得到合理、高效乃至优化的调整。

11.4.2 会展有利于"产外"结构的调整

会展产业的发展将通过前、后、旁关联效应,一方面会为"产内"相关的产业与部门带来大量的客源、货源和创造出大量的市场需求。另一方面,需求的增加会对"产外"的第一、第二产业和它们相关部门提出新的需求、提供新的供给领域和市场,也提出更高的要求。产业与部门间的关联主要表现为需求与供给、投入与产出等关系,即在社会分工的链条上,每个产业和部门同时具有生产者和消费者的双重身份:各产业与部门都需要其他产业与部门为自己提供各种产出,以作为自己的要素供给;同时又把自己的产出作为一种市场需求提供给其他产业与部门进行消费。这样,就使得某一产业与部门的发展依赖另一些产业与部门的发展或促进另一些产业与部门的发展。具体来说,会展产业有利于其他产业结构的方式如下:

1)对其他产业不断提出新的需求

人类社会的经济需求总是从低层次向着高层次发展,在某些动因下,使得更加复杂的需要被不断激发出来,相应的需求被人们一环紧扣一环地放大。如同服装行业发展一样,不仅为棉花、皮毛、化纤等前关联产业的部门带来大量的需求,而且为与此相关的印染技术、缝纫机械、服装设计、时装表演等前后关联产业的部门带来大量新的需求。由于会展活动为刺激商品需求提供了机会,而需求又是激发新需要和放大的动因。因此,会展活动也会对其他产业不断提出新的需求。又由于会展活动在一定程度上可改变市场的需求结构,特别是中间需求与最终需求的比例、个人消费结构和消费与投资比例,因此,市场需求内容的改变会直接影响到其他产业结构调整。

2)对其他产业提出新的供给要求

会展产业是社会分工细化的结果。而社会分工的不断细化,对整个社会经济具有重大的意义。这是因为,产业的细化,是分工和专业化的外在表现,不仅增加了自身产业的发展空间,使之不断向外延伸,赋予新的生命力,而且有利于技术创新、服务创新和技术、服务水平的提高。在一般的经济活动过程中,各产业与部门之间既存在直接或间接的关联关系,又存在着相互制约、相互促进的发展关系。而各产业与部门之间制约、促进作用的大小取决于各产业与部门之间关联度的大小,关联度越大,产业与部门之间的制约、促进作用就强。反之,关联度小,产业与部门之间的影响就弱。因此,当会展产业发生变化时,就会对相关联的产业与部门提出新的供给要求。

3)对其他产业提出新的投资要求

会展活动可以通过刺激需求尽可能快地得到实现,而改变人们的消费需求决策、需求行为、需求预期、需求结构,进而改变人们的投资预期、投资决策、投资行为,社会投资结构,从而引起自身与其他产业结构的调整。首先,会展活动可刺激需求而创造供给,进而改变资源利用的方式和投资的内容。其次,会展活动所在地的信息、交通、交易便利,其本身就是值得投资商重视的好环境,如果再提供良好的外部投资环境,拥有可以开发与利用的各种资源,就更加利于吸引外资。再次,会展可以吸引不同地区、国家的客商投资与合作,这样不仅可提高不同地区、国家的对外开放水平和对外开放能力,而且可增加贸易商品跨界流动的规模和速度,引起产业结构调整。最后,会展活动能为产业结构优化提供良好条件,会展活动的各种贸易与非贸易渠道会影响到开放经济体系内部的市场供给与需求关系,使开放经济体系内部的市场供给关系发生良性变动,经济体系的需求与供给结构的良性循环则会引起产业结构优化,从而吸引外资。

4)对产出品提供了实现价值的可能

无论需求与供给还是投资与产出,厂商们的最终目标都是市场。在市场经济条件下,"产品"一词之所以已逐渐被人们少用,就在于"产品"只是被生产出来的物品,可能是被创造出来的物质财富,也可能不是被创造出来的物质财富,因为当一种产品未在市场上实现其真正价值时,还不能够断言其是否是创造出的物质财富;取而代之的"商品"一词则具有两重意思:一是为交换而生产的具有使用价值和价值的劳动产品;二是泛指市场上买卖的物品。

两重意思的直接指向都是市场,并通过市场来实现其价值,言简意赅,故而大行其道。实际上经济会展活动大多是一种市场活动。在某种意义上,更加形象化的比喻应是一种具有现代化形式、现代化氛围、现代化管理、现代化技术手段的集市活动。也正是这种市场活动的现代化,不但为需求与供给、投资与产出提供了信息、技术、资金,还为产出品提供了实现价值的三大可能。无论是需求与供给还是投资与产出,一旦能在市场上转化为财富,朝着更加有利于市场目标发展的产业结构调整就会随之而来。

由于会展产业可以带动"产内"与"产外"发展的独特魅力,因此德国、美国、意大利、新加坡和我国香港地区等都高度重视会展产业。也正因为如此,我国各级地方政府正在把会展产业作为促进该地区产业结构调整、加速自身经济发展的支柱产业来大力扶持。

11.4.3 会展调整产业内外结构的作用

产业结构调整的主要目的是改变经济体系中各种产业的构成比例与构成内容,以及产业内部结构和改变,以适应变化了的市场环境。产业结构调整以产业结构优化和产业升级为重点,以提高产业的市场竞争力和获得利润最大化。会展产业是以展览和会议为主、涉及行业广泛的综合型经济形态。作为会展活动发展到一定阶段的产物,会展产业是现代经济体系的有机组成部分,属于第三产业。

1)会展产业调整产业结构的途径

会展产业的活动有利于第一、第二、第三产业结构的调整,主要是通过三个效应和两个方面来实现的。三个效应是前关联效应、后关联效应和旁关联效应;两个方面是"产内"调整方面和"产外"调整方面。

(1)三个效应

①前关联效应,是指高速增长产业的发展会产生一种推动力,推动新兴部门、新技术、新原料、新材料的出现,这样不仅有利于所有产业的结构朝着高级化的方向进行调整,而且会改善一系列的产品质量。

②后关联效应,是指当一个产业处于高速增长阶段时,由于该产业与后关联产业和部门在经济与技术上的联系,会对后关联的产业和部门提出新的需求与要求。而这些新的需求与要求,将会有利于后关联产业和部门在技术、组织以及制度等方面的创新与发展。

③旁关联效应,是指产业的高速增长会引起它自身产业内部各部门、其他产业和部门以及周围地区在经济和社会方面的一系列变化,并趋向于广泛的产业结构调整与升级。这三种扩散效应是有机的组合。

(2)两个方面

一个方面,有利于"产内"的调整,即对有利于包括会展业在内的整个第三产业内部的结构进行调整;另一方面,有利于"产外"的结构进行调整,即对有利于第一、第二产业的结构进行调整。正是三个效应和两个方面自觉或是不自觉地扮演了产业结构调整的重要角色,会展活动才能既有利于内外产业结构的优化,又有利于经济的快速增长。

2)会展活动作用于产业结构调整的表现

会展活动有利于调整"产内"与"产外"结构的作用,主要表现在导向方面。

(1)缩短资源优化配置的过程,降低产业结构优化的成本

在完全市场竞争调价下,通过价格信号市场机制能够自发优化资源配置。而现实的经

济均不是完全市场竞争经济。这样一来,单靠自身市场来实现优化资源配置和调整产业结构合理化乃至高级化,不仅优化资源配置和产业结构调整的过程较长,代价过大,而且并不总是有效。至于那些市场体系不健全、不完善的发展中国家,单凭自身市场力量来促进产业结构优化,那将更是旷日持久、代价沉重的。而通过国际会展活动的引导就有可能缩短资源优化配置的过程,节省产业结构优化的成本。

(2)指明产业发展的方向,有利于企业做出较长期的决策

会展活动增加了市场环境的透明度,让企业了解经济与产业结构的变化趋势,具有了描绘产业未来发展蓝图的作用,从而使企业能够做出较长期的投资决策选择。会展活动获得成功的重要原因之一,不是会展活动本身,而是它为企业界和社会提供了一个信息交换体制,使企业能互相传递有价值的情报,从而建立起一种互相信任的机制,降低了经济发展的信息费用和交易费用。因此,市场环境的透明度,对企业长期决策的选择有着重大意义。

(3)推定新兴产业发展,不断适应世界科学技术的新发展

现代科学技术日益呈现出加速发展的趋势,科学技术的发展,导致了一系列科技的开发、新兴产业的兴起。但随着现代科技的开发、新兴产业的发展,也具有投资大、风险大的特点。因为会展活动有利于新兴产业技术和创新产品的价值实现,所以现代大多数新兴产业技术和创新产品都把会展作为它们亮相的重点场所。这对于科技的开发和新兴产业来说可能仅仅是规避投资风险的行为,对于发展中国家而言,通过对会展活动的支持有利于以较少的成本直接引进先进技术,发挥后发优势,实现技术上的跳跃式发展。这样一来,会展活动可起到双层的作用,既推动新兴产业的发展,又不断适应世界科学技术的新发展。

(4)保护和促进本国幼小产业的发展

任何一个产业的发展,在其初始阶段,都有一个成本较高的摸索过程和从弱小到强大的发展历程。通过会展活动低成本的宣传与产品的提高,有利于本国幼小产业的更好发展。尤其是发展中国家,在开放的情况下,如果没有一定时期的宣传,面对发达国家的产业优势、技术优势、产品优势,本国的幼小工业是难以在自由竞争的市场中生存发展的。

11.4.4　利用会展促进产业结构调整的原则

产业结构制约着生产力的整体功能,产业结构的优化原则是促进生产力发展的有效途径。因此,在利用会展活动促进产业结构调整时,必须依据产业结构、布局、规模等和市场经济规律的整体功能。在发展生产力时,必须注意产业结构优化的有效途径。总的来说,应遵循以下几个原则。

1)因地制宜原则

开展会展活动必须从国情、地情出发,将开展会展活动建立在科学地分析国情、地情的基础上。

①必须科学地认识本国或本地的生产力所处的阶段;

②必须全面了解本国或本地的资源情况,既要包括自然资源,又要包括经济资源,并找出其优劣之处;

③必须注意本国或本地的产业结构现状;

④必须注意国情或地情与世情的关系。

2)扬长避短原则

一国或一地区在自然资源和经济资源上必然具有某些方面的相对优势,从而避开本国或本地的劣势。自然资源的优势往往是有限的,随着一国或一地自然资源的不断开发,优势必然会逐渐减少,但是随着科学技术的进步自然资源对产业结构的制约作用趋于下降,而经济资源对产业结构的影响作用不断增大。因此,随着生产力的发展,产业结构应该逐渐从有利于发挥自然资源优势向有利于发挥经济资源优势的方向发展。

3)协调发展原则

产业结构的各构成部分或各构成因素之间,只有在质上相互适应,在量上比例恰当,才能使其在运动过程中相互协调,实现社会总供给与总需求的总量平衡和结构平衡,从而有利于效益提高和持续发展。合理的产业结构,必须有利于各产业间的协调。任何一个产业都是处于与其他产业的联系之中。从其投入产出的关系来看,产业间的联系形成了一条链条。处于产业链中任何一个产业都有前向联系和后向联系。在各条产业链之间,又存在着直接或间接的联系,而为诸产业链提供服务的会展产业,也与其密切相连而穿插其间。这样,整个社会生产力的发展,产业联系网络越来越大、越来越密,因而对产业协调的要求也越来越高,而产业间的协调状况对生产力发展的制约作用也就越来越大。所谓产业协调,就是使处于产业联系网络上的诸产业在质上相适应、在量上比例恰当。片面发展某一产业或忽视某一产业的发展,就会造成产业间的不协调,进而造成生产力发展的大波动和效益的下降。协调并不要求产业同步发展,并不要求绝对平衡,否则不仅是违背生产力发展规律和产业顺序发展规律的,而且是做不到的。

4)效益提高原则

效益是指投入的要素与有效产出的对比关系。提高效益,即以更少的投入获取一定的产出,或以一定的投入获取更多、更好的产出。合理的产业结构,实现了产业诸因素的优质组合,其形成的总体功能大于其各产业功能之和,从而能提高效益。效益有微观效益、中观效益、宏观效益之分。合理的产业结构,应有利于微观、中观、宏观效益的提高,在难以做到共同提高的情况下,则应首先有利于高一级效益的提高。产业间的比例关系有多种,应以经济效益为标准,选择最优的产业结构。在实践中,要防止出现以下几种不利于效益提高的产业结构。

(1)封闭式的产业结构

这种产业结构,不能做到扬长避短、发挥优势,而且由于和外界隔绝,不能利用外部资源和外部提供的发展机遇,从而妨碍了效益的提高。

(2)地区间产业同构

产业同构,是指在经济发展中,各地区间缺乏分工合作,形成了彼此相似的产业结构。

产业同构造成了重复建设、资源浪费、地区间不合理竞争(如相互封锁、抬价抢购原料、低价竞销等),从而降低宏观经济效益。

(3)微观效益好、宏观效益差的产业结构

在建立产业结构时,地区和部门往往从自身效益出发,将自身效益放在微观效益之上,从而损害宏观效益。国家应制定有关的产业政策,防止有碍于宏观效益提高的产业结构的形成和发展,尽量把宏观效益和微观效益结合起来。

5)高级化原则

生产力结构是随着生产力的发展,由低级结构向高级结构发展的,生产力结构的建立和调整,必须有利于促进产业结构的高级化。

产业结构的历史演变表明,产业结构是从低级的以农业为主的结构向高级的以工业为主的结构转变,然后向更高级的以服务业为主的结构转变,这种转变既是生产力发展的结果,又反过来推动生产力的发展。利用会展活动影响产业结构调整不能仅仅满足于眼前产业结构的合理,而且应着眼于如何推动产业结构的高级化。仅仅停留在目前产业结构的协调,只能带来生产力量上的增长,而难以实现生产力质的飞跃和持续发展。因此,在选择产业结构时必须坚持高级化原则。坚持高级化原则在实践中主要就是选择战略产业。战略产业一般包括瓶颈产业、支柱产业、带头产业。瓶颈产业,是指目前比较薄弱,但对当前和今后生产力发展有巨大制约作用的产业。支柱产业,是指构成产业结构主干的产业。带头产业,也称先导产业,是指具有较大带动作用的、代表产业发展和结构改善方向的产业。先导产业和支柱产业往往不止一个,而是形成先导产业群、支柱产业群。先导产业和支柱产业不是固定不变的,而是具有阶段性的。先导产业和支柱产业是紧密相连的,先导产业往往是未来的、潜在的支柱产业,现在的支柱产业往往是从以前的先导产业发展而来的。

6)社会需要原则

一个国家的产业结构,除了考虑上述原则外,还要考虑国家的独立,考虑政治、文化、军事等方面的需要。较为完备的、独立的产业结构对于一个地区来讲不必要,但对于一个较大的国家,则是必要的。

案例分析:上海会展业期待从"大"变"强"

随着9—12期扩建工程N1、N2、N3、N4展馆的相继建造完成,上海会展业的"地标"——上海新国际博览中心全面落成。从1999年11月4日正式启动建设以来,上海新国际博览中心已经走过了十几个年头,而上海会展业也经历了"起步—发展—腾飞"三部曲,且在推动上海经济结构调整上的重要作用越发显现。未来,会展业将如何改善自身的"短板",成为上海经济新的增长点,引起业界广泛关注。

沪会展业将迎"双引擎"

20世纪90年代，上海经济进入了一个高速增长时期，上海会展业也依托本地经济飞速发展而迅速崛起。统计显示，20世纪80年代，上海每年只举办一二十个展览项目，作为主办和经营会展的专业公司也只有寥寥数家。到了90年代，这种情况发生了显著改变，随着上海城市的国际化程度越来越高，跨国企业集团大量进驻，本地的会展数量每年以20%的速度递增，开始创造巨大的经济效益和社会效益。上海新国际博览中心（Shanghai New Internation Expo Centre，SNIEC）就在这个时候悄然进入市场。

据了解，上海新国际博览中心于1999年正式启动建设后，其展览业务年均持续增长。截至2011年年末，全年共举办约94个展会，展览合同销售面积达480万平方米。

"自2001年11月2日SNIEC一期工程建成开业至今，每年约举办80场知名展览会，吸引约400余万名海内外商人，已成为世界最成功的展览中心之一。SNIEC也被视为中国展业与国际展览界进行交流的一个重要窗口。"据上海新国际博览中心有限公司总经理董汉友介绍，全面落成的新国际博览中心拥有17个风格相似的单层无柱式展厅，室内展览面积达20万平方米，室外达10万平方米。"随着展馆的全面落成，预计2012年展览销售面积将进一步增长。SNIEC作为中德两国经济、贸易、文化等方面合作最为成功的领域之一，它的落成也将进一步推动上海建设成为世界一流的国际会展中心。"

上海会展业的"异军突起"，不仅提高了中国在全球展览市场上的比重，也让正在转型中的上海经济有了先发优势。业内人士表示，一批在过去曾经拉动上海经济快速发展的增长点，现正趋于成熟或衰退，其带动作用明显减弱，甚至丧失。会展业则具有很高的经济效益和社会效益，据有关部门测算，其拉动系数高达1:9，同时还可以带动一大批人就业。从上海近几年的情况来看，会展业的发展速度远高于GDP的增速，已经成为上海经济新的增长点，将会展业作为上海的主导产业无疑具有战略性意义。

今年初，商务部与上海市政府投资230亿元的国家会展中心项目，落户上海虹桥。根据规划，此项目建筑面积约120万平方米，由展览场馆、综合配套设施和后勤保障设施组成。其中展馆展览面积约50万平方米，建成后将是目前世界上规模最大、水平最高的国际会展中心。该项目建成后，将在展览面积上取代汉诺威展览公司，成为全球会展行业的领头羊。

业内普遍认为，虹桥会展综合体建成后，政府型展会将移师虹桥。未来，新国际博览中心如何与该项目对接，使二者发挥"合力"效应引人关注。对此，董汉友表示，上海新国际博览中心与虹桥会展综合体作为上海浦东、浦西两大会展项目，应各自发挥优势，错位经营。虹桥会展综合体将来或以政府类展会为主，上海新国际博览中心则瞄准国际化、专业化方向。

值得一提的是，近两年中国的会议产业发展迅猛，一些城市在会议业的扶持力度上明显大于展览行业。面对新发展形势，董汉友表示，上海新国际博览中心在保证展览业继续向前的基础上，近年来在酒店配套建设方面谋求会议与展览共同发展。如今，在上海新国际博览中心附近已建成浦东嘉里中心和卓美亚喜玛拉雅酒店，两座高档酒店内均设有会议室，解决了展会期间同期举办会议论坛的场地，使参会代表不用再将时间耗费在展馆与会议中心的路程上,最大程度地方便了与会者。

诸多"短板"待改善

"十二五"是全面建设小康社会的关键时期,会展业在推动产业结构调整,加快转变经济发展方式中的重要作用日益凸显。不过,尽管近几年国内会展业的发展突飞猛进,但与国际上会展业发达的国家相比仍有差距。

上海现代服务业联合会周禹鹏会长表示,我国会展业与世界上一些发达国家会展业相比,在规模、能级,特别是办展水平上都还有一定差距。上海作为我国的经济中心,可借助上海新国际博览中心全面落成及浦东会展综合配套服务日益完善的契机,改善会展业的"短板"情况。

业内人士表示,目前上海会展业的行业自律机制和规范尚未形成,具体表现在展馆建设缺乏长远规划和合理布局;各个展馆展览面积不够大且布局分散;展会审批"政出多门",同一主题的展览你办我办他也办,看似热闹,实际收效甚微;收费标准"内外有别",对海外展商收费偏高,未给予同等国民待遇。

另外,上海会展人才的缺口还比较大,无法满足整个行业日益扩张的需求。如何针对这些人才缺口,培养适合的储备人才是摆在会展业面前的一道难题。

转型发展是必由之路

上海会展业的发展瓶颈并不是单个的问题,事实上,这也是"突飞猛进"的中国会展市场的一个缩影。

在日前由上海新国际博览中心有限公司承办的"2012 中国会展领袖论坛"上,中国商业联合会会长张志刚指出,一个国际会展业中心城市应具备五大条件:一是交通发达;二是人均 GDP 达到世界中等发展水平以上;三是流通服务业在 GDP 中比重超过制造业;四是商业外贸依存度高;五是有强大的中介组织和配套社会服务。

目前,世界上的展览趋势向专业展快速发展,会展主题体现时代脉搏,互联网催生的电子商务、网上展览正在使展览业发生深刻变革。而我国会展业发展似乎还没有适应这样的变化。首先,缺乏对规律的认识、探索,大兴土木,盲目重复建馆,重视硬件建设,不重视软件建设;其次,找不准定位,到处都提会展是支柱产业,到处都办国际化展览,实际专业化办展水平很低,办展人才不足;缺乏在科学发展观指导下的宏观总体战略规划;同时,会展业的发展缺乏法制化管理。对此,张志刚建议有条件发展会展业的城市,当地政府既要遵循经济发展规律,在前期给予会展业必要的培育和扶持,又要减少行政干预,充分发挥市场在资源配置中的基础性作用,遵循规律办会展,努力向着专业化、市场化、法制化、产业化和国际化的方向健康发展。

数据显示,我国 1997 年的展览项目数首次突破 1 000 个,到 2001 年突破 2 000 个,2002 年就超过 3 000 个,2005 年约为 3 800 个。就展览项目的国际比较而言,我国已居亚洲第一,成为一个"展览大国"。但是,相对于展览项目数的"领头羊"地位,我国的展览直接收入却比很多国家都少得多。"展览经济总量比美国、德国、日本、英国、法国、澳大利亚等许多国家都少。展览收入占 GDP 比重在发达国家一般为 0.1%~0.2%，而我国目前这一比重还不足 0.08%，说明我国展览产业化和市场化程度还很低，就展览收入而言，我国还不是一个展览大国。"中国国际经济发展研究中心行业特邀研究员罗百辉指出，我国的展览项目绝大多数是中小项目，规模大的项目和品牌项目屈指可数。尽管这些展览的总展出面积也是一个巨大的数字，但就展览收入而言，我国还不是一个展览强国。另外，我国展览场馆的总面积虽在全世界位居前列，但出租率比发达国家要低得多。

国际展览业协会候任主席陈先进在会上表示，目前，创新驱动、转型发展已成为推动我国展览业发展的必由之路。"需要在办展的意识、形式及技术手段上尽快转型，通过转变思想、创新技术，促进我国会展业产业健康升级。"

（资料来源：上海金融报，2014-08-05）

讨论题：

1. 分析案例，指出上海会展业存在哪些不足。

2. 结合案例思考，上海会展业该如何实现由大变强？

【专业词汇】

市场失灵　乘数效应　会展业就业

【思考与练习】

1. 请论述会展对国民经济的发展有何影响，结合实例列举一二。

2. 政府在会展经济发展过程中扮演着什么角色？

3. 请结合具体事例谈谈你的理解，会展业的乘数效应主要体现在哪些方面？

4. 从就业形式和劳动力使用情况理解，会展业就业的定义有哪些含义？

5. 会展调整产业内外结构的导向作用表现在哪些方面？

6. 在利用会展活动促进产业结构调整时，应遵循哪些原则？结合你的理解，请论述一下为什么要遵循这些原则？

第12章
创新与会展经济发展

【本章导读】

本章主要阐述创新与会展经济发展之间的关系，共分为4节：第一节主要阐释会展创新的内涵及背景；第二节主要介绍会展创新的影响因素；第三节阐述会展创新对会展商业模式的影响；第四节重点介绍绿色会展及其与可持续发展之间的关系。

会展最近几年成为我国经济新的增长点,对推动我国产业结构调整,拉动国民经济增长具有重要的现实意义。创新是一个国家实现发展的动力和源泉,对于会展业来说,要想实现产业升级,促进会展业可持续发展,就必须要实现会展创新。要想实现会展创新,首先要明确创新主体,其次是创新主体该如何去做。会展创新是会展业发展的源泉,通过创新技术、创新展品、创新服务、创新管理等手段,推动了我国会展业的发展,那么,究竟什么是会展创新,会展创新与会展可持续发展以及会展商业模式之间的关系是什么,本章将介绍会展创新的相关理论,初步解答上述问题。

12.1 创新概述

我国会展业起步较晚,近年来才得到快速发展,并以年均 20% 的速度高速发展,已经发展成为具有可观经济规模的行业,会展业作为一门综合性强、带动性强的新兴产业,已逐步发展成为我国经济新的增长点。因此,重视对我国会展的创新发展,无论在理论研究还是实际应用上都有十分深远的意义。

12.1.1 创新

创新是人们对事物发展规律认识的深化、拓展和升华。创新目的在于探索新知、推动发展,其前提是必须有正确的思想方法、科学求实的态度、变革求新的勇气。因此,创新必须从实际出发,遵循事物发展的客观规律,必须把勇于探索的精神和科学求实的态度结合起来,必须尊重实践、尊重人民群众的首创精神。从企业来说,创新是企业能够生存和发展的重要条件。创新带来生机,创新意味着活力,创新孕育着发展。没有创新,就没有科技的发展、经济的腾飞和社会的进步。创新就是企业家对生产要素的重新组合。创新是根据客观的需要,把已有的生产要素、条件、技术组合起来产生一个新的飞跃,创新不一定是发明,但是它必须能够组合起来产生一个新的东西,能够提高效率。

在《经济发展理论》中,西方著名经济学家熊彼特从"动态"和"发展"的观点分析了"创新"和资本主义。按照他的观点,所谓"创新",就是"建立一种新的生产函数",也就是说,把一种从来没有过的关于生产要素和生产条件的"新组合"引入生产体系。按照熊彼特的看法,"创新"是一个"内在的因素","经济发展"也是"来自内部自身创造性的关于经济生活的一种变动"。那么,会展业是如何实践这种"创新理论"的呢?

12.1.2 会展创新

会展业促进经济发展的原理,就在于通过为"创新"提供集约化的平台而实践"创新理论"。这种提供,有"直接"和"间接"两种方式。直接实践表现在 4 个方面:一是通过各类会展,尤其是产品类的会展,直接提供给厂商和消费者以"新产品",既满足消费需求,又为生产提供选择;二是通过技术与知识产权在会展上的展示和交易,让生产者受到新技术的"刺激"或获得新技术,让消费者认识和认可新技术和新方法;三是通过会展,实现将区域外的新产品、新技术引入到本地市场,或使本地的新产品、新技术转移到外地市场,而实现"新市场"的开辟;四是通过会展,尤其是原材料所在地的会展或专业关联性高的会展,厂商可发现新的上游供应渠道,并实现"面对面"的交流。间接实践主要表现在通过会展上高频度、高密度的产品、技术、渠道的展示和交流,必然会对某地、某区域的某类经济发展打破"旧垄断"(此为经常)或带来"新垄断"(此为偶然),产生新的组织模式。

这里的创新,不仅指在某次展会上,参展商可能会遇到新的潜在买家,观众将遇到新的供应商、新的产品和服务,而且指许多展会每届都有新的主题,每届都有新的亮点,反映了会展的与时俱进、与时代共舞。例如,现在每次世博会都有新的主题。会展是新产品走向市场的重要舞台,许多新产品都是通过参展走向消费市场、实现其价值的。从科技发展史看,许多划时代的发明创造,如电话机、留声机、蒸汽机车、电视机等都是首先在展览会上进行展示进而推广的。即使在信息技术高度发达的当代,展览的广泛性、直观性,对推广新技术、新发明仍发挥着不可替代的作用。展览会上常举办的一些讲座或者论坛,邀请的是某行业国内乃至国际上知名的专家和学者,这对传播新知识新理念、促进国内及国际间的沟通和交流发挥了相当大的作用。当然在展会上也有许多老产品,展示老产品是为其寻找新的市场,同时借此向观众展示企业的历史和辉煌,巩固与老客户的关系。

12.1.3　会展创新的必要性

1)推动产业升级

创新与产业升级之间存在着密切的关系,创新是产业升级的基础,会展业的升级需要以创新为驱动,产业升级是创新的动力,会展业的创新受产业升级的拉动。具体而言,展商的工艺创新与产品创新会促进会展业的攀升式产业升级与跃迁式产业升级;同时,由组织者、会展场馆企业与服务支持企业构成的会展服务提供方开展的系统化服务创新也会促进会展业的攀升式产业升级与跃迁式产业升级。

2)推动会展业可持续发展

随着人类社会文明程度的提高,"可持续发展"的理念已由最初的生态环境领域逐渐推广至经济、政治等领域。新兴的会展业具有高关注度和临时性的特性,在其蓬勃发展的同时,也日益被要求融入可持续发展的理念。

12.1.4　会展业创新的措施

要实现我国会展业的创新,首先要明确创新主体。会展业的构成要素包括:①组织者;

②会展场馆企业;③服务支持企业;④展商和观众。组织者是会展的发起者,比如政府、行业协会和展览公司等。会展场馆企业是指为会展活动提供场馆、设备和服务的企业组织。服务支持企业是指为会展活动提供直接或间接支持的企业、包括宾馆、物流企业和通信企业等。展商也被称为参展客户,是指参加会展的企事业单位、团体以及个体等。观众是展商的目标消费者,是展商参与会展的原动力。会展主要是为了促成展商与观众之间的合作,进而实现对经济的拉动,因此实现会展业的创新需要两类主体的努力,即展商和由组织者、会展场馆企业、服务支持企业构成的会展服务提供方。

在明确会展创新主体之后,会展创新的关键问题就是创新主体该怎样去做。对于展商而言,对会展创新做贡献的最有效方式是开展工艺创新与产品创新。工艺创新是改善或变革产品的生产技术及流程,包括新工艺和新设备的变革。产品创新是改善或创造产品,进一步满足顾客需求或开辟新的市场,展商自身的创新是推动会展业创新的根本。对由组织者、会展场馆企业、服务支持企业构成的会展服务提供方而言,对会展创新做贡献的最有效方式就是实施系统化的服务创新。会展服务提供方的服务创新有助于提供更好的服务,进而吸引更多的展商和观众,并提高展商与观众的合作签约率。

12.2　会展创新的影响因素

12.2.1　办展理念的创新

要对展会的作用有不断的新认识。会展业在促进贸易往来、技术交流、信息沟通、经济合作等方面发挥着日益重要的作用,极大地提高了经济效益和社会效益,已成为我国城市经济的亮点。将绿色会展和可持续发展理念深深融入办展过程中,加强与科技的合作,要跟上国际科技发展的新潮流,跟上国际会展业科技发展的新潮流,注重会展行业的新技术在博览会当中的应用,包括现在的视频技术、网络技术、低碳环保技术。在"互联网+"时代中积极"走出去,引进来",借助"一带一路"倡议,将其在境外的展览业务进行了更进一步的延伸。

12.2.2　展会内容和形式的创新

招商招展对象突出高端性与技术创新性。通过提高展商的质量,增强会展对观众的吸引力。加强与国内外大型会展机构的合作,通过与国内外一些实力强大的展览机构签署合作协议,推动会展业的合作发展进入新阶段。此外,借助大型展览机构的销售网络,也可引入新的展览项目。

12.2.3　会展服务创新

1)我国会展服务现状

从会展企业内部来看,我国大多数会展企业处于粗放型发展阶段,没有明确的总体发展战略,主营业务也不突出,缺乏明确的市场定位和发展思路,多数会展企业的日常管理只注重成本控制而忽略了其本身科学系统的管理,尚未形成完善的创新管理体系,缺乏自主的经营创新驱动力。这与会展业的发展逐渐成熟的客观情况是不相符的。从企业所处的外部环境来看,当前我国会展业存在着管理规范性文件更新不及时,法律法规的建设严重滞后于会展市场的实际发展,行业标准缺失,政府等相关部门在进行行业监管时无法可依,导致行业监管力度不足,甚至出现有些地方的会展市场秩序混乱等。而外部因素如何进行有效的监督和管制,对促进我国会展企业的服务创新活动的开展也有重要的作用。

2)措施

(1)员工因素

员工因能直接与客户接触,在企业的服务创新中员工反馈服务接受者的实际需求,还可以根据自己实际的经验和阅历提出创新活动思想,在服务创新过程中起着关键作用。

(2)客户因素

客户是企业服务接收的对象,可以通过非正式或正式的渠道向企业提供进行服务创新所需要的知识和市场信息。服务具有生产和消费同时性,客户在服务创新中扮演创新合作者的角色,依据自身知识和阅历帮助企业推动服务创新进程。

(3)组织因素

有研究表明组织因素对技术创新和服务创新均有重要影响。组织的结构、网络化程度、部门间的沟通情况、管理柔性都会对企业的服务创新有影响。

(4)竞争对手因素

某一行业中所含有的竞争者的数量、竞争的激烈程度等都会对企业的服务创新活动产生影响。服务创新所产生的具有可见性和可模仿性的产品、技术等容易让竞争对手模仿而产生竞争,是服务创新的推动力之一。

(5)公共部门因素

公共部门通常可以为企业提供服务创新塑造好的创新环境,帮助企业提供创新所需要的专业人才、知识等,也可以给企业的服务创新施加负面影响。

(6)企业文化和战略因素

企业文化能潜移默化地影响企业员工,并在其经营活动行为中彰显出来,能为客户所感知,对服务创新的绩效有着重要影响。企业战略涉及企业的整体性、长期性发展问题,具有较强服务创新意识的企业常将服务创新作为企业战略。

（7）政策法规因素

行业经济的发展受到国家社会制度和行业制度的影响，不同的政策制度对行业及企业的创新活动有着不同的影响。规章制度存在，既可以抑制创新活动，又可以诱发创新行为的产生，会展企业的发展离不开宏观政策环境的支持，会展企业的创新也需要良好的外部环境。

12.2.4　管理体制创新

1）作为政府主导型会展的现状

我国会展业的运作采用具有中国特色的行政干预模式，有强烈的行政干预色彩。政府担当主要从业者、管理者，甚至可以直接作为市场主体进行市场活动。我国会展业实行审批制，政府对会展企业是否具备主办会展的主体资格进行审批。这种审批制使一些有办展资格的机构不能自主地进行展览的组织活动，而其他一些有实力的民营会展机构又没有资格单独组织会展，造成目前我国缺乏具有国际竞争力的大型会议服务或展览公司的局面。这一现象在很大程度上制约了国内会展业的市场化发展。

虽然我国目前已有相关的会展业行业机构，但还不具备类似于德国的，代表政府对会展业进行管理调控的机构，具有唯一性和权威性的全国性会展业行业协会，也还未建立起美国所拥有的完善的行业协会系统，现有行业协会分工不明确，职权重复，我国会展业行业协会有待进一步完善。

2）如何创新

（1）政府做好制度创新，制定一系列财政支持和奖励政策

制度的完整性和可操作性是建立政府主导型会展模式的基础，公平、透明、操作性强的制度是政府主导战略正确实施的关键。

建立完善的会展协调体系。会展企业具有综合性、关联性和边缘性较强的特点，建立一个统一、权威、高效的会展管理协调机构，赋予它宏观指导、重点把关、组织协调和督促检验等职能。建立有效的激励约束机制，为企业竞争提供一个公平、自由的市场环境。会展产业国际竞争力最终要由会展企业来完成，应加强基础设施建设。政府部门应加大对发展会展产业密切相关的需要较大规模初始投资和需要较长建设周期的项目的投资力度，发展具有优势的相关及辅助产业，为旅游业提供强有力的支撑，实现信息、技术、资本、人力的双向融通，使会展业真正成为一个优势产业群。

（2）坚持会展企业专业化发展，逐渐加强自身行业地位

目前国内会展企业还是以国有企业为主，主要属于贸促会系统与行业系统。随着我国会展经济的发展，外资会展公司和内资私营会展组织也越来越多。不管是国有会展企业、外资会展企业，还是私营会展企业，都必须充分考虑中国会展业市场的特点，努力提高服务意识、细化会展流程、坚持走专业化发展道路。随着行业的发展完善，会展产业分工也必将细

化,会展产业链各环节的企业部门需要各司其职,分工明确,协调合作。

在坚持专业化发展、努力提高服务意识、细化会展流程,逐渐加强自身行业地位的同时,我国会展企业有必要积极开展与政府、与行业协会的合作。借鉴德国政府干预模式中政府直接投资控股大型展览公司的做法,我国部分会展企业可以采取股份制,与政府合作,开展会展活动。美国政府市场结合型会展业运作模式也有可借鉴之处。如美国主要的展览大都由大型商业展览公司与行业协会举办,如著名的国际消费类电子产品展览会(International Consumer Electronics Show,简称 CES)由美国消费电子协会(CEA)主办。我国会展企业在提高自身素质的前提下,可以尝试建立有中国特色的品牌展。同时,借鉴美国会展行业协会由会展企业自发形成的模式,我国会展企业可以主动参与到行业的自律与规范中来。

(3)坚持行业协会权威协调性,逐步取代政府行政干预

中国会展经济研究会副会长马勇先生指出:目前,国际上会展行业协会的运行模式,主要可归纳为 3 种:第一种是以美国为代表的由会展企业自发形成的"水平运作模式";第二种是以日本和德国为代表的政府行政参与、大型会展企业主导的"垂直运作模式";第三种是以法国为代表的企业和政府合力推动,行业协会与政府关系密切的"综合运作模式"。德国、英国、法国、瑞士等都有全国性会展行业协会,举办展会必须通过这些协会来批准协调,避免国内同类会展的短期重复现象。同时,这些行业协会又是全体会展从业者的行业互助性组织,负责制定行业规范,确认从业者资质,避免恶性竞争,受理参展商和观众投诉等。

中国还没有一个全国性的会展行业协会,急需建立一个全国性会展行业协会,并明确该行业协会的权威性。自由主义市场经济下的美国"水平运作模式"与我国国情要求相差较大,"垂直运作模式"与"综合运作模式"是我国会展行业协会建立发展过程中可以借鉴的模式。通过这种具有权威协调性的会展业行业协会的建立和发展,逐渐取代中国特色的政府行政干预模式,培养高度的行业自律性,实现我国会展业由计划经济向市场经济的逐步转变。

12.2.5　技术创新

信息技术、网络技术等科学技术的快速发展也为全球展览经济的发展注入了新的活力。随着科学技术的迅猛发展,尤其是科技革命带来的最新工艺、新材料的出现,会展设备现代化已经成为会展业发展的一个不争的事实。实际上,设备现代化也是展会标准现代化、展览内容国际化、展览形式多样化发展的共同要求。更为值得关注的是,大量信息技术的应用,向网络求发展空间,又成为世界展览业发展的不可回避的趋势。有关专家把这种以高科技产业为支撑,以知识经济、信息网络经济为主要内容的新经济对展览经济产生的影响,归纳为快捷、关联和效果三个方面。因为借助网络信息的优势,可以为展商和参展观众双方带来极大的方便和效益。如参展商可以在异地向全世界发布自己的展览产品的详细信息,参展观众也可以借助个人电脑在任何地方浏览和选择喜欢的产品,展商和观众的双方经贸洽谈细节大大简化,同时也降低了风险,提高了经济效益。

12.2.6 教育、人才创新

1）我国会展人才现状

我国会展人才供需矛盾突出，目前，我国会展经济非常活跃，仅用 20 年便走过了发达国家约 100 年的路程。高速发展意味着对会展行业人才的巨大需求，我国会展行业每年新增从业人员需求约 20 万，并表现出社会需求量大、行业分布广等显著特点。

我国会展人才供给少。据中国会展经济信息网数据，目前我国高校每年可向社会输送会展专业人才 6 000 人左右，这远远满足不了会展行业对会展从业人口的需求，并且呈现出会展高级管理人才严重不足、人才素质较低等特点。

2）解决办法

（1）制订切合实际的培养开发规划

结合会展业的高度综合性和极强实践性，会展人才的培养目标应多层次：首先，应培养一批具有敏锐市场意识、高度开拓精神的会展管理人才，培养能与国际接轨、具有现代营销理念和手段的营销人员，培养具有会展相关专业知识，并能够把握会展主题的设计人员，培养具有综合能力的高素质会展服务人员。

（2）规范会展行业的人才标准

展览是一个系统，展览的复杂是内容上的复杂，会展业人才应该是复合型人才，是高素质的、有实战经验的、有创意的，实际操作能力和良好的理论素养等缺一不可。会展业对人才素质的标准主要有：

①宽泛的知识理论素养。知识理论素养是指会展专业人才所必须具备的会展相关知识，它构成了会展人才培养的基本内容。专业会展人才需要掌握各方面的知识，主要包括 3 个方面的内容：会展方面的知识，如会展概论、会展业发展的历史、现状与趋势以及会展相关法规等；经济学和管理学方面的知识，如经济学、会计学、市场营销等；技术方面的知识，如现场各种仪器设备的操作等；艺术方面的知识，如展台设计、展台装饰等。只有如此，会展专业人才才能具有广泛的市场适应性，才能胜任多种类型的会展活动。

②独特的策划创新能力。作为策划者，会展人才要有创新能力，能不断开发新主题，赋予展会项目新的元素。纵观国内外知名展会的成功经验，无外乎"常办常新"，而这些源源不断的"新"又来自会展策划营销人员的独特策划创意能力。可见，独特的策划创新能力是会展对专业人才尤其是设计策划人才的较高要求。

③严密的组织管理能力。管理在会展产业链中处于核心位置，展会的现场、安保、清洁、交通、人流、物流、财务、客户、品牌、危机，以及信息技术的有效运转都离不开科学的管理，较强的组织管理能力是会展企业或会展活动得以正常运行的保障。

④娴熟的沟通协调能力。任何一个会展活动都是一个繁杂的项目，因此对于会展从业

人员来说,需要其具有娴熟的沟通能力,要能做到内外、上下、左右有效沟通。

⑤强烈的服务意识。会展业属于服务行业,要为各类参展商、观展者提供各种服务,不仅包括推广宣传、参展招募、观众组织、项目营销等必需的服务内容,还包括法律、科技、信息等方面的援助。会展活动成功的关键是使每一位服务对象获得满意的体验,这就要求会展专业人才具备较高的服务意识和较强的服务能力。

(3)加强高校对会展专业人才的培养

一是发挥教育部门主导作用,院校按原有学科特点及当地会展人才需求类型开设会展相关专业,通过校企共建实践教学基地、校企合作开办教学活动,以增加师生接触实践的机会;加强实践基地建设和专业毕业生的市场调查工作,从而对专业教学做出适时、必要的调整。

二是抓好会展专业师资队伍建设。搞好教材编写、理论研究、教学基地建设等学科建设基础工作,建设一支怀有强烈事业心和责任感、精通会展管理理论、具有实际动手能力、年龄结构合理的会展管理专业师资队伍。具体措施有:①加强国内外开展会展专业的高校间的合作与交流,选派会展专业教师到国内外重点院校去学习、深造。②从国内知名会展企业引进具有丰富实践经验的专业人士,充实各院校会展专业师资队伍向双师型发展。③鼓励开办会展专业的院校教师到大型会展企业挂职锻炼,增加实践经验。④培养学生扎实的专业基础理论知识和实践技能,会展是实践性很强的专业,在学校的课堂上照本宣科是学不会展览的,必须让学生走出去,在理论与实践的结合过程中,让学生学会操作,体会会展理论与知识的价值。尤其要注重实践技能知识,学校可与一些展览公司合作,让学生参与到公司的运行中,从而提高学生的业务水平。

12.3　会展创新对会展商业模式的影响

每一个创新的商业模式都可能蕴含着巨大的财富。会展商业模式创新又是会展业不断发展的原动力。我国会展业存在着很大的发展空间,经济潜力和社会影响力巨大,各会展企业都致力于研究新的商业模式。分析、完善会展商业模式保护方式,可以激发创新积极性,有利于会展业更加规范、有序、健康发展。

12.3.1　会展商业模式的内涵

商业模式本身是一个整合概念,它应该包括企业的经济本质、经营运作与战略发展等企业内部的各个方面。

商业模式是为实现顾客价值最大化,把能使企业运行的内外各要素整合起来,形成一个完整、高效、具有独特核心竞争力的运行系统,并通过最优实现形式满足客户需求、实现客户价值,同时使系统达成持续盈利目标的整体解决方案。20 世纪 90 年代以来,国内外学者对商业模式进行了较为丰富的研究。作为分析商业模式的理论工具,具有代表性的是哈佛大学商学院教授迈克尔·波特(Michael E.Porter,1985)提出来的"价值链"理论和 Mercer 顾问公司斯莱沃斯基(Adrian Slywotzky,1997) 提出的"价值网"理论。

价值链是一种确定企业竞争优势及寻找竞争的方法。优化企业价值链业务流程,发挥价值链协同效应是管理价值链、实现价值增值的关键。价值网是在网络经济背景下提出的一个概念,它是指由利益相关者之间相互影响而形成的价值生成、分配、转移和使用的关系及其结构。价值网与价值链相比,在战略思维上发生了巨大的变化。"价值网"理论借用了价值链中的企业各个活动都是独立单元的观念,但是认为,产品(或服务) 价值的不可分割性进一步增强,因此,企业应该改变事业设计,将企业的内部价值活动与外部价值活动连接起来。在某一产业范围内,为适应产品(或服务) 价值的不可分割性进一步增强的要求,产业组织者通过产业集成为顾客提供问题解决方案,提升行业整体价值;在某一区域范围内,由区域经济系统中的组织者引导,参与者协调配合,跨项目、跨行业、跨区域整合资源,实现"价值整合"。在价值网中,组织者、供应商以及消费者三者间是"互为需求,互为供应"的关系。组织者负责策划交易产品、选择供应商和消费者、制定交易规则、完善质保体系,通过中介和策划服务创造价值;供应商提供商品、场所、广告和资讯,所需求的是利润、品牌效应、交易规模和收益的上升;消费者则提供资金进行消费,所需求的是购买的效率、便捷、实惠、切身体验以及产品的可靠性。

纵观国际会展业发展之路,正是由从"价值链协同"到"价值网整合"的商业模式创新之路。会展业组织运作越来越向专业化方向发展,由会展集团公司进行运作。在城市会展经济活动中,政府的作用主要在于行业规划、监管、制定政策等方面。办展城市根据城市经济的发展战略,明确办展定位,突出会展特色,以及政府通过基础投入和协调政策实现区域"价值网整合",促进形成区域创新的正反馈机制,这些都是国际会展业成功的主要经验。

12.3.2 会展创新对会展商业模式的影响

1)文化产业与会展业结合

文化产业与会展相结合这一创新,推动了商业模式更加注重文化内涵。通过会展这一平台,通过创新与创意的手段,打造一个或将一个已有的、极具开发潜力的文化事件打造成文化产业的核心,运用知识产权这一法律保障,使其能顺利地开发与推进。

义乌文博会是我国文体行业唯一的外贸主导型国家级展会,其档次较高、规模较大。义乌文博会在开展洽谈、论坛、民间艺术展览等活动的过程中以文化产品贸易为核心,展品大多为文化类产品。义乌文博会每年都有全新的营销理念,在云南展区,有普洱茶、云南紫陶、彝族刺绣、云祥和银饰等云南特产,穿着民族服装的少女载歌载舞,吸引很多观众的注意。这种宣传方式是以云南的特色民族文化为基础的。在文博会中,很多企业依据当地特色文化,把民间作品打造成文化创新产品,这种营销宣传方式,不仅考虑到了展会,还考虑到了其文化效应。由此可见,义乌文博会不单是展会的营销,更是会展与文化产品的共同营销。文化与展会相结合,不仅使义乌的会展活动上升了一个层次,增添了义乌会展的原动力,也使文化通过会展得到极大传播。

2）O2O 模式下的会展企业

随着 O2O 模式的迅速发展，各行各业都开始借助 O2O 模式进行经营模式的创新，而会展企业的传统经营模式主要借助实体广告和实体展示来进行，目前越来越暴露出各种弊端，因此，会展企业进行经营模式的改革显得越来越必要。

阿里会展是阿里集团借助十多年互联网的策划实施经验，整合线上线下以及领域内资源优势而建立的互联网线下活动公司，旨在为线上线下的企业拓展线上市场提供交流平台，是 O2O 模式运用得较好的会展公司。网货交易会是阿里会展旗下的一种核心产品，由阿里集团联合旗下的淘宝网、天猫并整合雅虎、支付宝、阿里云等线上资源打造的网商交流和网货交易的现象交流平台。网货交易会自 2009 年启动以来，每年在我国会展活动比较丰富的杭州、上海、广州三地举办，吸引了具有一定规模的生产型企业、小额批发的企业、线上线下的渠道经营代理商及致力于发展电子商务市场的企业作为参展商。参展观众多为拥有网店的淘宝卖家、有采购需求的政府、忠诚于网货交易会的企业和普通观众。截至目前，淘宝分销商数量达到 860 000 家，供应商数量超过 56 000 家，来自十余个国家的客户 5 000 多家，接待客户逾百万人次。

作为网货新潮流和新产品发展与交流的平台，网货交易会帮助线上的淘宝卖家实现了货源的拓展，同时帮助展会的参展商实现了网络销售渠道的开拓，创造了更多的创业机会。阿里会展线上电子商务和线下展会推广形式的使用，实现了会展模式的创新，吸引了网络经销商、代理商，拓展了网络营销渠道。

在实体会展中，参展者、观众可以与参展商进行面对面的交流，增加合作的机会。而通过线上会展，参观者可以按照不同的需求和爱好，实现与组织者、参展者的网上互动，扩大会展的全球覆盖面，吸引更多的参观者来实地参观，弥补部分无法到现场参观观众的缺憾，从而增强会展的国际影响力。随着人们观念的不断改变，传统会展经营模式已不能满足人们的需要，因此，结合线上会展和实体会展的现代会展 O2O 模式能够为参展商和观众同时带来巨大的增值服务，是未来会展企业的必然趋势。

3）虚拟会展——网络与会展相结合

虚拟会展是指利用网络的虚拟空间进行的展览及贸易活动，使用三维虚拟技术、能实现立体互动，强调用户体验。它是对实物展览会的虚拟，展览的组织、展出及展览活动的各个环节都实现了电子化，组展者、参展商和观众之间的交流通过计算机和互联网进行。

对于主办者来说，虚拟会展相对于传统会展具有低成本、高效率、展出空间无限制、展出时间长、观众广泛、贸易机会多、反馈及时等优点。其"不落幕"和"无疆界"的特性使现实展会无法企及。同时主办者可以通过网络高效整合各类资源，实现信息的有效交流和共享。另外对于那些目前无法预料效果或缺乏实施条件的展会也能考虑先办虚拟会展。

对于参展企业来说，可以更便捷地了解目标观众和目标市场；扩大企业影响力和知名度，树立品牌，提升和延长会展效果；有利于服务体系，便于跟踪联系。

对于参观者来说，可以无限制、自由地选择参观自己感兴趣的展览；可以更清楚地了解会展和参展企业及其产品,还可听虚拟解说员单独的讲解;舒适的参观环境、自主有序的参观路线都能带来最佳的参观效果;智能化服务、搜索引擎、实时在线交流、电子付款等都可以提高参观者的效率。

4)会展与商业相结合——带动商业、商圈

北京光耀东方广场成功举办了"M.Y.COMIC 游园会"动漫展,以创新的会展经济,成功打破商业地产同质化困局。据了解,光耀东方广场作为北京西长安街的地标性商业旗舰项目,定位于集公寓、商业、商务楼于一体的 28 万平方米城市综合体。从 2013 年北京最负盛名的国际国贸会展中心正式迁址光耀东方广场起,光耀东方广场以会展经济为引领的全新商业模式就开始正式布局。据介绍,国贸国际会展中心将在光耀东方广场占据 2.2 万平方米的展览面积,未来将发展成为北京乃至全国顶级的会展中心。目前,受益于会展强大的聚客效应,光耀东方广场最负盛名的动漫展已由往年的 5~6 场扩展为每年举办 15 场次,成功打破同一展馆当年单类展的最高纪录。未来,还将相继引进包括时装展、珠宝展、房展、礼品展、动漫展、文化艺术展等国内中高端成熟展会,逐步形成以消费类展会为核心的"常年展+定期高端主题展"相结合的展览格局。

会展经济不仅给光耀东方广场带来了超高的人气,客流量持续上升,更对整个西长安街区域经济起到了拉动作用,成为区域商业兴旺的最大支撑点。业内专家表示,一般而言,会展经济对区域繁荣有着 1∶9 的拉动作用,对旅游、酒店、餐饮、零售、地产、交通等都能起到良好的促进作用。会展经济对光耀东方广场整体的催化能力是一种持久、稳定的动能经济,尤其是当更多的配套设施到位以后,光耀东方广场将刺激该区域商业的发展,丰富区域内经济生态体系及居民商务消费体验。光耀东方广场打破传统大型购物中心的运营模式,凝聚了零售、餐饮和娱乐三大功能,以会展经济为引擎,化解了来自传统商业领域的同质化竞争。通过会展经济,光耀东方广场成功打破商业地产困局,对于整合行业而言具有很强的借鉴意义。

5)会展+众筹

众筹是当下最时髦的词语之一,那么,什么是众筹? 广义上,众筹就是大家共同筹划一件事,并把办成此事所需的资源筹集起来,共同努力,共享成果。众筹不仅指筹措资金,更要筹集智慧、筹集人脉、筹集客户、筹集渠道等各种相关的资源。狭义上,众筹就是通过互联网和举办线下活动,为共同的目标、项目、事件,筹集社会重要资源并给予回报的一种创新的投融资模式。根据其回报的不同,可以分为公益众筹、消费众筹、债权众筹、股权众筹、混合回报众筹等。国务院文件把众筹作为支持"大众创业、万众创新"的四大支柱之一,特别是作为筹措社会资本的重要手段。

"会展+众筹"包括参展商众筹、观众众筹、论坛演讲人众筹、投资洽谈项目众筹等。众所周知,上海新国际博览中心是由浦东管委会出土地,德国慕尼黑、杜塞尔多夫、汉诺威等几家跨国集团组成的银团合资兴建的,但并不知道这种新的模式就是众筹。众筹融资一个最显著的特点,就是项目发起人与客户合谋,即把投资者变成大客户,或者让大客户成为投资

者。对项目发起方而言,浦东新区管委会在找到投资商的同时,也已经找到了长期大客户,所以本项目签约时成为上海市明星招商引资项目。对跨国会展集团而言,他们不仅享有特别优惠的价格及排他性的优先使用权和展览题材保护,而且他们作为股东、董事参与管理和决策,控制场馆的建设时间和节奏,这在某种程度上反而制约了上海会展业的发展。因此,后期浦东新区国际博览中心项目也广为业界诟病。据悉合资协议有限制条款,上海市政府在相当长时期内不允许再建会展设施。一直到 2014 年虹桥国家会展中心以商务部的名义,国家行为的"不可抗力",德国投资才无可奈何,但是局部冲突还是会有的。目前,浦东展馆 17 个馆全部完成,总规模 20 万平方米,租用率也一直维持高线,利润丰厚,几家参投的会展集团也赚取了丰厚的财务回报。同时,他们从德国移植的系列品牌项目也都在上海落地生根,许多项目规模和收益甚至超过了本土母展。

6)会展创新推动会展商业模式专利

21 世纪的今天,会展行业在传统领域已织就了较为完整的知识产权保护网,商标、著作权、技术发明、外观设计、新型应用等一应俱全。但随着计算机和网络技术的广泛应用,实践中出现了除已经被完善保护的传统知识产权形态外的样式繁多的会展商业模式。就是这类集人类智慧、借助现代技术手段实现的创新活动,却因其迟到,被拒在了已有的知识产权保护网之外。为了会展业的健康发展,也为了知识产权保护体系的不断完善,面对出现的新问题,各国相关学界、政府部门和企业,逐步投入会展行业商业模式保护的研究和实践之中。但至今这类研究和实践还处于起始阶段,我国才触及不久,而保护形式尚处于探索之中。如若以专利形式对其进行保护,会展商业模式首先需具备申请专利的条件,而申请专利又是以新技术的应用为前提的。

12.4　会展创新与会展可持续发展

12.4.1　会展可持续发展

我国会展业发展是在政府主导下进行的,"政府主导型"构成我国会展业的基本模式。我国会展业竞争力的市场化、国际化对我国会展可持续发展提出了挑战,也为"政府主导型"转型提供了契机。因此,我国会展业的可持续发展既是理论研究的迫切需要,又是产业实践中面临的重大调整。

1)可持续发展的内涵

可持续发展的内涵有两个最基本的方面,即发展与持续性,发展是前提、是基础,持续性是关键,没有发展也就没有必要去讨论是否可持续了;没有持续性,发展就行将终止。发展应理解为两个方面:第一,它至少应含有人类社会物质财富的增长,因此经济增长是发展的基础。第二,发展作为一个国家或区域内部经济和社会制度的必经过程,它以所有人的利益增进为标准,以追求社会全面进步为最终目标。持续性也有两方面的意思:第一,自然资源的存量和环境的承载能力是有限的,这种物质上的稀缺性和经济上的稀缺性相结合,共同构成经济社会发展的限制条件。第二,在经济发展过程中,当代人不仅要考虑自身利益,而且应该重视后代人的利益,要为后代发展留有余地。与传统发展观念相比,可持续发展更强调发展的基础和能力,以及在对发展概念的理解上使人类伦理道德和价值观予以更新,从而影响和导致人类行为和生产生活方式的更新。

2)会展可持续发展的内涵

我国会展业的可持续发展内涵有两个方面:①会展行业发展模式的可持续性;②会展业与我国经济的绿色化转型相融合。

会展业可持续发展是将环境因素作为会展业发展的变量因素,既包括微观经营中的环境因素,又包括对宏观经济中相关行业绿色转型的引导。当然,我国会展业的可持续发展不仅是环境问题,而且包括会展行业在经过初期的快速发展之后,在宏观上实现经济、社会、环境的协调发展的同时,微观上实现行业的有序、效率、效益、竞争力的提高。会展业可持续发展包括会展业管理模式的可持续、会展市场法律制度的可持续以及网络会展与传统会展业的协调发展等。我国会展业从无到有,发展迅速,因为政府管理"缺位"和"错位",导致会展业发展无序,规模小、展会重复、侵权得不到救济等,严重影响了会展的良性发展。因此,实现我国会展可持续发展包括:在区域上,实现会展中心城市与二线会展城市的错位发展;品牌是开拓会展国际市场竞争力的核心;会展业运营的市场化转型是实现会展资源优化配置的基础;健全会展法律制度是会展可持续发展的保障;绿色会展的实质就是展示人类可持续发展的探索平台和应用基地,绿色会展符合可持续发展的特点。我国会展业的可持续发展是外延式增长向内涵式增长的必然选择,是"政府指导型"展会向"市场主导型"转型的逻辑发展。

3)会展可持续发展的特点

①注重场馆的生态化设计。投资者在兴建会展场馆时将从会展场馆选址、建筑材料选择到内部功能分区,突出生态化的特色,有关管理部门也应对此制定相应的规范。目前,"绿色会展场馆"的概念在国内已经相当流行。

②大力倡导绿色营销理念。会展城市在组织整体促销或展会主办者在对外宣传时,都将更加强调自身的生态特色和环保理念,以迎合参展商和大众的环保需求心理。

③强化环境保护意识。除积极建设绿色场馆外,展会组织者和场馆管理人员将比以前更加注重节能耗损,在布展用品的选用上也应做到易回收的材料优先。

④以环保为主题的展览会将备受欢迎。随着中国会展业的日益成熟,国内会展产品中必将涌现出大量与环保相关的专业会议或展览,并且这些展会具有极大的市场潜力。

12.4.2 绿色会展

1)国内对绿色会展的研究

在绿色会展研究方面,国外研究较细致深入,在内容上也较为丰富,国外的研究是定性和定量相结合,并以定量为主,更具有实际操作性,集中在建立绿色会展指南及绿色展馆建设方面;国内的研究多为宏观性的概述,以定性为主,研究多集中在绿色会展发展途径及体系建设方面,可操作性有待提高。总之,国内外关于绿色会展的研究都还处于探索阶段,大部分是一些宽泛的定性研究,以下是一些学者的基本观点。

孙明贵、张宏远在分析绿色会展开发的必要性及国外绿色办展的经验基础上提出了以可持续发展为原则,按照循环经济原理,坚持办展与保护环境并重,构建以企业实施绿色办展为基础,以生态会展场馆为主体,以会展环境保护法律法规为保障的绿色会展体系。此外,还分别从展前、展中、展后构思了绿色会展活动的开发途径:展前绿色会展展览题材的选定,展中展会活动的绿色开发,展后废物及垃圾的循环利用回收及环境修复等。

颜澄论述了基于循环经济的绿色会展的发展途径,从政府方面,加强对绿色会展的发展进行科学规划和合理布局;从企业方面,加强对生态型展馆的建设;引进国外会展业的"6R"理念,发展绿色会展。"6R"理念包括 Respect(尊重原则),Renew(使用可再生材料和新材料),Reuse 和 Recycle(可再利用和可循环利用的材料),Reduce(减少废弃物和污染物,即减量化原则),Remember(加强记忆和教育)。

蔡梅良提出构建绿色会展的动力机制,包括内在动力和外在动力,内在动力有企业经济效益目标、追求循环经济资源、环境等社会效益目标;外在动力有政策的支持、法规保障、技术支持等。此外,她提出为进一步发展绿色会展,需要全方位、系统地进行宏微观分析,提出了科学定位措施和进一步发展策略,如构建绿色会展企业发展水平的评价指标体系,构建绿色会展政府调控政策标准,推进绿色会展技术进步与创新体系,建立有效的公众参与机制等。

何卫东提出了适应"低碳"需要的绿色会展,详细论述了《上海世博会绿色指南》的内容及其重要意义和《加拿大绿色会议指南(2005)》的概括内容,对比《加拿大绿色会议指南(2005)》与《中国 2010 年上海世博会绿色指南》,指出《上海世博会绿色指南》无论是在形式还是内容上都显得简单和抽象,制定水平与国外的同类文件还存在着差距,可操作性不强,对实际工作的指引作用还有待于提高,提出实施绿色会展计划,制定绿色会展会议指南时,要多学习国外的一些先进经验。最后,按照会展活动的进程,提出了制定《绿色会展计划纲要》的建议。总之,我国绿色会展理论研究相对滞后,而且实践中观念落后,制度保障缺失。

2)绿色会展的概念

就绿色会展的概念而言,目前尚未达成普遍性的共识,但在理论研究中,形成了以下一些解释(见表 12-1):第一种是基于会展活动的多重影响,特别是对地区环境影响的角度来阐述,德国会议局与会展产业理事会(GBC)的定义便是这一种类型(GCB,2013),绿色营销也使用了同样的理念(Leonidou,Katsikeas,Morgan,2013),这种观点认为绿色会展对环境至少存在一种效应并且将地区效益考虑在内。第二种广泛的理解是基于可持续的角度,其要求可持续发展理念的三大方面都要在绿色会展中得到展现,贝兹等(Belz)对绿色会展的理解就是基于这一视角(Sherwood,2007;Belz,Peatie,2012),其认为共同的相互依赖产生了使活动满足经济、环境和社会三大目标的制度网络,组成了一条实现可持续发展的三重底线,因此,绿色会展不仅仅局限在绿色,也就是通常所说的环境这单一方面,还包括可持续发展的经济与社会方面。第三种是从利益相关者的角度来阐述绿色会展,也就是绿色会展的举办主要是以利益相关者的兴趣为导向,盖兹(Getz)与安德森(Anderson)的定义就从这一角度得出(Getz,2002),其认为绿色会展就是以利益相关者的兴趣为导向,使他们获得的价值最大化。第四种着重于关系研究的定义主要是基于利益相关者之间的关系特点以及这些关系在网络中的发展,比如说格罗鲁斯的定义(Gronroos,1990),其认为绿色会展就是用来维持和巩固利益相关者之间关系的会展。第五种含义是从会展网络组织的角度入手,如科特勒(Kotler)与凯勒(Keller)的定义(Kotler & Keller,2008),他们认为绿色会展就是会展利益相关者通过社会价值的交换得到价值提升的过程。基于上述不同视角的理解,可以得到关于绿色会展的完整定义:绿色会展是按照会展利益相关者各自的需求,将可持续发展的社会、经济以及环境三大方面都考虑在内的一种会展可持续发展模式,通过这种模式,可以实现会展价值的最大化。

表 12-1　绿色会展的含义

视 角	作 者	定 义
多重效应	德国会议局与会展产业理事会	一种在会展计划、执行和撰写书面文件的整个过程中贯彻绿色发展的方式,它要求会展的任何利益相关者都贯彻环境友好的发展方式
可持续性	贝兹等	在计划、执行和控制营销资源和项目的时候,不仅要满足消费者的需要,还要考虑社会和环境效益,满足可持续发展的原则,根据市场的机会和风险作出发展方向的判断(以市场为导向的行动),追求保护环境(环保导向行动),并且承担社会责任(社会导向行动)达到企业的目标
利益相关者	盖兹等	一种创造、交流传递和交换信息的活动、制度和过程,它对于消费者、客户、同伙人和社会都有最大的价值
关系	格罗鲁斯	建立、维持和加强与消费者、其他同伙人和社会上的利益相关者之间的关系,通过保护企业的目标来满足相关群体的需要
网络	科特勒等	个人或集体通过创造、提供以及自由地和他人交换物品和服务价值的一种社会过程

3)我国会展业的绿色发展

我国绿色会展近几年才开始,2007年以来,推动"绿色展览"的呼声越来越高,绿色环保成为会展行业发展的趋势和必经之路。"十一五"期间,发展绿色经济,不仅成为会展业主题,也成为参展商和办展者的追求。2010 年,各类围绕绿色、低碳、节能、环保的主题展会在各地频频举办,2010 年下半年以来,几乎每个月都有绿色低碳为主题的会展举行。例如2010 年 7 月 3 日,"生态省建设高层论坛暨第四届绿色产业博览会"在山东青岛举办;8 月 28日,中国(齐齐哈尔)第十届绿色食品博览会在黑龙江齐齐哈尔举办;9 月 20 日中国(昌邑)北方绿化苗在山东昌邑举办;9 月 26 日,第二节中国绿化博览会在河南郑州举办;11 月 18日,中国绿色食品 2010 上海博览会在上海举办。近几年来,绿色会展发展迅速,2016 年 12月 4 日,SFEC2016 第 12 届上海绿色食品及有机食品展览会在上海举办。11 月 1—4 日,在义乌举行的第 9 届中国义乌国际森林产品博览会,以"绿色引领·共享发展"为主题。这些先进的理念必将对社会经济文化内涵的提升发挥重要的作用。

4)面临的问题

我国的绿色会展实践取得了进步,但会展设计很少考虑会展的时效性和环保要求。会展设计企业专业性不强,会展设计企业规模小,高端专业人才匮乏,设计研发能力不足。会展展厅空间庞大,装饰材料豪华,造型奇特。设计搭建手段落后,极少有企业研发易拆装和便携式展具,设计搭建仍停留于家装、公装传统模式,导致耗材、污染惊人。中国绿色会展发展落后西方很多。如果以可持续发展理念来规范和管理会展活动,就会很少出现会展场馆重复建设、会展主题同质化、会展企业间的不良竞争等现象。

12.4.3　会展创新与可持续发展的关系

1)会展创新有助于实现会展可持续发展

会展创新推动会展经济的发展并为会展可持续发展提供手段。会展技术创新如网络技术带动了"虚拟会展"的出现,科技革命带来的新工艺、新材料、新设备推动了会展业现代化的发展;会展在政府、行业协会做出的管理体制创新对于推动我国会展业走向专业化、国际化起着重要的作用;会展教育及人才创新是会展可持续发展的后盾,做好人才培养工作有助于改善我国会展人才供需矛盾的现状。

会展创新为会展可持续发展提供了新的生产生活方式。可持续发展是在人们对传统发展模式进行反思的基础上形成的新发展观和新发展模式,会展创新作为会展可持续发展的支持系统,是会展可持续发展的核心因素,对于会展经济结构的调整,会展产业的更新换代有着重要的推动作用。

会展创新打开了人们认识历史、认识世界的窗口。会展业可以树立城市形象、展示发展成果、弘扬文化艺术、促进经济建设、推动社会进步。会展创新不仅为企业带来了新的机遇,也为会展举办地带来了知名度的提升,以德国为例,国际上具有领先地位的博览会约有三分之二在德国举行,而德国举办博览会的城市有 20 多个,其中地处德国东部的汉诺威展览会就因此而享誉世界。

2)会展可持续发展支持会展不断创新

会展可持续发展为会展创新提供了创新的动力和发展方向,约束了创新的负面效应,为会展创新打造了可持续的发展平台。可持续发展为当代人在利用技术范畴确立了技术创新应面向的方向和目标,即在应用技术的情况下,应确保不占用子孙后代发展资源的条件下,利用技术手段提高生产效率和生活品质,按照可持续发展的理念规划会展创新的应用范围和应用条件。

可持续发展的需求是会展创新的动力和源泉。会展创新需要经济可持续发展的促进,会展创新的课题和内容由可持续发展的要求不断更新和提出,可持续发展提出的课题需要会展创新提供支持,需要技术、服务、体制创新来满足可持续发展的要求。经济建设的需要推动了会展的产生和发展,会展创新的起因和归宿都是经济。会展创新的主体是企业,企业要使自身的发展处于同行业的领先地位,获取更多的经济利益,就必须有创新作为企业生存发展的支柱。

案例分析:"双线会展"如何创新会展业发展?

什么是"双线会展"?用"互联网+"创新传统会展,以"线下+线上"同时进行展会呈现的 OAO 模式和纯数字展会模式。

2015 年李克强总理号召用"互联网+"思维创新传统产业。4 月国务院颁布的《关于进一步促进展览业的若干意见》让会展业的发展走进了新的阶段。在此背景下会展网络平台的运作模式呼之欲出。网络会展平台,其独特性、公信力、专业化、品牌和规模等是重要的因素,谁掌握了它们,谁就可以成为平台。

2014 年掌上世博平台受政府唯一授权和委托,在 2015 年米兰世博会利用"互联网+"成功实现了"双线世博会"的落地运营,从而探索找到了会展业升级的契合点——双线会展模式。所谓的"双线会展"模式是在传统实物展的基础上,利用"互联网+"思维,将多种呈现方式和 VR 技术运用到参展商的全景展示中,打破空间、地域和时间的限制,使客户双方建立起一对一、一对多和多对多的垂直接触,长时间为双方建立往来服务,更快捷、深刻、细致地增进了解,提高贸易效率和机会。同时,利用网络系统和电子技术,通过大数据跟踪系统,建立可跟踪衡量的流程,形成大数据跟踪闭环,从而更加清晰客观地发掘目标客户与人群的分布与关注点,发掘更多的商机和未来的方向目标。

双线会展模式一经亮相就惊艳了所有行业人士寻求突破和寻求创新的双眼。他们发现传统实物展与双线会展模式的结合有效地突破了一直以来的困境,对于会展举办方和参展企业来说:第一,将会展从一维空间扩展到了二维空间,彻底打破了传统会展的世界、距离和空间限制。第二,提高"目标受众"的覆盖范围。第三,提升品牌影响力,进而提升和延长会展效果,促进招商。第四,有利于会展后的服务体系构建,便于跟踪客户。第五,有效整合资源,形成了新的行业生态圈。第六,公平对等,解决中小企业因实力和资金等原因难以参加大型展会的难题。第七,参展企业减低了成本,举办方却增加了收入。

对于参观者来说:第一,可以更清楚、更全面地了解展会和参展企业及其产品信息;第二,消除各种时间、交通、地域等限制因素,极大方便了参观者的参与;第三,多维度的参观效果和享受,大大提升了观众的参与度;第四,节约时间,有针对性的搜索定向了解自己所需产品;第五,过往的展会也可随时"回放参观"。

（资料来源:齐鲁晚报,2016-07-15）

讨论题:

1.根据案例,谈一谈双线会展与传统会展的区别。

2.结合案例思考,会展创新对我国会展业的未来发展有哪些意义?

【专业词汇】

会展创新　会展商业模式　绿色会展　会展可持续发展

【思考与练习】

1.请论述什么是会展创新,以及创新的措施是什么。

2.试阐述会展创新对会展商业模式的影响。

3试通过会展的案例来说明绿色会展在现实中的应用。

4.请以你参加过的会展活动为案例进行分析,试说明如何实现我国会展业可持续发展。

参考文献

[1] 王新刚.中国会展经济研究[D].吉林:吉林大学,2004.

[2] 郭英之,王云龙.会展概论[M].北京:旅游教育出版社,2007.

[3] 史国祥,贺学良.会展经济[M].天津:南开大学出版社,2016.

[4] 杨勇.现代会展经济学[M].北京:北京交通大学出版社,2010.

[5] 陈来生.会展经济[M].上海:复旦大学出版社,2005.

[6] 傅冰.会展经济学[M].北京:冶金工业出版社,2015.

[7] 高鸿业.西方经济学(微观部分)[M].4版.北京:中国人民大学出版社,2014.

[8] 方忠权.广州会展企业空间集聚特征与影响因素[J].地理学报,2013(04):464-476.

[9] 王云龙.关于会展经济空间运动形式的分析——以北京、上海与广州三地为例[J].人文
    地理,2005(04):26-29.

[10] 李智玲.会展业的带动效应研究[J].经济管理,2011(06):125-131.

[11] 蒋魏立.会展产业链的结构及辐射效应研究[J].特区经济,2016(09):164-165.

[12] 任国岩,吴仁兴.宁波会展业创新发展研究[J].中国集体经济,2015(04):33-35.

[13] 尹俏成.西方经济学[M].上海:上海人民出版社,2001.

[14] 符钢战.中国劳动就业的理论与统计界定——中国与国际通行的劳动就业统计体系的
    比较研究[J].统计研究,1991(5):35-40.

[15] 保罗·萨缪尔森,威廉·诺德豪斯.宏观经济学[M].北京:华夏出版社,1999.

[16] 马克思.资本论(第1卷)[M].郭大力,王亚南,译.上海:上海三联出版社,2009.

[17] 约翰·梅纳德·凯恩斯.就业、利息和货币通论[M].陆梦龙,译.北京:中国社会科学出
    版社,2009.

[18] Mcculla Stephanie H, Moses Karin E, Moulton Brent R. The National Income and Product
    Accounts and the System of National Accounts 2008[J]. Survey of Current Business, 2015,
    95(6): 1-17.

[19] 刘瀑.中国经济增长中的劳动就业问题研究——基于产业发展视角的分析[D].成都:
    西南财经大学,2008.

[20] 过聚荣.会展导论[M].上海:上海交通大学出版社,2006.

[21] 刘民坤.论会展场馆的绿色管理——构建会展业的竞争优势[J].特区经济,2009(04):
    301-302.

[22] 王悦.网上世博催生商业新模式——虚拟会展[J].企业管理,2010(05):4-9.

[23] 王一玫,杭珊.论政府主导型会展的创新路径选择[J].湖北经济学院学报:人文社会科学版,2011,8(10):38-40.

[24] 魏雅莉.探索建立协同创新的会展人才培养新模式与新机制研究[J].商场现代化,2012(08):49-50.

[25] 过聚荣.会展经济蓝皮书:中国会展经济发展报告[M].北京:首都经济贸易大学出版社,2013.

[26] 肖璇.论会展业的可持续性发展[J].价值工程,2016,35(27):173-175.

[27] 王承云.会展经济与城市发展研究[M].北京:中国科学技术出版社,2016.

[28] 孙百军.会展产业与国民经济发展——国际比较研究[D].天津:南开大学,2009.

[29] 胡平,杨杰.会展业经济拉动效应的实证研究——以上海新国际博览中心为例[J].旅游学刊,2006(11):81-85.

[30] 罗秋菊,陶伟.会展与城市经济社会发展关系研究——以中国出口商品交易会(广交会)为例[J].北京第二外国语学院学报,2004(3):30-37.

[31] 杨勇.关于会展经济效应若干基本问题的辨析[J].旅游学刊,2009(24):73-82.

[32] 杨勇.基于参展企业视角的会展需求模型分析[J].河北经贸大学学报,2010(31):40-46.

[33] 楼嘉军.后危机时代政府对会展业发展管理职能的创新[J].杭州月刊,2009(10):16-17.

[34] 楼嘉军,郑逸凡.上海会展业发展史[J].国际市场,2014(2):37-40.

[35] 徐爱萍,楼嘉军.我国会展业发展中政府管理缺陷及原因分析[J].北京第二外国语学院学报,2008(30):75-79.

[36] 冯学钢,等.会展业导论[M].北京:清华大学出版社,2014.

[37] 何建民.世博会对上海和华东旅游效应分析与创新战略[J].上海改革,2003(7):12-15.

[38] 李智玲.会展业的带动效应研究[J].经济管理,2011(6):125-131.

[39] CONVENTION LIAISON COUNCIL. Economic Impact Study[M]. Wheat Ridge, CO: Convention Liaison Council, 1993.

[40] DWYER L, et al. Economic Impact of Inbound Tourism under Different Assumptions Regarding the Macroeconomy[J]. Current Issue In Tourism, 2000(4).

[41] Karin Weber, Adele Ladkin. Trends Affecting the Convention Industry in the 21st Century[J]. Journal of Convention & Event Tourism, 2004(6):47-63.

[42] Kim S S, Chon K, Chung K Y. Convention industry in South Korea: an economic impact analysis[J]. Tourism Management, 2003(24): 533-541.

[43] Oppermann M. Convention destination images: analysis of association meeting planners' perceptions[J]. Tourism Management, 1996(17): 175-182.

[44] Lee H R, Mckercher B, Kim S S. The relationship between convention hosts and professional conference organizers[J]. International Journal of Hospitality Management, 2009(28): 556-562.

[45] Lee H Y, Lin Y C. A decision support model for scheduling exhibition projects in art museums[J]. Expert Systems with Applications, 2010(37): 919-925.